晉書

四部備要

史部

上海中華書局據武英殿本校刊

桐鄉陸費逵總勘

杭縣高時顯 吳汝霖輯校

杭縣丁輔之監造

晉書卷三十九

唐　太　宗　文　皇　帝　御　撰

列傳第九

王沈 子浚

王沈字處道太原晉陽人也祖柔漢匈奴中郎將父機魏東郡太守沈少孤養於從叔司徒昶事昶如父奉繼母寡嫂以孝義稱好書善屬文大將軍曹爽辟爲掾累遷中書黃門侍郎及爽誅以故吏免後起爲治書侍御史轉祕書監正元中遷散騎常侍侍中典著作與荀顗阮籍共撰魏書多爲時諱未若陳壽之實錄也時魏高貴鄉公好學有文才引沈及裴秀數於東堂講讌屬文號沈爲文籍先生秀爲儒林丈人及高貴鄉公將攻文帝召沈及王業告之沈業馳白帝以功封安平侯邑二千戶沈既不忠於主甚爲衆論所非尋遷尚書出監豫州諸軍事奮武將軍豫州刺史至鎮乃下教曰自古賢聖樂聞誹謗之言聽輿人之論芻蕘有可錄之事負薪有廊廟之語故也自至鎮日未聞逆耳之言豈

未明虛心故令言者有疑其宣下屬城及士庶若能舉遺逸於林藪黜姦佞於州國陳長吏之可否說百姓之所患與利除害損益昭然者給穀五百斛若達一至之言說刺史得失朝政寬猛令剛柔得適者給穀千斛謂余不信明如皎日主簿陳廞褚䂮曰奉省教旨伏用感歎勞謙日昃思聞苦言愚謂上之所好下無不應而近未有極諫之辭遠無傳言之箴者誠得失之事將未有也今使教命班下示以賞勸將恐拘介之士或憚賞而不言貪賕之人將慕利而妄舉苟不合宜賞不虛行則遠聽者未知當否之所在徒見言之不用謂設有而不行愚以告下之事可小須後沉又教曰夫德薄而位厚功輕而祿重貪夫之所狗高士之所不處也若陳至言於刺史興益於本州達幽隱之賢去祝鮀之佞立德於上受分於下斯乃君子之操何不言之有直言至理忠也惠加一州仁也功成辭賞廉也兼斯而行仁智之事何故懷其道而迷其國哉褚䂮復白曰堯舜周公所以能致忠諫者以其款誠之心著也冰炭不言而冷熱之質自明者以其有實也若好忠直如冰炭之自然則諤諤之臣將濟濟而盈庭逆耳之

言不求而自至若德不足以配唐虞明不足以並周公實不可以同冰炭雖懸
重賞忠諫之言未可致也昔魏絳由和戎之功蒙女樂之賜管仲有興齊之勳
而加上卿之禮功勳明著然後賞勸隨之未聞張重賞以待諫臣懸穀帛以求
盡言也沉無以奪之遂從詔議沉探尋善政按賈逵以來法制禁令諸所施行
擇善者而從之又教曰後生不聞先王之教而望政道日興不可得也文武並
用長久之道也俗化陵遲不可不革革俗之要實在敦學昔原伯魯不悅學閔
馬父知其必亡將吏子弟優閑家門若不教之必致游戲傷毀風俗矣於是九
郡之士咸悅道教移風易俗遷征虜將軍持節都督江北諸軍事五等初建封
博陵侯班在次國平蜀之役吳人大出聲爲救蜀振蕩邊境沉鎭御有方寇聞
而退轉鎭南將軍武帝卽王位拜御史大夫守尚書令加給事中沉以才望名
顯當世是以創業之事羊祜荀勖裴秀賈充等皆與沉諮謀焉及帝受禪以佐
命之勳轉驃騎將軍錄尚書事加散騎常侍統城外諸軍事封博陵郡公固讓
不受乃進爵爲縣公邑千八百戶帝方欲委以萬幾泰始二年薨帝素服舉哀

賜祕器朝服一具衣一襲錢三十萬布百匹葬田一頃諡曰元明年帝追思沉勳詔曰夫表揚往行所以崇賢垂訓慎終紀遠厚德興教也故散騎常侍驃騎將軍博陵元公沉蹈德居正執心清粹經綸墳典才識通洽入歷常伯納言之位出幹監牧方嶽之任內著謀猷外宣威略建國設官首登公輔兼統中朝出納大命實有翼亮佐世之勳其贈沉司空公以寵靈既往使沒而不朽又前以翼贊之勳當受郡公之封而固辭懇至嘉其讓德不奪其志可以郡公官屬送葬沉素清儉不營產業其使所領兵作屋五十間子浚嗣後沉夫人荀氏卒將合葬沉棺櫬已毀更賜東園祕器咸寧中復追封沉爲郡公

浚字彭祖母趙氏婦良家女也貧賤出入沉家遂生浚沉初不齒之年十五沉薨無子親戚共立浚爲嗣拜駙馬都尉太康初與諸王侯俱就國三年來朝除員外散騎侍郎元康初轉員外常侍遷越騎校尉右軍將軍出補河內太守以郡公不得爲二千石轉東中郎將鎮許昌及愍懷太子幽于許昌浚承賈后旨與黃門孫慮共害太子遷寧北將軍青州刺史尋徙寧朔將軍持節都督幽州

諸軍事于時朝廷昏亂盜賊蜂起浚爲自安之計結好夷狄以女妻鮮卑務勿塵又以一女妻蘇怒延及趙王倫篡位三王起義兵浚擁衆挾兩端遏絕檄書使其境內士庶不得赴義成都王穎欲討之而未暇也倫誅進號安北將軍及河閒王顒成都王穎與兵內向害長沙王乂而浚有不平之心穎表請幽州刺史石堪爲右司馬以右司馬和演代堪密使演殺浚幷其衆演與烏丸單于審登謀之於是與浚期游薊城南清泉水上薊城內西行有二道演浚各從一道演與浚欲合鹵簿因而圖之值天暴雨兵器霑濕不果而還單于由是與其種人謀曰演圖殺浚事垂克而天卒雨使不得果是天助浚也違天不祥我不可久與演同乃以謀告浚浚密嚴兵與單于圍演演持白旛詣浚降遂斬之自領幽州大營器械召務勿塵率胡晉合二萬人進軍討穎以主簿祁弘爲前鋒遇穎將石超於平棘擊敗之浚乘勝遂克鄴城士衆暴掠死者甚多鮮卑大略婦女浚命敢有挾藏者斬於是沉於易水者八千人黔庶荼毒自此始也浚還薊聲實益盛東海王越將迎大駕浚遣祁弘率烏丸突騎爲先驅惠帝旋洛陽轉

浚驃騎大將軍都督東夷河北諸軍事領幽州刺史以燕國增博陵之封懷帝即位以浚爲司空領烏丸校尉務勿塵爲大單于浚又表封務勿塵遼西郡公其別部大飄滑及其弟渴末別部大屠甕等皆爲親晉王永嘉中石勒寇冀州浚遣鮮卑文鴦討勒勒走南陽明年勒復寇冀州刺史王斌爲勒所害浚又領冀州詔進浚爲大司馬加侍中大都督督幽冀諸軍事使者未及發會洛京傾覆浚大樹威令專征伐遣督護王昌中山太守阮豹等率諸軍及務勿塵世子疾陸眷幷弟文鴦從弟末杯攻石勒於襄國勒率衆來距昌逆擊敗之末杯逐北入其壘門爲勒所獲勒質末杯遣間使求和疾陸眷遂以鎧馬二百五十匹金銀各一簏贖末杯結盟而退其後浚布告天下受稱中詔承制乃以司空荀藩爲太尉光祿大夫荀組爲司隸大司農華薈爲太常中書令李絚爲河南尹又遣祁弘討勒及於廣宗時大霧弘引軍就道卒與勒遇爲勒所殺由是劉琨與浚爭冀州琨使宗人劉希還中山合衆代郡上谷廣甯三郡人皆歸于琨浚患之遂輟討勒之師而與琨相距浚遣燕相胡矩督護諸軍與疾陸眷幷力攻

破希驅略三郡士女出塞琨不復能爭浚還欲討勒使棗嵩督諸軍屯易水召疾陸眷將與之俱攻襄國浚爲政苛暴將士又貪殘並廣占山澤引水灌田潰陷冢墓調發殷煩下不堪命多叛入鮮卑從事韓咸切諫浚怒殺之疾陸眷自以前後違命恐浚誅之勒亦遣使厚賂疾陸眷等由是不應召浚怒以重幣誘單于猗盧子右賢王日律孫令攻疾陸眷反爲所破時劉琨大爲劉聰所迫諸避亂游士多歸于浚浚日以彊盛乃設壇告類建立皇太子備置衆官浚自領尚書令以棗嵩裴憲並爲尚書使其子居王宮持節領護匈奴中郎將以妻舅崔毖爲東夷校尉又使嵩監司冀幷兗諸軍事行安北將軍以田徽爲兗州李惲爲青州惲爲石勒所殺以薄盛代之浚以父字處道爲當塗高應王者之讖謀將僭號胡矩諫浚盛陳其不可浚忿之出矩爲魏郡守前渤海太守劉亮從子北海太守搏司空掾高柔並切諫浚怒誅之浚素不平長史燕國王悌遂因他事殺之時童謠曰十囊五囊入棗郎棗嵩浚之子壻也浚聞責嵩而不能罪之也又謠曰幽州城門似藏戶中有伏尸王彭祖有狐踞府門翟雉入聽事時

燕國霍原北州名賢浚以僭位示之原不答浚遂害之由是士人憤怨內外無親以矜豪日甚不親爲政所任多苛刻加亢旱災蝗士卒衰弱浚之承制也參佐皆內敘唯司馬游統外出統怨密與石勒通謀勒乃詐降於浚許奉浚爲主時百姓內叛疾陸眷等侵逼浚喜勒之附己勒遂僞卑辭以事之獻遺珍寶使驛相繼浚以勒爲誠不復設備勒乃遣使剋日上尊號於浚浚許之勒屯兵易水督護孫緯疑其詐馳白浚而引軍逆勒浚不聽使勒直前衆議皆曰胡貪而無信必有詐請距之浚怒欲斬諸言者衆遂不敢復諫盛張設以待勒勒至城便縱兵大掠浚左右復請討之不許及勒登聽事浚乃走出堂皇勒衆執以見勒勒遂與浚妻並坐立浚于前浚罵曰胡奴調汝公何凶逆如此勒數浚不忠於晉幷責以百姓餒乏積粟五十萬斛而不振給遂遣五百騎先送浚于襄國收浚麾下精兵萬人盡殺之停二日而還孫緯遮擊之勒僅得免勒至襄國斬浚浚竟不爲之屈大罵而死無子太元二年詔與滅繼絕封沉從孫道素爲博陵公卒子崇之嗣義熙十一年改封東莞郡公宋受禪國除

荀顗

荀顗字景倩頴川人魏太尉彧之第六子也幼爲姊壻陳羣所賞性至孝總角知名博學洽聞理思周密魏時以父勳除中郎宣帝輔政見顗奇之曰荀令君之子也擢拜散騎侍郎累遷侍中爲魏少帝執經拜騎都尉賜爵關內侯難鍾會易無互體又與扶風王駿論仁孝孰先見稱於世時曹爽專權何晏等欲害太常傅嘏顗營救得免及高貴鄉公立顗言於景帝曰今上踐祚權道非常宜速遣使宣德四方且察外志毋丘儉文欽果不服舉兵反顗預討儉等有功進爵萬歲亭侯邑四百戶文帝輔政遷尚書帝征諸葛誕留顗鎮守顗甥陳泰卒顗代泰爲僕射領吏部四辭而後就職顗承泰後加之淑慎綜核名實風俗澄正咸熙中遷司空進爵鄉侯顗年踰耳順孝養蒸蒸以母憂去職毀幾滅性海內稱之文帝奏宜依漢太傅胡廣喪母故事給司空吉凶導從及蜀平興復五等命顗定禮儀顗上請羊祜任愷庾峻應貞孔顥共刪改舊文撰定晉禮咸熙初封臨淮侯武帝踐祚進爵爲公食邑一千八百戶又詔曰昔禹命九官契敷

五教所以弘崇王化示人軌儀也朕承洪業昧于大道思訓五品以康四海侍中司空顗明允篤誠思心通遠翼亮先皇遂輔朕躬實有佐命弼導之勳宜掌教典以隆時雍其以顗爲司徒尋加侍中遷太尉都督城外牙門諸軍事置司馬親兵百人頃之又詔曰侍中太尉顗温恭忠允至行純備博古洽聞耆艾不殆其以公行太子太傅侍中太尉如故時以正德大序雅頌未合命顗定樂事未終以泰始十年薨帝爲舉哀皇太子臨喪二宮賻贈禮秩有加詔曰侍中太尉行太子太傅臨淮公顗清純體道中允立朝歷司內外茂績既崇訓傅東宮徽猷弘著可謂行歸于周有始有卒者矣不幸薨殂朕甚痛之其賜温明祕器朝服一具衣一襲諡曰康又詔曰太尉不恤私門居無館宇素絲之志沒而彌顯其賜家錢二百萬使立宅舍咸寧初詔論次功臣將配饗宗廟所司奏顗等十二人銘功太常配饗清廟顗明三禮知朝廷大儀而無質直之操唯阿意茍合於荀勖賈充之閒初皇太子將納妃顗上言賈充女姿德淑茂可以參選以此獲譏於世顗無子以從孫徽嗣中興初以顗兄玄孫序爲顗後封臨淮公序

卒又絕孝武帝又封序子恆繼顗後恆卒子龍符嗣宋受禪國除

荀勖 子藩 藩子邃 闓 藩弟組 組子奕

荀勖字公曾潁川潁陰人漢司空爽曾孫也祖棐射聲校尉父肸早亡勖依于舅氏岐嶷夙成年十餘歲能屬文從外祖魏太傅鍾繇曰此兒當及其曾祖既長遂博學達於從政仕魏辟大將軍曹爽掾遷中書通事郎爽誅門生故吏無敢往者勖獨臨赴衆乃從之爲安陽令轉驃騎從事中郎勖有遺愛安陽生爲立祠遷廷尉正參文帝大將軍軍事賜爵關內侯轉從事中郎領記室高貴鄉公欲爲變時大將軍掾孫佑等守閶闔門帝弟安陽侯榦聞難欲入佑謂榦曰未有入者可從東掖門及榦至帝遲之榦以狀白帝欲族誅佑勖諫曰孫佑不納安陽誠宜深責然事有逆順用刑不可以喜怒爲輕重今成倅刑止其身佑乃族誅恐義士私議乃免佑爲庶人時官騎路遺求爲刺客入蜀勖言於帝曰明公以至公宰天下宜仗正義以伐違貳而名以刺客除賊非所謂刑于四海以德服遠也帝稱善及鍾會謀反審問未至而外人先告之帝待會素厚未之

信也勖曰會雖受恩然其性未可許以見得思義不可不速爲之備帝卽出鎮長安主簿郭奕參軍王深以勖是會從甥少長舅氏勸帝斥出之帝不納而使勖陪乘待之如初先是勖啓伐蜀宜以衞瓘爲監軍及蜀中亂賴瓘以濟會平還洛與裴秀羊祜共管機密時將發使聘吳並遣當時文士作書與孫皓帝用勖所作皓既報命和親帝謂勖曰君前作書使吳思順勝十萬之衆也帝卽晉王位以勖爲侍中封安陽子邑千戶武帝受禪改封濟北郡公勖以羊祜讓乃固辭爲侯拜中書監加侍中領著作與賈充共定律令充將鎮關右也勖謂馮紞曰賈公遠放吾等失勢太子婚尚未定若使充女得爲妃則不留而自停矣勖與紞伺帝閒並稱充女才色絕世若納東宮必能輔佐君子有關雎后妃之德遂成婚當時甚爲正直者所疾而獲佞媚之譏焉久之進位光祿大夫既掌樂事又修律呂並行於世初勖於路逢趙賈人牛鐸識其聲及掌樂音韻未調乃曰得趙之牛鐸則諧矣遂下郡國悉送牛鐸果得諧者又嘗在帝坐進飯謂在坐人曰此是勞薪所炊咸未之信帝遣問膳夫乃云實用故車脚舉世伏其

明識俄領祕書監與中書令張華依劉向別錄整理記籍又立書博士置弟子教習以鍾胡爲法咸寧初與石苞等並爲佐命功臣列於銘饗及王濬表請伐吳勖與賈充固諫不可帝不從而吳果滅以專典詔命論功封子一人爲亭侯邑一千戶賜絹千匹又封孫顯爲潁陽亭侯及得汲郡冢中古文竹書詔勖撰次之以爲中經列在祕書時議遣王公之國帝以問勖勖對曰諸王公已爲都督而使之國則廢方任又分割郡縣人心戀本必用嗷嗷國皆置軍官兵還當給國而闕邊守帝重使勖思之勖又陳曰如詔準古方伯選才使軍國各隨方面爲都督誠如明旨至於割正封疆使親疎不同誠爲佳矣然分裂舊土猶懼多所搖動必使人心忽擾思惟竊宜如前若於事不得不時有所轉封而不至分割土域有所損奪者可隨宜節度其五等體國經遠實不成制度然但虛名其於實事略與舊郡縣鄉亭無異若造次改奪恐不能不以爲恨今方了其大者以爲五等可須後裁度凡事雖有久而益善者若臨時或有不解亦不可忽帝以勖言爲允多從其意時又議省州郡縣半吏以赴農功勖議以爲省吏不

如省官省官不如省事省事不如清心昔蕭曹相漢載其清靜致畫一之歌此清心之本也漢文垂拱幾致刑措此省事也光武幷合吏員縣官國邑裁置十一此省官也魏太和中遣王人四出減天下吏員正始中亦幷合郡縣此省吏也今必欲求之於本則宜以省事爲先凡居位者使務思蕭曹之心以翼佐大化篤義行崇敦睦使昧寵忘本者不得容而僞行自息浮華者懼矣重敬讓尙止足令賤不妨貴少不陵長遠不間親新不間舊小不加大淫不破義則上下相安遠近相信矣位不可以進趣得譽不可以朋黨求則是非不妄而明官人不惑於聽矣去奇技抑異說好變舊以徼非常之利者必加其誅則官業有常人心不遷矣事留則政稽政稽則功廢處位者而孜孜不怠奉職司者而夙夜不懈則雖在挈瓶而守不假器矣使信若金石小失不害大政忍忿捐以容之簡文案略細苛令之所施必使人易視聽願之如陽春畏之如雷震勿使微文煩撓爲百吏所黷二三之命爲百姓所饜則吏竭其誠下悅上命矣設官分職委事責成君子心競而不力爭量能受任思不出位則官無異業政典不奸矣

凡此皆愚所謂省事之本也苟無此愆雖不省吏天下必謂之省矣若欲省官私謂九寺可幷於尚書蘭臺宜省付三府然施行歷代世之所習是以久抱愚懷而不敢言至於省事實以爲善若直作大例皆減其半恐文武衆官郡國職業及事之興廢不得皆同凡發號施令典而當則安儻有駁者或致壅否凡職所臨履先精其得失使忠信之官明察之長各裁其中先條上言之然後混齊大體詳宜所省則令下必行不可搖動如其不爾恐適惑人聽比前行所省皆須臾輒復或激而滋繁亦不可不重勖論議損益多此類太康中詔曰勖明哲聰達經識天序有佐命之功兼博洽之才久典內任著勳弘茂詢事考言謀猷允誠宜登大位毗贊朝政今以勖爲光祿大夫儀同三司開府辟召守中書監侍中侯如故時太尉賈充司徒李胤並薨太子太傅又缺勖表陳三公保傅宜得其人若使楊珧參輔東宮必當仰稱聖意尚書令衞瓘吏部尚書山濤皆可爲司徒如以瓘新爲令未出者濤即其人帝並從之明年秋諸州郡大水兗土尤甚勖陳宜立都水使者其後門下啓通事令史伊羨趙咸爲舍人對掌文法

詔以問勖勖曰今天下幸賴陛下聖德六合爲一望道化隆洽垂之將來而門下上稱程咸張惲下稱此等欲以文法爲政皆愚臣所未達者昔張釋之諫漢文謂獸圈嗇夫不宜見用邴吉住車明調和陰陽之本此二人豈不知小吏之惠誠重惜大化也昔魏武帝使中軍司荀攸典刑獄明帝時猶以付內常侍以臣所聞明帝時唯有通事劉泰等官不過與殿中同號耳又頃言論者皆云省官減事而求益吏者相尋矣多云尚書郎大令史不親文書乃委付舊令史及幹誠吏多則相倚也增置文法之職適恐更耗擾臺閣臣竊謂不可時帝素知太子闇弱恐後亂國遣勖及和嶠往觀之勖還盛稱太子之德而嶠云太子如初於是天下貴嶠而賤勖帝將廢賈妃勖與馮紞等諫請故得不廢時議以勖傾國害時孫資劉放之匹然性慎密每有詔令大事雖已宣布然終不言不欲使人知己豫聞也族弟良曾勸勖曰公大失物情有所進益者自可語之則懷恩多矣其壻武統亦說勖宜有所營置令有歸戴者勖並默然不應退而語諸子曰人臣不密則失身樹私則背公是大戒也汝等亦當宦達人閒宜識吾此

意久之以勖守尚書令勖久在中書專管機事及失之甚罔罔悵悵或有賀之者勖曰奪我鳳凰池諸君賀我邪及在尚書課試令史以下覈其才能有闇於文法不能決疑處事者卽時遣出帝嘗謂曰魏武帝言荀文若之進善不進不止荀公達之退惡不退不休二令君之美亦望於君也居職月餘以母憂上還印綬帝不許遣常侍周恢喻旨勖乃奉詔視職勖久管機密有才思探得人主微旨不犯顏忤爭故得始終全其寵祿太康十年卒詔贈司徒賜東園祕器朝服一具錢五十萬布百匹遣兼御史持節護喪諡曰成勖有十子其達者輯藩組

輯嗣官至衞尉卒諡曰簡子畯嗣卒諡曰烈無適子以弟息識爲嗣輯子綽

綽字彥舒博學有才能撰晉後書十五篇傳於世永嘉末爲司空從事中郎沒於石勒爲勒參軍

藩字大堅元康中爲黃門侍郎受詔成父所治鍾磬以從駕討齊王冏勳封西華縣公累遷尚書令永嘉末轉司空未拜而洛陽陷沒藩出奔密王浚承制奉藩爲留臺太尉及愍帝爲太子委藩督攝遠近建興元年薨於開封年六十九

因葬亡所謚曰成追贈太保藩二子邃闓
邃字道玄解音樂善談論弱冠辟趙王倫相國掾遷太子洗馬長沙王乂以爲
參軍乂敗成都王爲皇太弟精選僚屬以邃爲中舍人鄴城不守隨藩在密元
帝召爲丞相從事中郎以道險不就愍帝就加左將軍陳留相父憂去職服闋
襲封愍帝欲納邃女先徵爲散騎常侍邃懼西都危逼故不應命而東渡江元
帝以爲軍諮祭酒太興初拜侍中邃與刁協婚親時協執權欲以邃爲吏部尚
書邃深距之尋而王敦討協協黨與並及於難唯邃以疎協獲免敦表爲廷尉
以疾不拜遷太常轉尚書蘇峻作亂邃與王導荀崧並侍天子於石頭峻平後
卒贈金紫光祿大夫謚曰靖子汪嗣
闓字道明亦有名稱京師爲之語曰洛中英英荀道明大司馬齊王冏辟爲掾
冏敗暴尸已三日莫敢收葬闓與冏故吏李述稽含等露板請葬朝議聽之論
者稱焉爲太傅主簿中書郎與邃俱渡江拜丞相軍諮祭酒中興建遷右軍將
軍轉少府明帝嘗從容問王廙曰二荀兄弟孰賢廙答以闓才明過邃帝以語

庾亮亮曰邃眞粹之地亦闇所不及由是議者莫能定其兄弟優劣歷御史中
丞侍中尙書封射陽公太寧二年卒追贈衞尉謚曰定子達嗣
組字大章弱冠太尉王衍見而稱之曰夷雅有才識初爲司徒左西屬補太子
舍人司徒王渾請爲從事中郎轉左長史歷太子中庶子滎陽太守趙王倫爲
相國欲收大名選海內德望之士以江夏李重及組爲左右長史東平王堪沛
國劉謨爲左右司馬倫簒以組爲侍中及長沙王乂敗惠帝遣組及散騎常侍
閭丘沖詣成都王穎慰勞其軍帝西幸長安以組爲河南尹遷尙書轉衞尉賜
爵成陽縣男加散騎常侍中書監轉司隸校尉加特進光祿大夫常侍如故于
時天下已亂組兄弟貴盛懼不容於世雖居大官並諷議而已永嘉末復以組
爲侍中領太子太保未拜會劉曜王彌逼洛陽組與藩俱出奔懷帝蒙塵司空
王浚以組爲司隸校尉組與藩移檄天下以琅邪王爲盟主愍帝稱皇太子組
卽太子之舅及領司隸校尉行豫州刺史事與藩並保滎陽之開封建興初詔
藩行留臺事俄而藩薨帝更以組爲司空領尙書左僕射又兼司隸復行留臺

事州征郡守皆承制行焉進封臨潁縣公加太夫人世子印綬明年進位太尉
領豫州牧假節元帝承制以組都督司州諸軍加散騎常侍餘如故頃之又除
尚書令表讓不拜及西都不守組乃遣使移檄天下共勸進帝欲以組爲司徒
以問太常賀循循曰組舊望清重忠勤顯著遷訓五品實允衆望於是拜組爲
司徒組逼於石勒不能自立大興初自許昌率其屬數百人渡江給千兵百騎
組先所領仍皆統攝頃之詔組與太保西陽王羕並錄尚書事各加班劍六十
人永昌初遷太尉領太子太保未拜薨年六十五謚曰元子奕嗣
奕字玄欣少拜太子舍人駙馬都尉侍講東宮出爲鎮東參軍行揚武將軍新
汲令愍帝爲皇太子召爲中舍人尋拜散騎侍郎皆不就隨父渡江元帝踐祚
拜中庶子遷給事黃門郎父憂去職服闋補散騎常侍侍中時將繕宮城尚書
符下陳留王使出城夫奕駁曰昔虞賓在位書稱其美詩詠有客載在雅頌今
陳留王位在三公之上坐在太子之右故答表曰書賜物曰與此古今之所崇
體國之高義也謂宜除夫役時尚書張闓僕射孔愉難奕以爲昔宋不城周春

秋所譏特獨非體宜應滅夫奕重駁以爲春秋之末文武之道將墜于地新有

子朝之亂于時諸侯逋替莫肯率職宋之于周實有列國之權且同己勤王而

主之者晉客而辭役責之可也今之陳留無列國之勢此之作否何益有無臣

以爲宜除於國職爲全詔從之時又通議元會日帝應敬司徒王導不博士郭

熙杜援等以爲禮無拜臣之文謂宜除敬侍中馮懷議曰天子修禮莫盛於辟

雍當爾之日猶拜三老況今先帝師傅謂宜盡敬事下門下奕議曰三朝之首

宜明君臣之體則不應敬若宅日小會自可盡禮又至尊與公書手詔則曰頓

首言中書爲詔則云敬問散騎優冊則曰制命今詔文尚異況大會之與小會

理豈得同詔從之咸和七年卒追贈太僕謚曰定

馮紞

馮紞字少冑安平人也祖浮魏司隸校尉父員汲郡太守紞少博涉經史識悟

機辯歷仕爲魏郡太守轉步兵校尉徙越騎得幸於武帝稍遷左衞將軍承顏

悅色寵愛日隆賈充荀勖並與之親善充女之爲皇太子妃也紞有力焉及妃

之將廢紞勖乾沒救請故得不廢伐吳之役紞領汝南太守以郡兵隨王濬入
秣陵遷御史中丞轉侍中帝病篤得愈紞與勖見朝野之望屬在齊王攸攸素
薄勖勖以太子愚劣恐攸得立有害於己乃使紞言於帝曰陛下前者疾若不
差太子其廢矣齊王爲百姓所歸公卿所仰雖欲高讓其得免乎宜遣還藩以
安社稷帝納之及攸薨朝野悲恨初帝友于之情甚篤既納紞勖邪說遂爲身
後之慮以固儲位既聞攸殞哀慟特深紞侍立因言曰齊王名過於實今得自
終此乃大晉之福陛下何乃過哀帝收淚而止初謀伐吳紞與賈充荀勖同共
苦諫不可吳平紞內懷慚懼疾張華如讎及華外鎭威德大著朝論當徵爲尙
書令紞從容侍帝論晉魏故事因諷帝言華不可授以重任帝默然而止事具
華傳太康七年紞疾詔以紞爲散騎常侍賜錢二十萬牀帳一具尋卒二子播
熊播字長秋熊字文羆中書郎紞兄恢自有傳
史臣曰夫立身之道曰仁與義靜動既形悔吝斯及有莘之媵殊北門之情渭
濱之叟匪西山之節湯武有以濟其功夏殷不能譏其志王沉才經文武早尸

人爵在魏參席上之珍居晉爲幄中之士桐宮之謀遽泄武闈之禍遂臻是知
田光之口豈燕丹之可絕豫讓之形非智氏之能變動靜之際有據蒺藜仁義
之方求之彌遠矣彭祖謁由捧雉孕本貿絲因家乏主遂登顯秩擁北州之士
馬偶東京之糜沸自可感召諸侯宣力王室而乘間伺隙潛圖不軌放肆獯虜
遷播乘輿遂使漳滏蕭然黎元塗地縱貪夫於藏戶戮高士於燕垂阻越石之
內難邀世龍之外府惡稔毒痡坐致焚燎假手仇敵方申凶獷慶封之戮慢罵
何補哉公曾慈明之孫景倩文若之子踐隆堂而高視齊逸軌而長騖孝敬足
以承親周慎足以事主刊姬公之舊典採蕭相之遺法然而援朱均以貳極煽
褒閻而偶震雖廢興有在隆替靡常稽之人事乃二荀之力也至於斗粟興謠
踰里成詠勖之階禍又已甚焉馮紞外騁戚施內窮狙詐夔佊安賈交勖繼張
心滔楚費過踰晉伍爰絲獻壽空取慰於仁心紞之陳說幸收哀於迷慮投畀
之罰無聞青蠅之詩不作矣
贊曰處道文林胡貳爾心彭祖凶孽自貽伊慼臨淮翼翼孝形于色安陽英英

匪懈其職傾齊附魯是爲蟊賊紞之不臧交亂罔極

晉書卷三十九

晉書卷三十九考證

王沉傳演與浚欲合鹵簿○史記黥布傳注楚軍前簿簿者鹵簿梁書王僧儒傳道遇中丞鹵簿是知百官皆可稱鹵簿弁各分差等矣

荀勖傳東平王堪沛國劉謨爲左右司馬○堪監本誤與今從閣本

晉書卷三十九考證

晉書卷四十

唐　太　宗　文　皇　帝　御　撰

列傳第十

賈充

賈充字公閭平陽襄陵人也父逵魏豫州刺史陽里亭侯逵晚始生充言後當有充閭之慶故以爲名字焉充少孤居喪以孝聞襲父爵爲侯拜尚書郎典定科令兼度支考課辯章節度事皆施用累遷黃門侍郎汲郡典農中郎將參大將軍軍事從景帝討毌丘儉文欽於樂嘉帝疾篤還許昌留充監諸軍事以勞增邑三百五十戶後爲文帝大將軍司馬轉右長史帝新執朝權恐方鎭有異議使充詣諸葛誕圖欲伐吳陰察其變充既論說時事因謂誕曰天下皆願禪代君以爲何如誕厲聲曰卿非賈豫州子乎世受魏恩豈可欲以社稷輸人乎若洛中有難吾當死之充默然及還白帝曰誕在揚州威名夙著能得人死力觀其規略爲反必也今徵之反速而事小不徵事遲而禍大帝乃徵誕爲司空

而誕果叛復從征誕充進計曰楚兵輕而銳若深溝高壘以逼賊城可不戰而剋也帝從之城陷帝登壘以勞充帝先歸洛陽使充統後事進爵宣陽鄉侯增邑千戶遷廷尉充雅長法理有平反之稱轉中護軍高貴鄉公之攻相府也充率衆距戰於南闕軍將敗騎督成倅弟太子舍人濟謂充曰今日之事何如充曰公等養汝正擬今日復何疑濟於是抽戈犯蹕及常道鄉公卽位進封安陽鄉侯增邑千二百戶統城外諸軍加散騎常侍鍾會謀反於蜀帝假充節以本官都督關中隴右諸軍事西據漢中未至而會死時軍國多事朝廷機密皆與籌之帝甚信重充與裴秀王沉羊祜荀勖同受腹心之任帝又命充定法律假金章賜甲第一區五等初建封臨沂侯爲晉元勳深見寵異祿賜常優於羣官充有刀筆才能觀察上旨初文帝以景帝恢贊王業方傳位於舞陽侯攸充稱武帝寬仁且又居長有人君之德宜奉社稷及文帝寢疾武帝請問後事文帝曰知汝者賈公閭也帝襲王位拜充晉國衛將軍儀同三司給事中改封臨潁侯及受禪充以建明大命轉車騎將軍散騎常侍尙書僕射更封魯郡公母柳

氏爲魯國太夫人充所定新律既班于天下百姓便之詔曰漢氏以來法令嚴
峻故自元成之世及建安嘉平之間咸欲辯章舊典刪革刑書述作體大歷年
無成先帝愍元元之命陷於密網親發德音釐正名實車騎將軍賈充獎明聖
意諮詢善道太傅鄭沖又與司空荀顗中書監荀勗中軍將軍羊祜中護軍王
業及廷尉杜友守河南尹杜預散騎侍郎裴楷潁川太守周雄齊相郭頎騎都
尉成公綏荀煇尚書郎柳軌等典正其事朕每鑒其用心常慨然嘉之今法律
既成始班天下刑寬禁簡足以克當先旨昔蕭何以定律受封叔孫通以制儀
爲奉常賜金五百斤弟子皆爲郎夫立功立事古之所重自太傅車騎以下皆
加祿賞其詳依故典於是賜充子弟一人關內侯絹五百疋固讓不許後代裴
秀爲尚書令常侍車騎將軍如故尋改常侍爲侍中賜絹七百匹以母憂去職
詔遣黃門侍郎慰問又以東南有事遣典軍將軍楊囂宣諭使六旬還內充爲
政務農節用幷官省職帝善之又以文武異容求罷所領兵及羊祜等出鎮充
復上表欲立勳邊境帝並不許從容任職褒貶在己頗好進士每有所薦達必

始終經緯之是以士多歸焉帝舅王恂嘗毀充而充更進恂或有背充以要權
貴者充皆陽以素意待之而充無公方之操不能正身率下專以諂媚取容侍
中任愷中書令庾純等剛直守正咸共疾之又以充女爲齊王妃懼後益盛及
氐羌反叛時帝深以爲慮愷因進說請充鎭關中乃下詔曰秦涼二境比年屢
敗胡虜縱暴百姓荼毒遂使異類扇動害及中州雖復吳蜀之寇未嘗至此誠
由所任不足以內撫夷夏外鎭醜逆輕用其衆而不能盡其力非得心腹之重
推轂委成大臣其弊恐爲患未已每慮斯難忘寢與食侍中守尚書令車騎將
軍賈充雅量弘高達見明遠武有折衝之威文懷經國之慮信結人心名震域
外使權統方任綏靜西夏則吾無西顧之念而遠近獲安矣其以充爲使持節
都督秦涼二州諸軍事侍中車騎將軍如故假羽葆鼓吹給第一駙馬朝之賢
良欲進忠規獻替者皆幸充此舉望隆惟新之化充既外出自以爲失職深銜
任愷計無所從將之鎭百僚餞于夕陽亭荀勖私焉充以憂告勖曰公國之宰
輔而爲一夫所制不亦鄙乎然是行也辭之實難獨有結婚太子不頓駕而自

留矣充曰然孰可寄懷對曰勖請行之俄而侍宴論太子婚姻事勖因言充女才質令淑宜配儲宮而楊皇后及荀顗亦並稱之帝納其言會京師大雪平地二尺軍不得發既而皇儲當婚遂不西行詔充居本職先是羊祜密啓留充及是帝以語充充謝祜曰始知君長者時吳將孫秀降拜爲驃騎大將軍帝以充舊臣欲改班使車騎居驃騎之右充固讓見聽尋遷司空侍中尚書令領兵如故會帝寢疾充及齊王攸荀勖參醫藥及疾愈賜絹各五百匹初帝疾篤朝廷屬意於攸河南尹夏侯和謂充曰卿二女壻親疏等耳立人當立德充不答及是帝聞之徙和光祿勳乃奪充兵權而位遇無替尋轉太尉行太子太保錄尚書事咸寧三年日食於三朝充請遜位不許更以沛國之公丘益其封寵倖愈甚朝臣咸側目焉河南尹王恂上言弘訓太后入廟合食於景皇帝齊王攸不得行其子禮充議以爲禮諸侯不得祖天子公子不得禰先君皆謂奉統承祀非謂不得復其父祖也攸身宜服三年喪事自如臣制有司奏若如充議服子服行臣制未有前比宜如恂表攸喪服從諸侯之例帝從充議伐吳之役詔充

爲使持節假黃鉞大都督總統六師給羽葆鼓吹緹幢兵萬人騎二千置左右長史司馬從事中郎增參軍騎司馬各十人帳下司馬二十人大車官騎各三十人充慮大功不捷表陳西有昆夷之患北有幽并之戍天下勞擾年穀不登興軍致討懼非其時又臣老邁非所克堪詔曰君不行吾便自出充不得已乃受節鉞將中軍爲諸軍節度以冠軍將軍楊濟爲副南屯襄陽吳江陵諸守皆降充乃徙屯項王濬之剋武昌也充遣使表曰吳未可悉定方夏江淮下濕疾疫必起宜召諸軍以爲後圖雖腰斬張華不足以謝天下華豫平吳之策故充以爲言中書監荀勗奏宜如充表帝不從杜預聞充有奏馳表固爭言平在旦夕使及至轘轅而孫皓已降吳平軍罷帝遣侍中程咸犒勞賜充帛八千疋增邑八千戶分封從孫暢新城亭侯蓋安陽亭侯弟陽里亭侯混從孫關內侯衆增戶邑充本無南伐之謀固諫不見用及師出而吳平大慚懼議欲請罪帝聞充當詣闕豫幸東堂以待之罷節鉞僚佐仍假鼓吹麾幢充與羣臣上告成之禮請有司具其事帝謙讓不許及疾篤上印綬遜位帝遣侍臣諭旨問疾殿中

太醫致湯藥賜牀帳錢帛自皇太子宗室躬省起居太康三年四月薨時年六十六帝爲之慟使使持節太常奉策追贈太宰加衮冕之服綠綟綬御劍賜東園祕器朝服一具衣一襲大鴻臚護喪事假節鉞前後部羽葆鼓吹緹麾大路鑾路轀輬車帳下司馬大車椎斧文衣武賁輕車介士葬禮依霍光及安平獻王故事給塋田一頃與石苞等爲王功配饗廟庭諡曰武追贈充子黎民爲魯殤公充婦廣城君郭槐性妬忌初黎民年三歲乳母抱之當閤黎民見充入喜笑充就而拊之槐望見謂充私乳母卽鞭殺之黎民戀念發病而死後又生男過期復爲乳母所抱充以手摩其頭郭疑乳母又殺之兒亦思慕而死充遂無胤嗣及薨槐輒以外孫韓謐爲黎民子奉充後郎中令韓咸中尉曹軫諫槐曰禮大宗無後以小宗支子後之無異姓爲後之文無令先公懷腆后土良史書過豈不痛心槐不從咸等上書求改立嗣事寢不報槐遂表陳是充遺意帝乃詔曰太宰魯公充崇德立勳勤勞佐命背世殂隕每用悼心又胤子早終世嗣未立古者列國無嗣取始封支庶以紹其統而近代更除其國至於周之公旦

漢之蕭何或豫建元子或封爵元妃蓋尊顯勳庸不同常例太宰素取外孫韓
謐爲世子黎民後吾退而斷之外孫骨肉至近推恩計情合於人心其以謐爲
魯公世孫以嗣其國自非功如太宰始封無後如太宰所取必以己自出不如
太宰皆不得以爲比及下禮官議充謚博士秦秀議謚曰荒帝不納博士段暢
希旨建議謚曰武帝乃從之自充薨至葬賻賜二千萬惠帝卽位賈后擅權加
充廟備六佾之樂母郭爲宜城君及郭氏亡謚曰宣特加殊禮時人譏之而莫
敢言者初充前妻李氏淑美有才行生二女褒裕褒一名荃裕一名濬父豐誅
李氏坐流徙後娶城陽太守郭配女卽廣城君也武帝踐祚李以大赦得還帝
特詔充置左右夫人充母亦勅充迎李氏郭槐怒攘袂數充曰刊定律令爲佐
命之功我有其分李那得與我並充乃荅詔託以謙沖不敢當兩夫人盛禮實
畏槐也而荃爲齊王攸妃欲令充遣郭而還其母時沛國劉含母及帝舅羽林
監王虔前妻皆毋丘儉孫女此例既多質之禮官皆不能決雖不遣後妻多異
居私通充自以宰相爲海內準則乃爲李築室於永年里而不往來荃濬每號

泣請充充竟不往會充當鎭關右公卿供帳祖道荃濬懼充遂去乃排幔出於坐中叩頭流血向充及羣僚陳母應還之意衆以荃王妃皆驚起而散充甚愧愕遣黃門將宮人扶去既而郭槐女爲皇太子妃帝乃下詔斷如李比皆不得還後荃恚憤而薨初槐欲省李氏充曰彼有才氣卿往不如不往及女爲妃槐乃盛威儀而去既入戶李氏出迎槐不覺脚屈因遂再拜自是充每出行槐輒使人尋之恐其過李也初充母柳見古今重節義竟不知充與成濟事以濟不忠數追罵之侍者聞之無不竊笑及將亡充問所欲言柳曰我教汝迎李新婦尚不肯安問他事遂無言及充薨後李氏二女乃欲令其母祔葬賈后弗之許也及后廢李氏乃得合葬李氏作女訓行於世謐字長深母賈午充少女也父韓壽字德真南陽堵陽人魏司徒暨曾孫美姿貌善容止賈充辟爲司空掾充每讌賓寮其女輒於青璅中窺之見壽而悅焉問其左右識此人不有一婢說壽姓字云是故主人女大感想發於寤寐婢後往壽家具說女意并言其女光麗豔逸端美絶倫壽聞而心動便令爲通殷勤婢以白女女遂潛修音好厚相

贈結呼壽夕入壽勁捷過人踰垣而至家中莫知惟充覺其女悅暢異於常日
時西域有貢奇香一著人則經月不歇帝甚貴之惟以賜充及大司馬陳騫其
女密盜以遺壽充寮屬與壽燕處聞其芬馥稱之於充自是充意知女與壽通
而其門閤嚴峻不知所由得入乃夜中陽驚託言有盜因使循牆以觀其變左
右白曰無餘異惟東北角如狐狸行處充乃考問女之左右具以狀對充祕之
遂以女妻壽壽官至散騎常侍河南尹元康初卒贈驃騎將軍謐好學有才思
旣爲充嗣繼佐命之後又賈后專恣謐權過人主至乃鏁繫黃門侍郎其爲威
福如此負其驕寵奢侈踰度室宇崇僭器服珍麗歌僮舞女選極一時開閣延
賓海內輻湊貴遊豪戚及浮競之徒莫不盡禮事之或著文章稱美謐以方賈
誼渤海石崇歐陽建滎陽潘岳吳國陸機陸雲蘭陵繆徵京兆杜斌摯虞琅邪
諸葛詮弘農王粹襄城杜育南陽鄒捷齊國左思清河崔基沛國劉瓌汝南和
郁周恢安平索秀潁川陳眕太原郭彰高陽許猛彭城劉訥中山劉輿劉琨皆
傅會於謐號曰二十四友其餘不得預焉歷位散騎常侍後軍將軍廣城君薨

去職喪未終起爲祕書監掌國史先是朝廷議立晉書限斷中書監荀勖謂宜以魏正始起年著作郎王瓚欲引嘉平已下朝臣盡入晉史于時依違未有所決惠帝立更使議之謐上議請從泰始爲斷於是事下三府司徒王戎司空張華領軍將軍王衍侍中樂廣黃門侍郎嵇紹國子博士謝衡皆從謐議騎都尉濟北侯荀畯侍中荀藩黃門侍郎華混以爲宜用正始開元博士荀熙刁協謂宜嘉平起年謐重執奏戎華之議事遂施行尋轉侍中領祕書監如故謐時從帝幸宣武觀校獵諷尚書於會中召謐受拜誡左右勿使人知於是衆疑其有異志矣謐既親貴數入二宮共愍懷太子遊處無屈降心常與太子奕棊爭道成都王穎在坐正色曰皇太子國之儲君賈謐何得無禮謐懼言之於后遂出穎爲平北將軍鎮鄴及爲常侍侍講東宮太子意有不悅謐患之而其家數有妖異飄風吹其朝服飛上數百丈墜于中丞臺又蛇出其被中夜暴雷震其室柱陷入地壓毀牀帳謐甚恐及遷侍中專掌禁內遂與后成謀誣陷太子及趙王倫廢后以詔召謐於殿前將戮之走入西鍾下呼曰阿后救我乃就斬之韓

壽少弟蔚有器望及壽兄鞏令保弟散騎侍郎預吳王友鑒謐母賈午皆伏誅
初充伐吳時嘗屯項城軍中忽失充所在充帳下都督周勤時晝寢夢見百餘
人錄充引入一逕勤驚覺聞失充乃出尋索忽覩所夢之道遂往求之果見充
行至一府舍侍衞甚盛府公南面坐聲色甚厲謂充曰將亂吾家事必爾與荀
勖既惑吾子又亂吾孫間使任愷黜汝而不去又使庾純詈汝而不改今吳寇
當平汝方表斬張華汝之闇戇皆此類也若不悛慎當旦夕加罪充因叩頭流
血公曰汝所以延日月而名器如此者是衞府之勳耳終當使係嗣死於鍾虡
之間大子斃於金酒之中小子困於枯木之下荀勖亦宜同然其先德小濃故
在汝後數世之外國嗣亦替言畢命去充忽然得還營顏色憔悴性理昏喪經
日乃復及是謐死於鍾下賈后服金酒而死賈午考竟用大杖終皆如所言趙
王倫之敗朝廷追述充勳議立其後欲以充後孫散騎侍郎衆爲嗣衆陽狂自
免以子禿後充封魯公又病死永與中立充從曾孫湛爲魯公奉充後遭亂死
國除泰始中人爲充等謠曰賈裴王亂紀綱王裴賈濟天下言亡魏而成晉也

充弟混字宮奇篤厚自守無殊才能太康中爲宗正卿歷鎮軍將軍領城門校尉加侍中封永平侯卒贈中軍大將軍儀同三司充從子彝遵竝有鑒裁俱爲黄門郎遵弟模最知名

模字思範少有志尚頗覽載籍而沉深有智算確然難奪深爲充所信愛每事籌之焉充年衰疾劇恆憂己謚傳模曰是非久自見不可掩也起家爲邵陵令遂歷事二宮尚書吏部郎以公事免起爲車騎司馬豫誅楊駿封平陽鄉侯邑千戶及楚王瑋矯詔害汝南王亮太保衞瓘詔使模將中騶三百人收之是時賈后既豫朝政欲委信親黨拜模散騎常侍二日擢爲侍中模乃盡心匡弼推張華裴頠同心輔政數年之中朝野寧靜模之力也乃加授光祿大夫然模潛執權勢外形欲遠之每事啓奏賈后事入輒取急或託疾以避之至於素有嫌忿多所中陷朝廷甚憚之加貪冒聚斂富擬王公但賈后性甚強暴模每盡言開陳禍福后不能從反謂模毀己於是委任之情日衰而讒間之徒遂進模不得志憂憤成疾卒追贈車騎將軍開府儀同三司謚曰成子遊字彥將嗣歷官

太子侍講員外散騎侍郎

郭彰

郭彰字叔武太原人賈后從舅也與賈充素相親遇充妻待彰若同生歷散騎常侍尚書衞將軍封冠軍縣侯及賈后專朝彰豫參權勢物情歸附賓客盈門世人稱爲賈郭謂謐及彰也卒謚曰烈

楊駿

楊駿字文長弘農華陰人也少以王官爲高陸令驍騎鎮軍二府司馬後以后父超居重任自鎮軍將軍遷車騎將軍封臨晉侯識者議之曰夫封建諸侯所以藩屏王室也后妃所以供粢盛弘內教也后父始封而以臨晉爲侯兆於亂矣尚書褚䂮郭奕並表駿小器不可以任社稷之重武帝不從帝自太康以後天下無事不復留心萬幾惟耽酒色始寵后黨請謁公行而駿及珧濟勢傾天下時人有三楊之號及帝疾篤未有顧命佐命功臣皆已沒矣朝臣惶惑計無所從而駿盡斥羣公親侍左右因輒改易公卿樹其心腹會帝小間見所用者

非乃正色謂駿曰何得便爾乃詔中書以汝南王亮與駿夾輔王室駿恐失權寵從中書借詔觀之得便藏匿中書監華廙恐懼自往索之終不肯與信宿之間上疾遂篤后乃奏帝以駿輔政帝頷之便召中書監華廙令何劭口宣帝旨使作遺詔曰昔伊望作佐勳垂不朽周霍拜命名冠往代侍中車騎將軍行太子太保領前將軍楊駿經德履喆鑒識明遠毗翼二宮忠肅茂著宜正位上台擬跡阿衡其以駿爲太尉太子太傅假節都督中外諸軍事侍中錄尚書領前將軍如故置參軍六人步兵三千人騎千人移止前衞將軍珧故府若止宿殿中宜有翼衞其差左右衞三部司馬各二十人殿中都尉司馬十人給駿令得持兵仗出入詔成后對廙劭以呈帝帝親視而無言自是二日而崩駿遂當寄託之重居太極殿梓宮將殯六宮出辭而駿不下殿以武賁百人自衞不恭之迹自此而始惠帝卽位進駿爲太傅大都督假黃鉞錄朝政百官總己慮左右閒己乃以其甥段廣張邵爲近侍之職凡有詔命帝省訖入呈太后然後乃出駿知賈后情性難制甚畏憚之又多樹親黨皆領禁兵於是公室怨望天下憤

然矣駿弟珧濟皆有儁才數相諫止駿不能用因廢於家駿闇於古義動違舊典武帝崩未踰年而改元議者咸以爲違春秋踰年書卽位之義朝廷惜於前失令史官沒之故明年正月復改年焉駿自知素無美望懼不能輯和遠近乃依魏明帝卽位故事遂大開封賞欲以悅衆爲政嚴碎愎諫自用不允衆心馮翊太守孫楚素與駿厚說之曰公以外戚居伊霍之重握大權輔弱主當仰思古人至公至誠謙順之道於周則周召爲宰在漢則朱虛東牟未有庶姓專朝而克終慶祚者也今宗室親重藩王方壯而公不與共參萬幾內懷猜忌外樹私昵禍至無日矣駿不能從弘訓少府蒯欽駿之姑子少而相昵直亮不回屢以正言犯駿珧濟爲之寒心欽曰楊文長雖闇猶知人之無罪不可妄殺必當疎我我得疎外可以不與俱死不然傾宗覆族其能久乎殿中中郎孟觀李肇素不爲駿所禮陰構駿將圖社稷賈后欲預政事而憚駿不得逞其所欲又不肯以婦道事皇太后黃門董猛始自帝之爲太子卽爲寺人監在東宮給事於賈后密通消息於猛謀廢太后猛乃與肇觀潛相結托賈后又令肇報大司馬

汝南王亮使連兵討駿亮曰駿之凶暴死亡無日不足憂也肇報楚王瑋瑋然之於是求入朝駿素憚瑋先欲召入防其爲變因遂聽之及瑋至觀肇乃啓帝夜作詔中外戒嚴遣使奉詔廢駿以侯就第東安公繇率殿中四百人隨其後以討駿段廣跪而言於帝曰楊駿受恩先帝竭心輔政且孤公無子豈有反理願陛下審之帝不答時駿居曹爽故府在武庫南聞內有變召衆官議之太傅主簿朱振說駿曰今內有變其趣可知必是閹豎爲賈后設謀不利於公宜燒雲龍門以示威索造事者首開萬春門引東宮及外營兵公自擁翼皇太子入宮取姦人殿內震懼必斬送之可以免難駿素怯懦不決乃曰魏明帝造此大功奈何燒之侍中傅祇夜白駿請與武茂俱入雲龍門觀察事勢祇因謂羣寮宮中不宜空便起揖於是皆走尋而殿中兵出燒駿府又令弩士於閣上臨駿府而射之駿兵皆不得出駿逃于馬廐以戟殺之觀等受賈后密旨誅駿親黨皆夷三族死者數千人又令李肇焚駿家私書賈后不欲令武帝顧命手詔聞于四海也駿既誅莫敢收者惟太傅舍人巴西閻纂殯斂之初駿徵高士孫登

遺以布被登截被於門大呼曰斫斫刺刺旬日託疾詐死及是其言果驗永熙中溫縣有人如狂造書曰光光文長大戟爲牆毒藥雖行戟還自傷及駿居內府以戟爲衞焉永寧初詔曰舅氏失道宗族隕墜渭陽之思孔懷感傷其以務亭侯楊超爲奉朝請騎都尉以慰蓼莪之思焉

珧字文琚歷位尚書令衞將軍素有名稱得幸於武帝時望在駿前以兄貴盛知權寵不可居自乞遜位前後懇至終不獲許初聘后珧表曰歷觀古今一族二后未嘗以全而受覆宗之禍乞以表事藏之宗廟若如臣之言得以免禍從之右軍督趙休上書陳王莽五公兄弟相代今楊氏三公並在大位而天變屢見臣竊爲陛下憂之由此珧益懼固求遜位聽之賜錢百萬絹五千匹珧初以退讓稱晚乃合朋黨構出齊王攸中護軍羊琇與北軍中候成粲謀欲因見珧而手刃之珧知而辭疾不出諷有司奏琇轉爲太僕自是舉朝莫敢枝梧而素論盡矣珧臨刑稱寃云事在石函可問張華當時皆謂宜爲申理合依鍾繇事例而賈氏族黨待諸楊如讐促行刑者遂斬之時人莫不嗟歎焉

濟字文通歷位鎮南征北將軍還太子太傅濟有才藝嘗從武帝校獵北芒下與侍中王濟俱著布袴褶騎馬執角弓在輦前猛獸突出帝命王濟射之應弦而倒須臾復一出濟受詔又射殺之六軍大叫稱快帝重兵官多授貴戚清望濟以武藝號爲稱職與兄珧深慮威滿乃與諸甥李斌等共切諫駿斥出王佑爲河南太守建立皇儲皆濟謀也初駿忌大司馬汝南王亮催使之藩濟與斌數諫止之駿遂疏濟濟謂傅咸曰若家兄徵大司馬入退身避之門戶可得免耳不爾行當赤族咸曰但徵還共崇至公便立太平無爲避也夫人臣不可有專豈獨外戚今宗室疏因外戚之親以得安外戚危倚宗室之重以爲援所謂脣齒相依計之善者濟益懼而問石崇曰人心云何崇曰賢兄執政疏外宗室宜與四海共之濟曰見兄可及此崇見駿及焉駿不納後與諸兄俱見害難發之夕東宮召濟濟謂裴楷曰吾將何之楷曰子爲保傅當至東宮濟好施久典兵馬所從四百餘人皆秦中壯士射則命中皆欲救濟濟已入宮莫不歎恨

史臣曰賈充以諂諛陋質刀筆常材幸屬昌辰濫叨非據抽戈犯順曾無猜憚

之心杖鉞推亡遽有知難之請非惟魏朝之悖逆抑亦晉室之罪人者歟然猶身極寵光任兼文武存荷台衡之寄沒有從享之榮可謂無德而祿殃將及矣逮乎貽厥乃乞丐之徒嗣惡稔之餘基縱姦邪之凶德煽茲哲婦索彼惟家雖及誅夷曷云塞責昔當塗闕翦公閭實肆其勞典午分崩南風亦盡其力可謂君以此始必以此終信乎其然矣楊駿階緣寵幸遂荷棟梁之任敬之猶恐弗逮驕奢淫泆庸可免乎括母以明智全身會昆以先言獲宥文琚識同曩烈而罰異昔人悲夫

贊曰公閭便佞心乖雅正邀遇時來遂階榮命乞丐承緒凶家亂政瑣瑣文長遂居棟梁據非其位乃底滅亡珧雖先覺亦罹禍殃

晉書卷四十

晉書卷四十一

唐　太　宗　文　皇　帝　御　撰

列傳第十一

魏舒

魏舒字陽元任城樊人也少孤爲外家甯氏所養甯氏起宅相宅者云當出貴甥外祖母以魏氏甥小而慧意謂應之舒曰當爲外氏成此宅相久乃别居身長八尺二寸姿望秀偉飲酒石餘而遲鈍質朴不爲鄉親所重從叔父吏部郎衡有名當世亦不之知使守水碓每歎曰舒堪數百戸長我願畢矣舒亦不以介意不修常人之節不爲皎厲之事每欲容才長物終不顯人之短性好騎射著韋衣入山澤以漁獵爲事唯太原王乂謂舒曰卿終當爲台輔然今未能令妻子免飢寒吾當助卿營之常振其匱乏舒受而不辭舒嘗詣野王主人妻夜產俄而聞車馬之聲相問曰男也女也曰男書之十五以兵死復問寢者爲誰曰魏公舒後十五載詣主人問所生兒何在曰因條桑爲斧傷而死舒自知當

爲公矣年四十餘郡上計掾察孝廉宗黨以舒無學業勸令不就可以爲高耳舒曰若試而不中其負在我安可虛竊不就之高以爲己榮乎於是自課百日習一經因而對策升第除澠池長遷浚儀令入爲尚書郎時欲沙汰郎官非其才者罷之舒曰吾即其人也襆被而出同寮素無清論者咸有愧色談者稱之累遷後將軍鍾毓長史毓每與參佐射舒常爲畫籌而已後遇朋人不足以舒滿數毓初不知其善射舒容範閑雅發無不中舉坐愕然莫有敵者毓謝而歎曰吾之不足以盡卿才有如此射矣豈一事哉轉相國參軍封劇陽子府朝碎務未嘗見是非至於廢興大事衆人莫能斷者舒徐爲籌之多出衆議之表文帝深器重之每朝會坐罷目送之曰魏舒堂堂人之領袖也還宜陽滎陽二郡太守甚有聲稱徵拜散騎常侍出爲冀州刺史在州三年以簡惠稱入爲侍中武帝以舒清素特賜絹百匹遷尚書以公事當免官詔以贖論舒三娶妻皆亡是歲自表乞假還本郡葬妻詔賜葬地一頃錢五十萬太康初拜右僕射舒與衞瓘山濤張華等以六合混一宜用古典封禪東嶽前後累陳其事帝謙讓不

許以舒爲左僕射領吏部上言今選六宮娉以玉帛而舊使御府丞奉娉宣成嘉禮贄重使輕以爲拜三夫人宜使卿九嬪使五官中郎將美人良人使謁者於典制爲弘有詔詳之衆議異同遂寢加右光祿大夫儀同三司及山濤薨以舒領司徒有頃即真舒有威重德望祿賜散之九族家無餘財陳留周震累爲諸府所辟辟書旣下公輒喪亡僉號震爲殺公掾莫有辟者舒乃命之而竟無患識者以此稱其達命以年老每稱疾遜位中復暫起署兗州中正尋又稱疾尙書左丞郤詵與舒書曰公久疾小差視事是也唯上所念何意起訖還臥曲身迴法甚失具瞻之望公少立巍巍一旦棄之可不惜哉舒稱疾如初後以災異遜位帝不聽後因正旦朝罷還第表送章綬帝手詔敦勉而舒執意彌固乃下詔曰司徒劇陽子舒體道弘粹思量經遠忠肅居正在公盡規入管銓衡官人允敘出贊袞職敷弘五教惠訓播流德聲茂著可謂朝之俊乂者也而屢執沖讓辭旨懇誠申覽反覆省用憮然蓋成人之美先典所與難違至情今聽其所執以劇陽子就第位同三司祿賜如前几杖不朝賜錢百萬牀帳簟褥百副

以舍人四人爲劇陽子舍人置官騎十人使光祿勳奉策主者詳案典禮令皆如舊制於是賜安車駟馬門施行馬舒爲事必先行而後言遜位之際莫有知者時論以爲晉興以來三公能辭榮祿終者未之有也司空衛瓘與舒書曰每與足下共論此事日日未果可謂瞻之在前忽焉在後矣太熙元年薨時年八十二帝甚傷悼賵賻優厚謚曰康子混字延廣清惠有才行爲太子舍人年二十七先舒卒朝野咸爲舒悲惜舒每哀慟退而歎曰吾不及莊生遠矣豈以無益自損乎於是終服不復哭詔曰舒唯一子薄命短折舒告老之年處窮獨之苦每念怛然爲之嗟悼思所以散愁養氣可更增滋味品物仍給賜陽燧四望繐牕戶皁輪車牛一乘庶出入觀望或足散憂也以庶孫融嗣又早卒從孫晃嗣

李憙

李憙字季和上黨銅鞮人也父佺漢大鴻臚憙少有高行博學研精與北海管寧以賢良徵不行累辟三府不就宣帝復辟憙爲太傅屬固辭疾郡縣扶輿上

道時憙母疾篤乃竊踰泫氏城而徒還遂遭母喪論者嘉其志節後爲并州別駕時驍騎將軍秦朗過并州州將畢軌敬焉令乘車至閤憙固諫以爲不可軌不得已從之景帝輔政命憙爲大將軍從事中郎憙到引見謂憙曰昔先公辟君而君不應今孤命君而君至何也對曰先君以禮見待憙得以禮進退明公以法見繩憙畏法而至帝甚重之轉司馬尋拜右長史從討毌丘儉還遷御史中丞當官正色不憚強禦百僚震肅焉薦樂安孫璞亦以道德顯時人稱爲知人尋遷大司馬以公事免司馬伷爲寧北將軍鎮鄴以憙爲軍司頃之除涼州刺史加揚威將軍假節領護羌校尉綏御華夷甚有聲績羌虜犯塞憙因其隙會不及啓聞輒以便宜出軍深入遂大尅獲以功重免譴時人比之漢朝馮甘焉於是請還許之居家月餘拜冀州刺史累遷司隸校尉及魏帝告禪于晉憙以本官行司徒事副太尉鄭沖奉策泰始初封祁侯憙上言故立進令劉友前尚書山濤中山王睦故尙書僕射武陔各占官三更稻田請免濤睦等官陔已亡請貶謚詔曰法者天下取正不避親貴然後行耳吾豈將枉縱其間哉然案

此事皆是友所作侵剝百姓以繆惑朝士姦吏乃敢作此其考竟友以懲邪佞濤等不貳其過者皆勿有所問易稱王臣蹇蹇匪躬之故今憙亢志在公當官而行可謂邦之司直者矣光武有云貴戚且斂手以避二鮑豈其然乎其申勑羣寮各慎所司寬宥之恩不可數遇也憙爲二代司隸朝野稱之以公事免其年皇太子立以憙爲太子太傅自魏明帝以後久曠東宮制度廢闕官司不具詹事左右率庶子中舍人諸官並未置唯置衛率令典兵二傅幷攝衆事憙在位累年訓道盡規遷尚書僕射拜特進光祿大夫以年老遜位詔曰光祿大夫特進李憙杖德居義當升台司毗亮朕躬而以年尊致仕雖優游無爲可以頤神而虛心之望能不憮然其因光祿之號改假金紫置官騎十人賜錢五十萬祿賜班禮一如三司門施行馬初憙爲僕射時涼州虜寇邊憙唱義遣軍討之朝士謂出兵不易虜未足爲患竟不從之後虜果大縱逸涼州覆沒朝廷深悔焉以憙清素貧儉賜絹百匹及齊王攸出鎮憙上疏諫爭辭甚懇切憙自歷仕雖清非異衆而家無儲積親舊故人乃至分衣共食未嘗私以王官及卒追贈

太保謚曰成子贊嗣少子儉字仲約歷左積弩將軍屯騎校尉儉子弘字世彥少有清節永嘉末歷給事黄門侍郎散騎常侍

劉寔

劉寔字子真平原高唐人也漢濟北惠王壽之後也父廣斥丘令寔少貧苦賣牛衣以自給然好學手約繩口誦書博通古今清身潔己行無瑕玷郡察孝廉州舉秀才皆不行以計吏入洛調爲河南尹丞遷尚書郎廷尉正後歷吏部郎參文帝相國軍事封循陽子鍾會鄧艾之伐蜀也有客問寔曰二將其平蜀乎寔曰破蜀必矣而皆不還客問其故笑而不答竟如其言寔之先見皆此類也以世多進趣廉遜道闕乃著崇讓論以矯之其辭曰古之聖王之化天下所以貴讓者欲以出賢才息爭競也夫人情莫不欲己之賢也故勸令讓賢以自明賢也豈假讓不賢哉故讓道興賢能之人不求而自出矣至公之舉自立矣百官之副亦豫具矣一官缺擇衆官所讓最多者而用之審之道也在朝之士相讓於上草廬之人咸皆化之推賢讓能之風從此生矣爲一國所讓則一國士

也天下所共推則天下士也推讓之風行則賢與不肖灼然殊矣此道之行在上者無所用其心因成清議隨之而已故曰蕩蕩乎堯之爲君莫之能名言天下自安矣不見堯所以化之故不能名也又曰舜禹之有天下而不與焉無爲而化者其舜也歟賢人相讓於朝大才之人恆在大官小人不爭於野天下無事矣以賢才化無事至道興矣已仰其成復何與焉故可以歌南風之詩彈五弦之琴也成此功者非有他崇讓之所致耳孔子曰能以禮讓爲國則不難也在朝之人不務相讓久矣天下化之自魏代以來登進辟命之士及在職之吏臨見受敘雖自辭不能終莫肯讓有勝己者夫推讓之風息爭競之心生孔子曰上與讓則下不爭明讓不與下必爭也推讓之道興則賢能之人日見推舉爭競之心生則賢能之人日見謗毀夫爭者之欲自先甚惡能者之先不能無毀也故孔墨不能免世之謗己況不及孔墨者乎議者僉然言世少高名之才朝廷不有大才之人可以爲大官者山澤人小官吏亦復云朝廷之士雖有大官名德皆不及往時人也余以爲此二者皆失之矣非時獨乏賢也時不貴讓

一人有先衆之譽毀必隨之名不得成使之然也雖令稷契復存亦不復全其名矣能否混雜優劣不分士無素定之價官職有缺主選之吏不知所用但案官次而舉之同才之人先用者非勢家之子則必爲有勢者之所念也非能獨賢因其先用之資而復遷之無已遷之無已不勝其任之病發矣觀在官之人政績無聞自非勢家之子率多因資次而進也向令天下貴讓士必由於見讓而後名成名成而官乃得用之諸名行不立之人在官無政績之稱讓之者必矣官無因得而用之也所以見用不息者由讓道廢因資用人之有失久矣故自漢魏以來時開大舉令衆官各舉所知唯才所任不限階次如此者甚數矣其所舉必有當者不聞時有擢用不知何誰最賢故也所舉必有不當而罪不加不知何誰最不肖也所以不可得知由當時之人莫肯相推賢愚之名不別令其如此舉者知在上者察不能審故敢漫舉而進之或舉所賢因及所念一頓而至人數猥多各言所舉者賢加之高狀相似如一難得而分矣參錯相亂真僞同貫更復由此而甚雖舉者不能盡忠之罪亦由上開聽察之路濫令其

爾也昔齊王好聽竽聲必令三百人合吹而後聽之廩以數人之俸南郭先生不知吹竽者也以三百人合吹可以容其不知因請爲王吹竽虛食數人之俸嗣王覺而改之難彰先王之過乃下令曰吾之好聞竽聲有甚於先王欲一一列而聽之先生於此逃矣推賢之風不立濫舉之法不改則南郭先生之徒盈於朝矣才高守道之士日退馳走有勢之門日多矣雖國有典刑弗能禁矣夫讓道不與之弊非徒賢人在下位不得時進也國之良臣荷重任者亦將以漸受罪退矣何以知其然也孔子以爲顏氏之子不貳過耳明非聖人皆有過寵貴之地欲之者多矣惡賢能者塞其路其過而毀之者亦多矣夫謗毀之生非徒空設必因人之微過而甚之者也毀謗之言數聞在上者雖欲弗納不能不仗所聞因事之來而微察之也無以其驗至矣得其驗安得不理其罪若知而縱之王之威日衰令之不行自此始矣知之皆理之受罪退者稍多大臣有不自固之心夫賢才不進貴臣日疎此有國者之深憂也詩曰受祿不讓至于已斯亡不讓之人憂亡不暇而望其益國朝不亦難乎竊以爲改此俗甚易耳何

以知之夫一時在官之人雖雜有凡猥之才其中賢明者亦多矣豈可謂皆不知讓賢爲貴邪直以其時皆不讓習以成俗故遂不爲耳人臣初除皆通表上聞名之謝章所由來尚矣原謝章之本意欲進賢能以謝國恩也昔舜以禹爲司空禹拜稽首讓于稷契及咎繇使益爲虞官讓于朱虎熊羆使伯夷典三禮讓于夔龍唐虞之時衆官初除莫不皆讓也謝章之義蓋取於此書記之者欲以永世作則季世所用不賢不能讓賢虛謝見用之恩而已相承不變習俗之失也夫敘用之官得通章表者其讓賢推能乃通其不能有所讓徒費簡紙者皆絕不通人臣初除各思推賢能而讓之矣讓之文付主者掌之三司有缺擇三司所讓最多者而用之此爲一公缺三公已豫選之矣且主選之吏不必任公而選三公不如令三公自共選一公爲詳也四征缺擇四征所讓最多者而用之此爲一征缺四征豫選之矣必詳於停缺而令主者選四征也尚書缺擇尚書所讓最多者而用之此爲八尚書共選一尚書詳於臨缺令主者選八尚書也郡守缺擇衆郡所讓最多者而用之詳於任主者令選百郡守也夫以衆

官百郡之讓與主者共相比不可同歲而論也雖復令三府參舉官本不委以舉選之任各不能以根其心也其所用心者裁之不二三但令主者案官次而舉之不用精也賢愚皆讓百姓耳目盡爲國耳目夫人情爭則欲毀己所不知讓則競推於勝己故世爭則毀譽交錯優劣不分難得而讓也時讓則賢智顯出能否之美歷歷相次不可得而亂也當此時也能退身修己者讓之者多矣雖欲守貧賤不可得也馳騖進趣而欲人見讓猶卻行而求前也夫如此愚智咸知進身求通非修之於己則無由矣游外求者於此相隨而歸矣浮聲虛論不禁而自息矣人人無所用其心任衆人之議而天下自化矣不言之化行巍巍之美於此著矣讓可以致此豈可不務之哉春秋傳曰范宣子之讓其下皆讓欒黶雖汰弗敢違也晉國以平數世賴之上世之化也君子尚能而讓其下小人力農以事其上上下有禮讒慝遠黜由不爭也及其亂也國家之弊恆必由之篤論了了如此在朝君子典選大官能不以人廢言舉而行之各以讓賢舉能爲先務則羣才猥出能否殊別蓋世之功莫大於此泰始初進爵爲伯累

遷少府咸寧中爲太常轉尙書杜預之伐吳也寔以本官行鎭南軍司初寔妻盧氏生子躋而卒華氏將以女妻之寔弟智諫曰華家類貪必破門戶辭之不得竟婚華氏而生子夏寔竟坐夏受賂免官頃之爲大司農又以夏罪免寔每還州里鄉人載酒肉以候之寔難逆其意輒共啖而返其餘或謂寔曰君行高一世而諸子不能遵何不旦夕切磋使知過而自改邪寔曰吾之所行是所聞見不相祖習豈復教誨之所得乎世以寔言爲當後起爲國子祭酒散騎常侍愍懷太子初封廣陵王高選師友以寔爲師元康初進爵爲侯累遷太子太保加侍中特進右光祿大夫開府儀同三司領冀州都督九年策拜司空遷太保轉太傅太安初寔以老病遜位賜安車駟馬錢百萬以侯就第及長沙成都之相攻也寔爲軍人所掠潛歸鄉里惠帝崩寔赴山陵懷帝卽位復授太尉寔自陳年老固辭不許左丞劉坦上言曰夫堂高級遠主尊相貴是以古之哲王莫不師其元臣崇養老之教訓示四海使少長有禮七十致仕亦所以優異舊德厲廉高之風太尉寔體清素之操執不渝之潔懸車告老二十餘年浩然之志

老而彌篤可謂國之碩老邦之宗模臣聞老者不以筋力爲禮寔年踰九十命在日制遂自扶輿冒險而至展哀山陵致敬闕庭大臣之節備矣聖詔殷勤必使寔正位上台光飪鼎實斷章敦喻經涉二年而寔頻上露板辭旨懇誠臣以爲古之養老以不事爲優不以吏之爲重謂宜聽寔所守三年詔曰昔虞任五臣致垂拱之化漢相蕭何興寧一之譽故能光隆於當時垂裕于百代朕紹天明命臨御萬邦所以崇顯政道者亦賴之於元臣庶尹畢力股肱以副至望而君年耆告老確然難違今聽君以侯就第位居三司之上秩祿準舊賜几杖不朝及宅一區國之大政將就諮于君副朕意焉歲餘薨時年九十一謚曰元寔少貧窶杖策徒行每所憩止不累主人薪水之事皆自營給及位望通顯每崇儉素不尚華麗嘗詣石崇家如廁見有絳紋帳裀褥甚麗兩婢持香囊寔便退笑謂崇曰誤入卿內崇曰是廁耳寔曰貧士未嘗得此乃更如他廁雖處榮寵居無第宅所得俸祿贍卹親故雖禮教陵遲而行己以正喪妻爲廬杖之制終喪不御內輕薄者笑之寔不以介意自少及老篤學不倦雖居職務卷弗離手

尤精三傳辨正公羊以爲衞輒不應辭以王父命祭仲失爲臣之節舉此二端以明臣子之體遂行於世又撰春秋條例二十卷有二子躋夏躋字景雲官至散騎常侍夏以貪污棄放於世

弟智字子房貞素有兄風少貧窶每負薪自給讀誦不輟竟以儒行稱歷中書黃門吏部郎出爲潁川太守平原管輅嘗謂人曰吾與劉潁川兄弟語使人神思清發昏不假寐自此之外殆白日欲寢矣入爲祕書監領南陽王師加散騎常侍遷侍中尚書太常著喪服釋疑論多所辨明太康末卒謚曰成

高光

高光字宣茂陳留圉城人魏太尉柔之子也光少習家業明練刑理初以太子舍人累遷尚書郎出爲幽州刺史潁川太守是時武帝置黃沙獄以典詔囚以光歷世明法用爲黃沙御史秩與中丞同遷廷尉元康中拜尚書典三公曹時趙王倫篡逆光於其際守道全貞及倫賜死齊王冏輔政復以光爲廷尉遷尚書加奉車都尉後從駕討成都王穎有勳封延陵縣公邑千八百戶于時朝廷

咸推光明於用法故頻典理官惠帝爲張方所逼幸長安朝臣奔散莫有從者
光獨侍帝而西遷尙書左僕射加散騎常侍光兄誕爲上官巳等所用歷徐雍
二州刺史誕性任放無倫次而決烈過人與光異操常謂光小節恆輕侮之光
事誕愈謹帝既還洛陽時太弟新立重選傅訓以光爲少傅加光祿大夫常侍
如故及懷帝卽位加光祿大夫金章紫綬與傅祗並見推崇尋爲尙書令本官
如故以疾卒贈司空侍中屬京洛傾覆竟未加諡子韜字子遠放佚無檢光爲
廷尉時韜受貨賕有司奏案之而光不知時人雖非光不能防閑其子以其用
心有素不以爲累初光詣長安留臺以韜兼右衞將軍韜與殿省小人交通及
光卒仍於喪中往來不絕時東海王越輔政不朝覲韜知人心有望密與太傅
參軍姜贖京兆杜概等謀討越事泄伏誅
史臣曰下士競而文中庸靜而質不若進不足而退有餘也魏舒劉寔發摅精
華結綬登槐覽止成務季和切問近對當官正色詩云貪人敗類豈劉夏之謂
歟

贊曰舒言不矜憙對千乘子真宣茂雅志難陵進忠能舉退讓攸與皎皎瑚器

來光玉繩

晉書卷四十一

晉書卷四十一考證

高光傳是時武帝置黃沙獄以典詔囚○監本黃誤長下黃沙御史同今從本紀改正

晉書卷四十一考證

晉書卷四十二

唐　太　宗　文　皇　帝　御　撰

列傳第十二

王渾 子濟

王渾字玄沖太原晉陽人也父昶魏司空渾沉雅有器量襲父爵京陵侯辟大將軍曹爽掾爽誅隨例免起爲懷令參文帝安東軍事累遷散騎黃門侍郎散騎常侍咸熙中爲越騎校尉武帝受禪加揚烈將軍遷徐州刺史時年荒歲饑渾開倉振贍百姓賴之泰始初增封邑千八百戶久之遷東中郎將督淮北諸軍事鎮許昌數陳損益多見納用轉征虜將軍監豫州諸軍事假節領豫州刺史渾與吳接境宣布威信前後降附甚多吳將薛瑩魯淑衆號十萬淑向弋陽瑩向新息時州兵並放休息衆裁一旅浮淮潛濟出其不意瑩等不虞晉師之至渾擊破之以功封次子尚爲關內侯遷安東將軍都督揚州諸軍事鎮壽春吳人大佃皖城圖爲邊害渾遣揚州刺史應綽督淮南諸軍攻破之并破諸別

屯焚其積穀百八十餘萬斛稻苗四千餘頃船六百餘艘渾遂陳兵東疆視其
地形險易歷觀敵城察攻取之勢及大舉伐吳渾率師出橫江遣參軍陳慎都
尉張喬攻尋陽瀨鄉又擊吳牙門將孔忠皆破之獲吳將周興等五人又遣殄
吳護軍李純據高望城討吳將俞恭破之多所斬獲吳厲武將軍陳代平虜將
軍朱明懼而來降吳丞相張悌大將軍孫震等率衆數萬指城陽渾遣司馬孫
疇揚州刺史周浚擊破之臨陣斬二將及首虜七千八百級吳人大震孫皓司
徒何植建威將軍孫晏送印節詣渾降既而王濬破石頭降孫皓威名益振明
日渾始濟江登建業宮釃酒高會自以先據江上破皓中軍案甲不進致在王
濬之後意甚愧恨有不平之色頻奏濬罪狀時人譏之帝下詔曰使持節都督
揚州諸軍事安東將軍京陵侯王渾督率所統遂逼秣陵令賊孫皓救死自衞
不得分兵上赴以成西軍之功又摧大敵獲張悌使皓塗窮勢盡面縛乞降遂
平定秣陵功勳茂著其增封八千戶進爵爲公封子澄爲亭侯弟湛爲關內侯
賜絹八千匹轉征東大將軍復鎮壽陽渾不尙刑名處斷明允時吳人新附頗

懷畏懼渾撫循羈旅虛懷綏納座無空席門不停賓於是江東之士莫不悅附
徵拜尚書左僕射加散騎常侍會朝臣立議齊王攸當之藩渾上書諫曰伏承
聖詔憲章古典進齊王攸爲上公崇其禮儀遣攸之國昔周氏建國大封諸姬
以藩帝室永世作憲至於公旦武王之弟左右王事輔濟大業不使歸藩明至
親義著不可遠朝故也是故周公得以聖德光弼幼主忠誠著於金滕光述文
武仁聖之德攸於大晉姬旦之親也宜贊皇朝與聞政事實爲陛下腹心不貳
之臣且攸爲人修絜義信加以懿親志存忠貞今陛下出攸之國假以都督虛
號而無典戎幹方之實去離天朝不預王政傷母弟至親之體虧友于款篤之
義懼非陛下追述先帝文明太后待攸之宿意也若以攸望重於事宜出者今
以汝南王亮代攸亮宣皇帝子文皇帝弟伷駿各處方任有內外之資論以後
慮亦不爲輕攸今之國適足長異同之論以損仁慈之美耳而令天下窺陛下
有不崇親親之情臣竊爲陛下不取也若以妃后外親任以朝政則有王氏傾
漢之權呂產專朝之禍若以同姓至親則有吳楚七國逆亂之殃歷觀古今苟

事輕重所在無不爲害也不可事事曲設疑防慮方來之患者也唯當任正道而求忠良若以智計猜物雖親見疑至於疏遠者亦何能自保乎人懷危懼非爲安之理此最有國有家者之深忌也愚以爲太子太保缺宜留攸居之與太尉汝南王亮衞將軍楊珧共爲保傅幹理朝事三人齊位足相持正進有輔納廣義之益退無偏重相傾之勢令陛下有篤親親之恩使攸蒙仁覆之惠臣同國休戚義在盡言心之所見不能默已私慕魯女存國之志敢陳愚見觸犯天威欲陛下事每盡善冀萬分之助臣而不言誰當言者帝不納太熙初還司徒惠帝卽位加侍中又京陵置士官如睢陵比及誅楊駿崇重舊臣乃加渾兵渾以司徒文官主吏不持兵持兵乃吏屬絳衣自以偶因時寵權得持兵非是舊典皆令皂服論者美其謙而識體楚王瑋將害汝南王亮等也公孫宏說瑋曰昔宣帝廢曹爽引太尉蔣濟參乘以增威重大王今舉非常事宜得宿望鎭厭衆心司徒王渾宿有威名爲三軍所信服可請同乘使物情可憑也瑋從之渾辭疾歸第以家兵千餘人閉門距瑋瑋不敢逼俄而瑋以矯詔伏誅渾乃率兵

赴宮帝嘗訪渾元會問郡國計吏方俗之宜渾奏曰陛下欽明聖哲光于遠近明詔沖虛詢及芻蕘斯乃周文疇咨之求仲尼不耻下問也舊三朝元會前計吏詣軒下侍中讀詔計吏跪受臣以詔文相承已久無他新聲非陛下留心方國之意也可令中書指宣明詔問方土異同賢才秀異風俗好尚農桑本務刑獄得無寃濫守長得無侵虐其勤心政化興利除害者授以紙筆盡意陳聞以明聖指垂心四遠不復因循常辭且察其答對文義以觀計吏人才之實又先帝時正會後東堂見征鎮長史司馬諸王國卿諸州別駕今若不能別見可前詣軒下使侍中宣問以審察方國於事爲便帝然之又詔渾錄尚書事渾所歷之職前後著稱及居台輔聲望日減元康七年薨時年七十五謚曰元長子尚早亡次子濟嗣

濟字武子少有逸才風姿英爽氣蓋一時好弓馬勇力絶人善易及莊老文詞秀茂伎藝過人有名當世與姊夫和嶠及裴楷齊名尙常山公主年二十起家拜中書郎以母憂去官起爲驍騎將軍累遷侍中與侍中孔恂王恂楊濟同列

爲一時秀彥武帝常會公卿藩牧於式乾殿顧濟恂而謂諸公曰朕左右可謂恂恂濟濟矣每侍見未嘗不諮論人物及萬幾得失濟善於清言修飾辭令諷議將順朝臣莫能尙焉帝益親貴之仕進雖速論者不以主壻之故咸謂才能致之然外雖弘雅而內多忌刻好以言傷物儕類以此少之以其父之故每排王濬時議譏焉齊王攸當之藩濟旣諫請又累使公主與甄德妻長廣公主俱入稽顙泣請帝留攸帝怒謂侍中王戎曰兄弟至親今出齊王自是朕家事而甄德王濟連遣婦來生哭人以忤旨左遷國子祭酒常侍如故數年入爲侍中時渾爲僕射主者處事或不當濟性峻厲明法繩之素與從兄佑不平佑黨頗謂濟不能顧其父由是長同異之言出爲河南尹未拜坐鞭王官吏免官而王佑始見委任而濟遂被斥外於是乃移第北芒山下性豪侈麗服玉食時洛京地甚貴濟買地爲馬埒編錢滿之時人謂爲金溝王愷以帝舅奢豪有牛名八百里駮常瑩其蹄角濟請以錢千萬與牛對射而賭之愷亦自恃其能令濟先射一發破的因據胡牀叱左右速探牛心來須臾而至一割便去和嶠性至儉

家有好李帝求之不過數十濟候其上直率少年詣園共啖畢伐樹而去帝嘗幸其宅供饌甚豐悉貯琉璃器中蒸肫甚美帝問其故答曰以人乳蒸之帝色甚不平食未畢而去濟善解馬性嘗乘一馬著連乾鄣泥前有水終不肯渡濟云此必是惜鄣泥使人解去便渡故杜預謂濟有馬癖帝嘗謂和嶠曰我將罵濟而後官爵之何如嶠曰濟儁爽恐不可屈帝因召濟切讓之既而曰知愧不濟答曰尺布斗粟之謠常爲陛下恥之他人能令親疏臣不能使親親以此愧陛下耳帝默然帝嘗與濟弈棋而孫皓在側謂皓曰何以好剝人面皮皓曰見無禮於君者則剝之濟時伸脚局下而皓譏焉尋使白衣領太僕年四十六先渾卒追贈驃騎將軍及其將葬時賢無不畢至孫楚雅敬濟而後來哭之甚悲賓客莫不垂涕哭畢向靈牀曰卿常好我作驢鳴我爲卿作之體似聲真賓客皆笑楚顧曰諸君不死而令王濟死乎初濟尚主主兩目失明而妬忌尤甚然終無子有庶子二人卓字文宣嗣渾爵拜給事中次聿字茂宣襲公主封敏陽侯濟二弟澄字道深汶字茂深皆辨慧有才藻並歷清顯

王濬

王濬字士治弘農湖人也家世二千石濬博涉墳典美姿貌不修名行不爲鄉曲所稱晚乃變節疎通亮達恢廓有大志嘗起宅開門前路廣數十步人或謂之何太過濬曰吾欲使容長戟幡旗衆咸笑之濬曰陳勝有言燕雀安知鴻鵠之志州郡辟河東從事守令有不廉潔者皆望風自引而去刺史燕國徐邈有女才淑擇夫未嫁邈乃大會佐吏令女於內觀之女指濬告母邈遂妻之後參征南軍事羊祜深知待之祜兄子暨白祜濬爲人志大奢侈不節不可專任宜有以裁之祜曰濬有大才將欲濟其所欲必可用也轉車騎從事中郎識者謂祜可謂能舉善焉除巴郡太守郡邊吳境兵士苦役生男多不養濬乃嚴其科條寬其徭課其產育者皆與休復所全活者數千人轉廣漢太守垂惠布政百姓賴之濬夜夢懸三刀於臥屋梁上須臾又益一刀濬驚覺意甚惡之主簿李毅再拜賀曰三刀爲州字又益一者明府其臨益州乎及賊張弘殺益州刺史皇甫晏果遷濬爲益州刺史濬設方略悉誅弘等以勳封關內侯懷輯殊俗待

以威信蠻夷徼外多來歸降徵拜右衛將軍除大司農車騎將軍羊祜雅知濬有奇略乃密表留濬於是重拜益州刺史武帝謀伐吳詔濬修舟艦濬乃作大船連舫方百二十步受二千餘人以木爲城起樓櫓開四出門其上皆得馳馬來往又畫鷁首怪獸於船首以懼江神舟棹之盛自古未有濬造船於蜀其木柹蔽江而下吳建平太守吳彥取流柹以呈孫皓曰晉必有攻吳之計宜增建平兵建平不下終不敢渡皓不從尋以謠言拜濬爲龍驤將軍監益梁諸軍事語在羊祜傳時朝議咸諫伐吳濬乃上疏曰臣數參訪吳楚同異孫皓荒淫凶逆荊揚賢愚莫不嗟怨且觀時運宜速征伐若今不伐天變難預令皓卒死更立賢主文武各得其所則強敵也臣作船七年日有朽敗又臣年已七十死亡無日三者一乖則難圖也誠願陛下無失事機帝深納焉賈充荀勖陳諫以爲不可唯張華固諫又杜預表請帝乃發詔分命諸方節度濬於是統兵先在巴郡之所全育者皆堪徭役供軍其父母戒之曰王府君生爾爾必勉之無愛死也太康元年正月濬發自成都率巴東監軍廣武將軍唐彬攻吳丹陽剋之擒

其丹陽監盛紀吳人於江險磧要害之處並以鐵鏁橫截之又作鐵錐長丈餘
暗置江中以逆距船先是羊祜獲吳閒諜具知情狀濬乃作大筏數十亦方百
餘步縛草爲人被甲持杖令善水者以筏先行筏遇鐵錐錐輒著筏去又作火
炬長十餘丈大數十圍灌以麻油在船前遇鏁然炬燒之須臾融液斷絕於是
船無所礙二月庚申剋吳西陵獲其鎮南將軍留憲征南將軍成據宜都太守
虞忠壬戌剋荊門夷道二城獲監軍陸晏乙丑剋樂鄉獲水軍督陸景平西將
軍施洪等來降乙亥詔進濬爲平東將軍假節都督益梁諸軍事濬自發蜀兵
不血刃攻無堅城夏口武昌無相支抗於是順流鼓棹徑造三山皓遣游擊將
軍張象率舟軍萬人禦濬象軍望旗而降皓聞濬軍旌旗器甲屬天滿江威勢
甚盛莫不破膽用光祿勳薛瑩中書令胡沖計送降文於濬曰吳郡孫皓叩頭
死罪昔漢室失御九州幅裂先人因時略有江南遂阻山河與魏乖隔大晉龍
興德覆四海闇劣偷安未喻天命至于今者猥煩六軍衡蓋露次遠臨江渚舉
國驚惶假息刻漏敢緣天朝含弘光大謹遣私署太常張夔等奉所佩璽綬委

質請命壬寅濬入于石頭皓乃備亡國之禮素車白馬肉袒面縛銜璧牽羊大夫衰服士輿櫬率其僞太子瑾瑾弟魯王虔等二十一人造于壘門濬躬解其縛受璧焚櫬送于京師收其圖籍封其府庫軍無私焉帝遣使者犒濬軍初詔書使濬下建平受杜預節度至秣陵受王渾節度預至江陵謂諸將帥曰若濬得下建平則順流長驅威名已著不宜令受制於我若不能剋則無緣得施節度濬至西陵預與之書曰足下既摧其西藩便當徑取秣陵討累世之逋寇釋吳人於塗炭自江入淮逾于泗汴泝河而上振旅還都亦曠世一事也濬大悅表呈預書及濬將至秣陵王渾遣信要令暫過論事濬舉帆直指報曰風利不得泊也王渾久破皓中軍斬張悌等頓兵不敢進而濬乘勝納降渾恥而且忿乃表濬違詔不受節度誣罪狀之有司遂按濬檻車徵帝弗許詔讓濬曰伐國事重宜令有一前詔使將軍受安東將軍渾節度渾思謀深重案甲以待將軍云何徑前不從渾命違制昧利甚失大義將軍功勳簡在朕心當率由詔書崇成王法而於事終恃功肆意朕將何以令天下濬上書自理曰臣前被庚戌詔

書曰軍人乘勝猛氣益壯便當順流長鶩直造秣陵臣被詔之日即便東下又前被詔書云太尉賈充總統諸方自鎭東大將軍伷及渾濬彬等皆受充節度無令臣別受渾節度之文臣自達巴丘所向風靡知孫皓窮踧勢無所至十四日至牛渚去秣陵二百里宿設部分爲攻取節度前至三山見渾軍在北岸遣書與臣可暫來過共有所議亦不語臣當受節度之意臣水軍風發乘勢造賊城加宿設部分行有次第無緣得於長流之中迴船過渾令首尾斷絶須臾之間皓遣使歸命臣即報渾書幷寫皓牋具以示渾使速來當於石頭相待軍以日中至秣陵暮乃被渾所下當受節度之符欲令臣明十六日悉將所領還圍石頭備皓越逸又索蜀兵及鎭南諸軍人名定見臣以爲皓已來首都亭無緣共合空圍又兵人定見不可倉卒皆非當今之急不可承用中詔謂臣忽棄明制專擅自由伏讀嚴詔驚怖悚慄不知軀命當所投厝豈惟老臣獨懷戰灼三軍上下咸盡喪氣臣受國恩任重事大常恐託付不效孤負聖朝故投身死地轉戰萬里被蒙寬恕之恩得從臨履之宜是以憑賴威靈幸而能濟皆是陛下

神策廟算臣承指授效鷹犬之用耳有何勳勞而恃功肆意寧敢昧利而違聖
詔臣以十五日至秣陵而詔書以十二日起洛陽其間懸闊不相赴接則臣之
罪責宜蒙察恕假令孫皓猶有螳蜋舉斧之勢而臣輕軍單入有所虧喪罪之
可也臣所統八萬餘人乘勝席卷皓以衆叛親離無復羽翼匹夫獨立不能庇
其妻子雀鼠貪生苟乞一活耳而江北諸軍不知其虛實不早縛取自爲小誤
臣至便得更見怨恚並云守賊百日而令他人得之言語噂嗒不可聽聞案春
秋之義大夫出疆由有專輒臣雖愚惷以爲事君之道唯當竭節盡忠奮不顧
身量力受任臨事制宜苟利社稷死生以之若其顧護嫌疑以避咎責此是人
臣不忠之利實非明主社稷之福也臣不自料忘其鄙劣披布丹心輸寫肝腦
欲竭股肱之力加之以忠貞庶必掃除兇逆清一宇宙願令聖世與唐虞比隆
陛下粗察臣之愚款而識其欲自效之誠是以授臣以方牧之任委臣以征討
之事雖燕王之信樂毅漢祖之任蕭何無以加焉受恩深重死且不報而以頑
疎舉錯失宜陛下弘恩財加切讓惶怖怔營無地自厝願陛下明臣赤心而已

渾又騰周浚書云濬軍得吳寶物濬復表曰被壬戌詔書下安東將軍所上揚州刺史周浚書謂臣諸軍得孫皓寶物又謂牙門將李高放火燒皓僞宮輒公文上尚書具列本末又聞渾案陷上臣臣受性愚忠行事舉動信心而前期於不負神明而已秣陵之事皆如前所表而惡直醜正實繁有徒欲構南箕成此貝錦公於聖世反白爲黑夫佞邪害國自古而然故無極破楚宰嚭滅吳及至石顯傾亂漢朝皆載在典籍爲世所戒昔樂毅伐齊下城七十而卒被讒閒脫身出奔樂羊既反謗書盈篋況臣頑疎能免讒慝之口然所望全其首領者實賴陛下聖哲欽明使浸潤之譖不得行焉然臣孤根獨立朝無黨援久棄遐外人道斷絕而結恨彊宗取怨豪族以累卵之身處雷霆之衝繭栗之質當豺狼之路其見吞噬豈抗脣齒夫犯上干主其罪可救乖忤貴臣則禍在不測故朱雲折檻嬰逆鱗之怒慶忌救之成帝不問望之周堪違忤石顯雖闔朝嗟歎而死不旋踵此臣之所大怖也今渾之支黨姻族內外皆根據磐牙並處世位聞遣人在洛中專共交構盜言孔甘疑惑親聽夫曾參之不殺人亦以明矣然三

人傳之其母投杼今臣之信行未若曾參之著而讒構沸騰非徒三夫之對外內扇助爲二五之應夫猛獸當途麒麟恐懼況臣脆弱敢不悚慄僞吳君臣今皆生在便可驗問以明虛實前僞中郎將孔攄說去二月武昌失守水軍行至皓案行石頭還左右人皆跳刀大呼云要當爲陛下一死戰決之皓意大喜謂必能然便盡出金寶以賜與之小人無狀得便持走皓懼乃圖降首降使適去左右劫奪財物略取妻妾放火燒宮皓逃身竄首恐不脫死臣至遣參軍主者救斷其火耳周浚以十六日前入皓宮臣時遣記室吏往觀書籍浚使收縛若有遺寶則浚前得不應移蹤後人欲求苟免也臣前在三山得浚書云皓散寶貨以賜將士府庫略虛而今復言金銀篋笥動有萬計疑臣軍得之言語反覆無復本末臣復與軍司張牧汝南相馮紞等共入觀皓宮乃無席可坐後日又與牧等共視皓舟船渾又先臣一日上其船船上之物皆渾所知見臣之案行皆出其後若有寶貨渾應得之又臣將軍素嚴兵人不得妄離部陣閒在秣陵諸軍凡二十萬衆臣軍先至爲土地之主百姓之心皆歸仰臣臣切勑所領秋

毫不犯諸有市易皆有伍任證左明從券契有違犯者凡斬十三人皆吳人所
知也餘軍縱橫詐稱臣軍而臣軍類皆蜀人幸以此自別耳豈獨浚之將士皆
夷齊而臣諸軍悉聚盜跖邪時有八百餘人緣石頭城劫取布帛臣衙門將軍
馬潛卽收得二十餘人幷疏其督將姓名移以付浚使得自科結而寂無反報
疑皆縱遣絕其端緒也又聞吳人言前張悌戰時所殺財有二千人而渾浚露
布言以萬計以吳剛子爲主簿而遣剛至洛欲令剛增斬級之數可具問孫皓
及其諸臣則知其定審若信如所聞浚等虛詐尙欺陛下豈惜於臣云臣屯聚
蜀人不時送皓欲有反狀又恐動吳人言臣皆當誅殺取其妻子冀其作亂得
騁私忿謀反大逆尙以見加其餘謗嗜故其宜耳渾案臣瓶磬小器蒙國厚恩
頻繁擢敘遂過其任渾此言最信內省慚懼今年平吳誠爲大慶於臣之身更
受咎累既無孟側策馬之好而令濟濟之朝有讒邪之人虧穆穆之風損皇代
之美由臣頑疎使致於此拜表流汗言不識次濬至京都有司奏濬表既不列
前後所被七詔月日又赦後違詔不受渾節度大不敬付廷尉科罪詔曰濬前

受詔徑造秣陵後乃下受渾節度詔書稽留所下不至便令與不受詔同責未
爲經通濬不即表上被渾宣詔此可責也濬有征伐之勞不足以一眚掩之有
司又奏濬赦後燒賊船百三十五艘輒勑付廷尉禁推詔曰勿推拜濬輔國大
將軍領步兵校尉舊校唯五置此營自濬始也有司又奏輔國依比未爲達官
不置司馬不給官騎詔依征鎭給五百大車增兵五百人爲輔國營給親騎百
人官騎十人置司馬封爲襄陽縣侯邑萬戶封子彝楊鄉亭侯邑千五百戶賜
絹萬匹又賜衣一襲錢三十萬及食物濬自以功大而爲渾父子及豪強所抑
屢爲有司所奏每進見陳其功伐之勞及見枉之狀或不勝忿憤徑出不辭帝
每容恕之益州護軍范通濬之外親也謂濬曰卿功則美矣然恨所以居美者
未盡善也濬曰何謂也通曰卿旋旆之日角巾私第口不言平吳之事若有問
者輒曰聖主之德羣帥之力老夫何力之有焉如斯顏老之不伐龔遂之雅對
將何以過之藺生所以屈廉頗王渾能無愧乎濬曰吾始懼鄧艾之事畏禍及
不得無言亦不能遣諸胸中是吾褊也時人咸以濬功重報輕博士秦秀太子

洗馬孟康前温令李密等並表訟濬之屈帝乃還濬鎮軍大將軍加散騎常侍
領後軍將軍王渾詣濬濬嚴設備衞然後見之其相猜防如此濬平吳之後以
勳高位重不復素業自居乃玉食錦服縱奢侈以自逸其有辟引多是蜀人示
不遺故舊也後又轉濬撫軍大將軍開府儀同三司加特進散騎常侍後軍將
軍如故太康六年卒時年八十謚曰武葬柏谷山大營塋域葬垣周四十五里
面別開一門松柏茂盛子矩嗣矩弟暢散騎郎暢子粹太康十年武帝詔粹尚
頴川公主仕至魏郡太守濬有二孫過江不見齒錄安西將軍桓温鎮江陵表
言之曰臣聞崇德賞功爲政之所先興滅繼絕百王之所務故德參時雍則奕
世承祀功烈一代則永錫祚胤案故撫軍王濬歷職內外任兼文武料敵制勝
明勇獨斷義存社稷之利不顧專輒之罪荷戈長騖席卷萬里僭號之吳面縛
象魏令皇澤被於九州玄風洽於區外襄陽之封廢而莫續恩寵之號墜於近
嗣遐邇酸懷臣竊悼之濬今有二孫年出六十室如懸罄餬口江濱四節蒸嘗
菜羹不給昔漢高定業求樂毅之嗣世祖旌賢建葛亮之胤夫效忠異代立功

異國尙通天下之善使不泯棄況濬建元勳於當年著嘉慶於身後靈基託根於南垂皇祚中興於江左舊物克彰神器重耀豈不由伊人之功力也哉誠宜加恩少垂矜愍追錄舊勳纂錫茅土則聖朝之恩宣暢於上忠臣之志不墜于地矣卒不見省

唐彬

唐彬字儒宗魯國鄒人也父臺泰山太守彬有經國大度而不拘行檢少便弓馬好遊獵身長八尺走及奔鹿強力兼人晚乃敦悅經史尤明易經隨師受業還家教授恆數百人初爲郡門下掾轉主簿刺史王沈集諸參佐盛論距吳之策以問九郡吏彬與譙郡主簿張悌俱陳吳有可兼之勢沈善其對又使彬難言吳未可伐者而辭理皆屈還遷功曹舉孝廉州辟主簿累遷別駕彬忠肅公亮盡規匡救不顯諫以自彰又奉使詣相府計事于時僚佐皆當世英彥見彬莫不欽悅稱之於文帝薦爲掾屬帝以問其參軍孔顥顥忌其能良久不答陳騫在坐斂板而稱曰彬之爲人勝騫甚遠帝笑曰但能如卿固未易得何論於

勝因辟彬爲鎧曹屬帝問曰卿何以致辟對曰修業陋巷觀古人之遺迹言滿天下無口過行滿天下無怨惡帝顧四坐曰名不虛行他日謂孔顥曰近見唐彬卿受蔽賢之責矣初鄧艾之誅也文帝以艾久在隴右素得士心一旦夷滅恐邊情搔動使彬密察之彬還白帝曰鄧艾忌克詭狹矜能負才順從者謂爲見事直言者謂之觸迕雖長史司馬參佐牙門荅對失指輒見罵辱處身無禮大失人心又好施行事役數勞衆力隴右甚患苦之喜聞其禍不肯爲用今諸軍已至足以鎮壓內外願無以爲慮俄除尚書水部郎泰始初賜爵關內侯出補鄴令彬導德齊禮期月化成遷弋陽太守明設禁防百姓安之以母喪去官益州東接吳寇監軍位缺朝議用武陵太守楊宗及彬武帝以問散騎常侍文立立曰宗彬俱不可失然彬多財欲而宗好酒惟陛下裁之帝曰財欲可足酒者難改遂用彬尋又詔彬監巴東諸軍事加廣武將軍上征吳之策甚合帝意後與王濬共伐吳彬屯據衝要爲衆軍前驅每設疑兵應機制勝陷西陵樂鄉多所禽獲自巴陵沔口以東諸賊所聚莫不震懼倒戈肉袒彬知賊寇已殄孫

皓將降未至建業二百里稱疾遲留以示不競果有先到者爭物後到者爭功于時有識莫不高彬此舉吳平詔曰廣武將軍唐彬受任方隅東禦吳寇南臨蠻越撫寧疆埸有綏禦之績又每慷慨志在立功頃者征討扶疾奉命首啓戎行獻俘授馘勳效顯著其以彬爲右將軍都督巴東諸軍事徵拜翊軍校尉改封上庸縣侯食邑六千戶賜絹六千匹朝有疑議每參預焉北虜侵掠北平以彬爲使持節監幽州諸軍事領護烏丸校尉右將軍彬既至鎭訓卒利兵廣農重稼震威耀武宣諭國命示以恩信於是鮮卑二部大莫廆擿何等並遣侍子入貢兼修學校誨誘無倦仁惠廣被遂開拓舊境却地千里復秦長城塞自溫城洎于碣石緜亘山谷且三千里分軍屯守烽堠相望由是邊境獲安無犬吠之警自漢魏征鎭莫之比焉鮮卑諸種畏懼遂殺大莫廆彬欲討之恐列上俟報虜必逃散乃發幽冀車牛參軍許祗密奏之詔遣御史檻車徵彬付廷尉以事直見釋百姓追慕彬功德生爲立碑作頌彬初受學於東海閻德門徒甚多獨目彬有廊廟才及彬官成而德已卒乃爲之立碑元康初拜使持節前將軍

領西戎校尉雍州刺史下教曰此州名都士人林藪處士皇甫申叔嚴舒龍姜茂時梁子遠等並志節清妙履行高潔踐境望風虛心饑渴思加延致待以不臣之典幅巾相見論道而已豈以吏職屈染高規郡國備禮發遣以副於邑之望於是四人皆到彬敬而待之元康四年卒官時年六十謚曰襄賜絹二百匹錢二十萬長子嗣官至廣陵太守少子岐征虜司馬

史臣曰孫氏負江山之阻隔恃牛斗之妖氛奄有水鄉抗衡上國二王屬當戎旅受律遄征渾既獻捷橫江濬亦剋清建鄴于時討吳之役將帥雖多定吳之功此焉爲最向使弘范父之不伐慕陽夏之推功上稟廟堂下憑將士豈非懋勳懋德善始善終者歟此而不存彼焉是務或矜功負氣或恃勢驕陵競構南箕成茲貝錦遂乃喧黷宸扆斁亂彝倫既爲戒於功臣亦致譏於清論豈不惜哉王濟遂驕父之褊心乖爭子之明義儁材雖多亦奚以爲也唐彬畏避交爭屬疾遲留退讓之風賢於渾濬遠矣傳云不拘行檢安得長者之行哉

贊曰二王總戎淮海攸同渾既害善濬亦矜功武子豪傑夙參朝列逞欲牛心

紆情馬埒儒宗知退避名全節

晉書卷四十二

晉書卷四十三

唐　太　宗　文　皇　帝　御　撰

列傳第十三

山濤　子簡　簡子遐

山濤字巨源，河內懷人也。父曜，宛句令。濤早孤，居貧，少有器量，介然不羣。性好莊老，每隱身自晦。與嵇康、呂安善，後遇阮籍，便為竹林之遊，著忘言之契。康後坐事，臨誅，謂子紹曰：「巨源在，汝不孤矣。」濤年四十，始為郡主簿、功曹、上計掾。舉孝廉，州辟部河南從事。與石鑒共宿，濤夜起蹴鑒曰：「今為何等時而眠邪！知太傅臥何意？」鑒曰：「宰相三不朝，與尺一令歸第，卿何慮也！」濤曰：「咄！石生無事馬蹄閒邪！」投傳而去。未二年，果有曹爽之事，遂隱身不交世務。與宣穆后有中表親，是以見景帝。帝曰：「呂望欲仕邪？」命司隸舉秀才，除郎中。轉驃騎將軍王昶從事中郎。久之，拜趙國相，遷尚書吏部郎。文帝與濤書曰：「足下在事清明，雅操邁時。念多所乏，今致錢二十萬、穀二百斛。」魏帝嘗賜景帝春服，帝以賜濤。又以母老拜贈藜杖一枚晚與尙書和逌交又與鍾會裴秀竝申款昵以二人居勢爭權濤平心處中各得其所而俱無恨焉遷大將軍從事中郎鍾會作亂於蜀而文帝將西征時魏氏諸王公竝在鄴帝謂濤曰西偏吾自了之後事深以委卿以本官行軍司馬給親兵五百人鎭鄴咸熙初封新沓子轉相國左長史典統別營時帝以濤鄉閭宿望命太子拜之帝以齊王攸繼景帝後素又重攸嘗問裴秀曰大將軍開建未遂吾但承奉後事耳故立攸將歸功於兄何如秀以爲不可又以問濤濤對曰廢長立少違禮不祥國之安危恆必由之太子位於是乃定太子親拜謝濤及武帝受禪以濤守大鴻臚護送陳留王詣鄴泰始初加奉車都尉進爵新沓伯及羊祜執政時人欲危裴秀濤正色保持之由是失權臣意出爲冀州刺史加寧遠將軍冀州俗薄無相推轂濤甄拔隱屈搜訪賢才旌命三十餘人皆顯名當時人懷慕尙風俗頗革轉北中郎將督鄴城守事入爲侍中遷尙書以母老辭職詔曰君雖乃心在於色養然職有上下旦夕不廢醫藥且當割情以隆在公濤心求退表疏數十上久乃見聽除議郎帝以濤清儉

無以供養特給日契加賜牀帳茵褥禮秩崇重時莫爲比後除太常卿以疾不就會遭母喪歸鄉里濤年踰耳順居喪過禮負土成墳手植松柏詔曰吾所共致化者官人之職是也方今風俗陵遲人心進動宜崇明好惡鎮以退讓山太常雖尙居諒闇情在難奪方今務殷何得遂其志邪其以濤爲吏部尙書濤辭以喪病章表懇切會元皇后崩遂扶輿還洛逼迫詔命自力就職前後選舉周徧內外而竝得其才咸寧初轉太子少傅加散騎常侍除尙書僕射加侍中領吏部固辭以老疾上表陳情章表數十上久不攝職爲左丞白褒所奏帝曰濤以病自聞但不聽之耳使濤坐執銓衡則可何必上下邪不得有所問濤不自安表謝曰古之王道正直而已陛下不可以一老臣爲加曲私臣亦何心屢塵日月乞如所表以章典刑帝再手詔曰白褒奏君甚妄所以不卽推直不喜凶赫耳君之明度豈當介意邪便當攝職令斷章表也濤志必欲退因發從弟婦喪輒還外舍詔曰山僕射近日暫出遂以微苦未還豈吾側席之意其遣丞掾奉詔喻旨若體力故未平康者便以輿車輿還寺舍濤辭不獲已乃起視事濤

再居選職十有餘年每一官缺輒啓擬數人詔旨有所向然後顯奏隨帝意所欲爲先故帝之所用或非舉首衆情不察以濤輕重任意或譖之於帝故帝手詔戒濤曰夫用人惟才不遺疎遠卑賤天下便化矣而濤行之自若一年之後衆情乃寢濤所奏甄拔人物各爲題目時稱山公啓事濤中立於朝晚值后黨專權不欲任楊氏多有諷諫帝雖悟而不能改後以年衰疾篤上疏告退曰臣年垂八十救命旦夕若有毫末之益豈遺力於聖時迫於老耄不復任事今四海休息天下思化從而靜之百姓自正但當崇風尚教以敦之耳陛下亦復何事臣耳目聾瞑不能自勵君臣父子其間無文是以直陳愚情乞聽所請乃免冠徒跣上還印綬詔曰天下事廣加吳土初平凡百草創當共盡意化之君不深識往心而以小疾求退豈所望於君邪朕猶側席未得垂拱君亦何得高尚其事乎當崇至公勿復爲虛飾之煩濤苦表請退詔又不許尚書令衛瓘奏濤以微苦久不視職手詔頻煩猶未順旨參議以爲無專節之尚違至公之義若實沉篤亦不宜居位可免濤官中詔瓘曰濤以德素爲朝之望而常深退讓至

于懇切故比有詔欲必奪其志以匡輔不逮主者旣不思明詔旨而反深加詆
案虧崇賢之風以重吾不德何以示遠近邪濤不得已又起視事太康初遷右
僕射加光祿大夫侍中掌選如故濤以老疾固辭手詔曰君以道德爲世模表
況自先帝識君遠意吾將倚君以穆風俗何乃欲舍遠朝政獨高其志邪吾之
至懷故不足以喻乎何來言至懇切也且當以時自力深副至望君不降志朕
不安席濤又上表固讓不許吳平之後帝詔天下罷軍役示海內大安州郡悉
去兵大郡置武吏百人小郡五十人帝嘗講武于宣武場濤時有疾詔乘步輦
從因與盧欽論用兵之本以爲不宜去州郡武備其論甚精于時咸以濤不學
孫吳而闇與之合帝稱之曰天下名言也而不能用及永寧之後屢有變難寇
賊猋起郡國皆以無備不能制天下遂以大亂如濤言焉後拜司徒濤復固讓
詔曰君年耆德茂朝之碩老是以授君台輔之位而遠崇克讓至于反覆良用
於邑君當終始朝政翼輔朕躬濤又表曰臣事天朝三十餘年卒無毫釐以崇
大化陛下私臣無已猥授三司臣聞德薄位高力少任重上有折足之凶下有

廟門之咎願陛下垂累世之恩乞臣骸骨詔曰君翼贊朝政保乂皇家匡佐之勳朕所倚賴司徒之職實掌邦教故用敬授以答羣望豈宜沖讓以自挹損邪已勑斷章表使者乃臥加章綬濤曰垂沒之人豈可污官府乎輿疾歸家以太康四年薨時年七十九詔賜東園祕器朝服一具衣一襲錢五十萬布百匹以供喪事策贈司徒蜜印紫綬侍中貂蟬新沓伯蜜印青朱綬祭以太牢諡曰康將葬賜錢四十萬布百匹左長史范晷等上言濤舊第屋十間子孫不相容帝爲之立室初濤布衣家貧謂妻韓氏曰忍饑寒我後當作三公但不知卿堪作夫人不耳及居榮貴貞慎儉約雖爵同千乘而無嬪媵祿賜俸秩散之親故初陳郡袁毅嘗爲鬲令貪濁而賂遺公卿以求虛譽亦遺濤絲百斤濤不欲異於時受而藏於閣上後毅事露檻車送廷尉凡所受賂皆見推檢濤乃取絲付吏積年塵埃印封如初濤飲酒至八斗方醉帝欲試之乃以酒八斗飲濤而密益其酒濤極本量而止有五子該淳允謨簡

該字伯倫嗣父爵仕至幷州刺史太子左率贈長水校尉該子瑋字彥祖翊軍

校尉次子世回吏部郎散騎常侍淳字子玄不仕允字叔真奉車都尉並少尪病形甚短小而聰敏過人武帝聞而欲見之濤不敢辭以問於允允自以尪陋不肯行濤以爲勝己乃表曰臣二子尪病宜絕人事不敢受詔謨字季長明惠有才智官至司空掾

簡字季倫性溫雅有父風年二十餘濤不之知也簡歎曰吾年幾三十而不爲家公所知後與譙國嵇紹沛郡劉謨弘農楊淮齊名初爲太子舍人累遷太子庶子黃門郎出爲青州刺史徵拜侍中頃之轉尚書歷鎮軍將軍荊州刺史領南蠻校尉不行復拜尚書光熙初轉吏部尚書永嘉初出爲雍州刺史鎮西將軍徵爲尚書左僕射領吏部簡欲令朝臣各舉所知以廣得才之路上疏曰臣以爲自古興替實在官人苟得其才則無物不理書言知人則哲惟帝難之唐虞之盛元愷登庸周室之隆濟濟多士秦漢以來風雅漸喪至於後漢女君臨朝尊官大位出於阿保斯亂之始也是以郭泰許劭之倫明清議於草野陳蕃李固之徒守忠節於朝廷然後君臣名節古今遺典可得而言自初平之元訖

於建安之末三十年中萬姓流散死亡略盡斯亂之極也世祖武皇帝應天順人受禪于魏泰始初躬親萬幾佐命之臣咸皆率職時黃門侍郎王恂庾純始於太極東堂聽政評尙書奏事多論刑獄不論選舉臣以爲不先所難而辨其所易陛下初臨萬國人思盡誠每於聽政之日命公卿大臣先議選舉各言所見後進儁才鄉邑尤異才堪任用者皆以名奏主者隨缺先敘是爵人於朝與衆共之之義也朝廷從之永嘉三年出爲征南將軍都督荊湘交廣四州諸軍事假節鎭襄陽于時四方寇亂天下分崩王威不振朝野危懼簡優游卒歲唯酒是耽諸習氏荊土豪族有佳園池簡每出遊嬉多之池上置酒輒醉名之曰高陽池時有童兒歌曰山公出何許往至高陽池日夕倒載歸酩酊無所知時時能騎馬倒著白接䍠舉鞭向葛彊何如并州兒彊家在并州簡愛將也尋加督寧益軍事時劉聰入寇京師危逼簡遣督護王萬率師赴難次于涅湯爲宛城賊王如所破遂嬰城自守及洛陽陷沒簡又爲賊嚴嶷所逼乃遷于夏口招納流亡江漢歸附時華軼以江州作難或勸簡討之簡曰與彥夏舊友爲之惆

悵簡豈利人之機以爲功伐乎其篤厚如此時樂府伶人避難多奔沔漢讌會之日寮佐或勸奏之簡曰社稷傾覆不能匡救有晉之罪人也何作樂之有因流涕慷慨坐者咸愧焉年六十卒追贈征南大將軍儀同三司子遐

遐字彥林爲餘姚令時江左初基法禁寬弛豪族多挾藏戶口以爲私附遐繩以峻法到縣八旬出口萬餘縣人虞喜以藏戶當棄市遐欲繩喜諸豪彊莫不切齒於遐言於執事以喜有高節不宜屈辱又以遐輒造縣舍遂陷其罪遐與會稽內史何充牋乞留百日窮翦逋逃退而就罪無恨也充申理不能得竟坐免官後爲東陽太守爲政嚴猛康帝詔曰東陽頃來竟囚每多入重豈郡多罪人將捶楚所求莫能自固邪遐處之自若郡境肅然卒於官

史臣曰若夫居官以絜其務欲以啓天下之方事親以終其身將以勸天下之俗非山公之具美其孰能與於此者哉自東京喪亂吏曹湮滅西園有三公之錢蒲陶有一州之任貪饕方駕寺署斯滿時移三代世歷九王拜謝私庭此焉成俗若乃餘風稍殄理或可言委以銓綜則羣情自抑通乎魚水則專用生疑

將矯前失歸諸後正惠絕臣名恩馳天口世稱山公啓事者豈斯之謂歟若盧子家之前代何足算也

王戎　從弟衍　澄　郭舒

王戎字濬沖瑯邪臨沂人也祖雄幽州刺史父渾涼州刺史貞陵亭侯戎幼而穎悟神彩秀徹視日不眩裴楷見而目之曰戎眼爛爛如巖下電年六七歲於宣武場觀戲猛獸在檻中虓吼震地衆皆奔走戎獨立不動神色自若魏明帝於閣上見而奇之又嘗與羣兒戲於道側見李樹多實等輩競趣之戎獨不往或問其故戎曰樹在道邊而多子必苦李也取之信然阮籍與渾爲友戎年十五隨渾在郎舍戎少籍二十歲而籍與之交籍每適渾俄頃輒去過視戎良久然後出謂渾曰濬沖清賞非卿倫也共卿言不如共阿戎談及渾卒於涼州故吏賻贈數百萬戎辭而不受由是顯名爲人短小任率不修威儀善發談端賞其要會朝賢嘗上巳禊洛或問王濟曰昨游有何言談濟曰張華善說史漢裴頠論前言往行袞袞可聽王戎談子房季札之間超然玄著其爲識鑒者所賞

如此戎嘗與阮籍飲時兗州刺史劉昶字公榮在坐籍以酒少酌不及昶昶無恨色戎異之他日問籍曰彼何如人也答曰勝公榮不可不與飲若減公榮則不敢不共飲惟公榮可不與飲戎每與籍爲竹林之游戎嘗後至籍曰俗物已復來敗人意戎笑曰卿輩意亦復易敗耳鍾會伐蜀過與戎別問計將安出戎曰道家有言爲而不恃非成功難保之難也及會敗議者以爲知言襲父爵辟相國掾歷吏部黃門郎散騎常侍河東太守荊州刺史坐遣吏修園宅應免官詔以贖論遷豫州刺史加建威將軍受詔伐吳戎遣參軍羅尚劉喬領前鋒進攻武昌吳將楊雍孫述江夏太守劉朗各率衆詣戎降戎督大軍臨江吳牙門將孟泰以蘄春邾二縣降吳平進爵安豐縣侯增邑六千戶賜絹六千匹戎渡江綏慰新附宣揚威惠吳光祿勳石偉方直不容皓朝稱疾歸家戎嘉其清節表薦之詔拜偉爲議郎以二千石祿終其身荊土悅服徵爲侍中南郡太守劉肇賂戎筒中細布五十端爲司隸所糾以知而未納故得不坐然議者尤之帝謂朝臣曰戎之爲行豈懷私苟得正當不欲爲異耳帝雖以是言釋之然爲清

慎者所鄙由是損名戎在職雖無殊能而庶績脩理後遷光祿勳吏部尚書以母憂去職性至孝不拘禮制飲酒食肉或觀奕棋而容貌毀悴杖然後起裴頠往弔之謂人曰若使一慟能傷人濬沖不免滅性之譏也時和嶠亦居父喪以禮法自持量米而食哀毀不踰於戎帝謂劉毅曰和嶠毀頓過禮使人憂之毅曰嶠雖寢苫食粥乃生孝耳至於王戎所謂死孝陛下當先憂之戎先有吐疾居喪增甚帝遣醫療之并賜藥物又斷賓客楊駿執政拜太子太傅駿誅之後東安公繇專斷刑賞威振外內戎誡繇曰大事之後宜深遠之繇不從果得罪轉中書令加光祿大夫給恩信五十人遷尚書左僕射領吏部戎始爲甲午制凡選舉皆先治百姓然後授用司隸傅咸奏戎曰書稱三載考績三載黜陟幽明今內外羣官居職未期而戎奏還既未定其優劣且送故迎新相望道路巧詐由生傷農害政戎不仰依堯舜典謨而驅動浮華虧敗風俗非徒無益乃有大損宜免戎官以敦風俗戎與賈郭通親竟得不坐尋轉司徒以王政將圮苟媚取容屬愍懷太子之廢竟無一言匡諫裴頠戎之壻也頠誅戎坐免官齊王

冏起義孫秀錄戎於城內趙王倫子欲取戎爲軍司博士王繇曰濬沖譎詐多端安肯爲少年用乃止惠帝反宮以戎爲尚書令既而河間王顒遣使就說成都王穎將誅齊王冏檄書至冏謂戎曰孫秀作逆天子幽逼孤糾合義兵掃除元惡臣子之節信著神明二王聽讒造構大難當賴忠謀以和不協卿其善爲我籌之戎曰公首舉義衆匡定大業開闢已來未始有也然論功報賞不及有勞朝野失望人懷貳志今二王帶甲百萬其鋒不可當若以王就第不失故爵委權崇讓此求安之計也冏謀臣葛旟怒曰漢魏以來王公就第寧有得保妻子乎議者可斬於是百官震悚戎僞藥發墮廁得不及禍戎以晉室方亂慕蘧伯玉之爲人與時舒卷無蹇諤之節自經典選未嘗進寒素退虛名但與時浮沉戶調門選而已尋拜司徒雖位總鼎司而委事僚寀間乘小馬從便門而出游見者不知其三公也故吏多至大官道路相遇輒避之性好興利廣收八方園田水碓周徧天下積實聚錢不知紀極每自執牙籌晝夜算計恆若不足而又儉嗇不自奉養天下人謂之膏肓之疾女適裴頠貸錢數萬久而未還女後

歸寧戎色不悅女遽還直然後乃懽從子將婚戎遺其一單衣婚訖而更責取家有好李常出貨之恐人得種恆鑽其核以此獲譏於世其後從帝北伐王師敗績於蕩陰戎復詣鄴隨帝還洛陽車駕之西遷也戎出奔于郟在危難之間親接鋒刃談笑自若未嘗有懼容時召親賓歡娛永日永興二年薨于郟縣時年七十二謚曰元戎有人倫鑒識常目山濤如璞玉渾金人皆欽其寶莫知名其器王衍神姿高徹如瑤林瓊樹自然是風塵表物謂裴頠拙於用長荀勖工於用短陳道寧緵緵如束長竿族弟敦有高名戎惡之敦每候戎輒託疾不見敦後果為逆亂其鑒賞先見如此嘗經黃公酒壚下過顧謂後車客曰吾昔與嵇叔夜阮嗣宗酣暢於此竹林之游亦預其末自嵇阮云亡吾便為時之所羈紲今日視之雖近邈若山河初孫秀為琅邪郡吏求品於鄉議戎從弟衍將不許戎勸品之及秀得志朝士有宿怨者皆被誅而戎衍獲濟焉子萬有美名少而大肥戎令食糠而肥愈甚年十九卒有庶子興戎所不齒以從弟陽平太守愔子為嗣

衍字夷甫神情明秀風姿詳雅總角嘗造山濤濤嗟歎良久既去目而送之曰何物老嫗生寧馨兒然誤天下蒼生者未必非此人也父乂爲平北將軍常有公事使行人列上不時報衍年十四時在京師造僕射羊祜申陳事狀辭甚清辯祜名德貴重而衍幼年無屈下之色衆咸異之楊駿欲以女妻焉衍恥之遂陽狂自免武帝聞其名問戎曰夷甫當世誰比戎曰未見其比當從古人中求之泰始八年詔舉奇才可以安邊者衍初好論從橫之術故尚書盧欽舉爲遼東太守不就於是口不論世事唯雅詠玄虛而已嘗因宴集爲族人所怒舉樏擲其面衍初無言引王導共載而去然心不能平在車中攬鏡自照謂導曰爾看吾目光乃在牛背上矣父卒於北平送故甚厚爲親識之所借貸因以捨之數年之間家資罄盡出就洛城西田園而居焉後爲太子舍人還尚書郎出補元城令終日清談而縣務亦理入爲中庶子黃門侍郎魏正始中何晏王弼等祖述老莊立論以爲天地萬物皆以無爲爲本無也者開物成務無往不存者也陰陽恃以化生萬物恃以成形賢者恃以成德不肖恃以免身故無之爲用

無爵而貴矣衍甚重之惟裴頠以爲非著論以譏之而衍處之自若衍既有盛才美貌明悟若神常自比子貢兼聲名籍甚傾動當世妙善玄言唯談老莊爲事每捉玉柄麈尾與手同色義理有所不安隨卽改更世號口中雌黃朝野翕然謂之一世龍門矣累居顯職後進之士莫不景慕放效選舉登朝皆以爲稱首矜高浮誕遂成風俗焉衍嘗喪幼子山簡弔之衍悲不自勝簡曰孩抱中物何至於此衍曰聖人忘情最下不及於情然則情之所鍾正在我輩簡服其言更爲之慟衍妻郭氏賈后之親藉宮中之勢剛愎貪戾聚斂無厭好干預人事衍患之而不能禁時有鄉人幽州刺史李陽京師大俠也郭氏素憚之衍謂郭曰非但我言卿不可李陽亦謂不可郭氏爲之小損衍疾郭之貪鄙故口未嘗言錢郭欲試之令婢以錢繞牀使不得行衍晨起見錢謂婢曰舉阿堵物却其措意如此後歷北軍中候中領軍尚書令女爲愍懷太子妃太子爲賈后所誣衍懼禍自表離婚賈后既廢有司奏衍曰衍與司徒梁王肜書寫呈皇太子手與妃及衍書陳見誣之狀肜等伏讀辭旨懇惻衍備位大臣應以義責也太子

被誣得罪衍不能守死善道即求離婚得太子手書隱蔽不出志在苟免無忠謇之操宜加顯責以厲臣節可禁錮終身從之衍素輕趙王倫之爲人及倫篡位衍陽狂斫婢以自免及倫誅拜河南尹轉尚書又爲中書令時齊王冏有匡復之功而專權自恣公卿皆爲之拜衍獨長揖焉以病去官成都王穎以衍爲中軍師累遷尚書僕射領吏部後拜尚書令司空司徒衍雖居宰輔之重不以經國爲念而思自全之計說東海王越曰中國已亂當賴方伯宜得文武兼資以任之乃以弟澄爲荊州族弟敦爲青州因謂澄敦曰荊州有江漢之固青州有負海之險卿二人在外而吾留此足以爲三窟矣識者鄙之及石勒王彌寇京師以衍都督征討諸軍事持節假黃鉞以距之衍使前將軍曹武左衞將軍王景等擊賊退之獲其輜重遷太尉尚書令如故封武陵侯辭封不受時洛陽危逼多欲遷都以避其難而衍獨賣牛車以安衆心越之討苟晞也衍以太尉爲太傅軍司及越薨衆共推爲元帥衍以賊寇鋒起懼不敢當辭曰吾少無宦情隨牒推移遂至於此今日之事安可以非才處之俄而舉軍爲石勒所破勒

呼王公與之相見問衍以晉故衍爲陳禍敗之由云計不在己勒甚悅之與語
移日衍自說少不豫事欲求自免因勸勒稱尊號勒怒曰君名蓋四海身居重
任少壯登朝至於白首何得言不豫世事邪破壞天下正是君罪使左右扶出
謂其黨孔萇曰吾行天下多矣未嘗見如此人當可活不萇曰彼晉之三公必
不爲我盡力又何足責乎勒曰要不可加以鋒刃也使人夜排牆塡殺之衍將
死顧而言曰嗚呼吾曹雖不如古人向若不祖尙浮虛戮力以匡天下猶可不
至今日時年五十六衍儁秀有令望希心玄遠未常語利王敦過江常稱之曰
夷甫處衆中如珠玉在瓦石間顧愷之作畫贊亦稱衍巖巖清峙壁立千仞其
爲人所尙如此子玄字眉子少慕簡曠亦有俊才與衞玠齊名荀藩用爲陳留
太守屯尉氏玄素名家有豪氣荒弊之時人情不附將赴祖逖爲盜所害焉
澄字平子生而警悟雖未能言見人舉動便識其意衍妻郭性貪鄙欲令婢路
上擔糞澄年十四諫郭以爲不可郭大怒謂澄曰昔夫人臨終以小郎屬新婦
不以新婦屬小郎因捉其衣裾將杖之澄爭得脫踰牕而走衍有重名於世時

人許以人倫之鑒尤重澄及王敦庾敳嘗爲天下人士目曰阿平第一子嵩第二處仲第三澄嘗謂衍曰兄形似道而神鋒大儁衍曰誠不如卿落落穆穆然也澄由是顯名有經澄所題目者衍不復有言輒云已經平子矣少歷顯位累遷成都王穎從事中郎穎嬖豎孟玖譖殺陸機兄弟天下切齒澄發玖私姦勸穎殺玖穎乃誅之士庶莫不稱善及穎敗東海王越請爲司空長史以迎大駕勳封南鄉侯遷建威將軍雍州刺史不之職時王敦謝鯤庾敳阮脩皆爲衍所親善號爲四友而亦與澄狎又有光逸胡母輔之等亦豫焉酣讌縱誕窮懽極娛惠帝末衍白越以澄爲荆州刺史持節都督領南蠻校尉敦爲青州衍因問以方略敦曰當臨事制變不可豫論澄辭義鋒出算略無方一坐嗟服澄將之鎮送者傾朝澄見樹上鵲巢便脫衣上樹探鷇而弄之神氣蕭然傍若無人劉琨謂澄曰卿形雖散朗而內實動俠以此處世難得其死澄默然不答澄既至鎮日夜縱酒不親庶事雖寇戎急務亦不以在懷擢順陽人郭舒於寒悴之中以爲別駕委以州府時京師危逼澄率衆軍將赴國難而飄風折其節柱會王

如寇襄陽澄前鋒至宜城遣使詣山簡爲如黨嚴嶷所獲嶷僞使人從襄陽來而問之曰襄陽拔未答曰昨旦破城已獲山簡乃陰緩澄使令得亡去澄聞襄陽陷以爲信然散衆而還既而恥之託糧運不贍委罪長史蔣俊而斬之竟不能進巴蜀流人散在荆湘者與土人忿爭遂殺縣令屯聚樂鄉澄使成都內史王機討之賊請降澄僞許之既而襲之於寵洲以其妻子爲賞沉八千餘人於江中於是益梁流人四五萬家一時俱反推杜弢爲主南破零桂東掠武昌敗王機于巴陵澄亦無憂懼之意但與機日夜縱酒投壺博戲數十局俱起殺富人李才取其家資以賜郭舒南平太守應詹驟諫不納於是上下離心內外怨叛澄望實雖損猶傲然自得後出軍擊杜弢次于作塘山簡參軍王沖叛于豫州自稱荆州刺史澄懼使杜蕤守江陵澄遷于孱陵尋奔沓中郭舒諫曰使君臨州雖無異政未失衆心今西收華容向義之兵足以擒此小醜奈何自棄澄不能從初澄命武陵諸郡同討杜弢天門太守扈瓌次于益陽武陵內史武察爲其郡吏所害瓌以孤軍引還澄怒以杜曾代瓌夷袁遂瓌故吏也託爲瓌報

雖遂舉兵逐曾自稱平晉將軍澄使司馬毋丘邈討之爲遂所敗會元帝徵澄爲軍諮祭酒於是赴召時王敦爲江州鎮豫章澄過詣敦澄夙有盛名出於敦右士庶莫不傾慕之兼勇力絶人素爲敦所憚澄猶以舊意侮敦敦益忿怒請澄入宿陰欲殺之而澄左右有二十人持鐵馬鞭爲衞澄手嘗捉玉枕以自防故敦未之得發後敦賜澄左右酒皆醉借玉枕觀之因下牀而謂澄曰何與杜弢通信澄曰事自可驗敦欲入內澄手引敦衣至于絶帶乃登于梁因罵敦曰行事如此殃將及焉敦令力士路戎搤殺之時年四十四載尸還其家劉琨聞澄之死歎曰澄自取之及敦平澄故吏佐著作郎桓稚上表理澄請加贈謚詔復澄將官謚曰憲長子詹早卒次子徽右軍司馬

郭舒

郭舒字稚行幼請其母從師歲餘便歸粗識大義鄉人少府范晷宗人武陵太守郭景咸稱舒當爲後來之秀終成國器始爲領軍校尉坐擅放司馬彪繫廷尉世多義之刺史夏侯含辟爲西曹轉主簿含坐事舒自繫理含事得釋刺史

宗岱命爲治中喪母去職劉弘牧荊州引爲治中弘卒舒率將士推弘子璠爲
主討逆賊郭勱滅之保全一州王澄聞其名引爲別駕澄終日酣飲不以衆務
在意舒常切諫之及天下大亂又勸澄修德養威保完州境澄以爲亂自京都
起非復一州所能匡禦雖不能從然重其忠亮荊土士人宗廞嘗因酒忤澄澄
怒叱左右棒廞舒厲色謂左右曰使君過醉汝輩何敢妄動澄恚曰別駕狂邪
誑言我醉因遣掐其鼻灸其眉頭舒跪而受之澄意少釋而廞遂得免澄之奔
敗也以舒領南郡澄又欲將舒東下舒曰舒爲萬里紀綱不能匡正令使君奔
亡不忍渡江乃留屯沌口採稆湖澤以自給鄉人盜食舒牛事覺來謝舒曰卿
饑所以食牛耳餘肉可共啖之世以此服其弘量舒少與杜曾厚曾嘗召之不
往曾銜之至是澄又轉舒爲順陽太守曾密遣兵襲舒遁逃得免王敦召爲參
軍轉從事中郎襄陽都督周訪卒敦遣舒監襄陽軍甘卓至乃還朝廷徵舒爲
右丞敦留不遣敦謀爲逆舒諫不從使守武昌荊州別駕宗澹忌舒才能數譖
之於王廙廙疑舒與甘卓同謀密以白敦敦不受高官督護繆坦嘗請武昌城

西地爲營太守樂凱言於敦曰百姓久買此地種菜自贍不宜奪之敦大怒曰
王處仲不來江湖當有武昌地不而人云是我地邪凱懼不敢言舒曰公聽舒
一言敦曰平子以卿病狂故搯鼻灸眉頭舊疾復發邪舒曰古之狂也直周昌
汲黯朱雲不狂也昔堯立誹謗之木舜置敢諫之鼓然後事無枉縱公爲勝堯
舜邪乃逆折舒使不得言何與古人相遠敦曰卿欲何言舒曰繆坦可謂小人
疑誤視聽奪人私地以強陵弱晏子稱君曰其可臣獻其否以成其可是以舒
等不敢不言敦卽使還地衆咸壯之敦重舒公亮給賜轉豐數詰其家表爲梁
州刺史病卒

樂廣

樂廣字彥輔南陽淸陽人也父方參魏征西將軍夏侯玄軍事廣時年八歲玄
常見廣在路因呼與語還謂方曰向見廣神姿朗徹當爲名士卿家雖貧可令
專學必能興卿門戶也方早卒廣孤貧僑居山陽寒素爲業人無知者性沖約
有遠識寡嗜慾與物無競尤善談論每以約言析理以厭人之心其所不知默

如也裴楷嘗引廣共談自夕申旦雅相欽挹歎曰我所不如也王戎爲荆州刺史聞廣爲夏侯玄所賞乃舉爲秀才楷又薦廣於賈充遂辟太尉掾轉太子舍人尚書令衞瓘朝之耆舊逮與魏正始中諸名士談論見廣而奇之曰自昔諸賢既沒常恐微言將絕而今乃復聞斯言於君矣命諸子造焉曰此人之水鏡見之瑩然若披雲霧而覩青天也王衍自言與人語甚簡至及見廣便覺己之煩其爲識者所歎美如此出補元城令遷中書侍郎轉太子中庶子累遷侍中河南尹廣善清言而不長於筆將讓尹請潘岳爲表岳曰當得君意廣乃作二百句語述己之志岳因取次比便成名筆時人咸云若廣不假岳之筆岳不取廣之旨無以成斯美也嘗有親客久闊不復來廣問其故答曰前在坐蒙賜酒方欲飲見盃中有蛇意甚惡之既飲而疾于時河南聽事壁上有角漆畫作蛇廣意盃中蛇卽角影也復置酒於前處謂客曰酒中復有所見不答曰所見如初廣乃告其所以客豁然意解沉痾頓愈衞玠總角時嘗問廣夢廣云是想玠曰神形所不接而夢豈是想邪廣曰因也玠思之經月不得遂以成疾廣聞故

命駕爲剖析之玠病卽愈廣歎曰此賢胸中當必無膏肓之疾廣所在爲政無當時功譽然每去職遺愛爲人所思凡所論人必先稱其所長則所短不言而自見矣人有過先盡弘恕然後善惡自彰矣廣與王衍俱宅心事外名重於時故天下言風流者謂王樂爲稱首焉少與弘農楊準相善準之二子曰喬曰髦皆知名於世準使先詣裴頠頠性弘方愛喬有高韻謂準曰喬當及卿髦少減也又使詣廣廣性清淳愛髦有神檢謂準曰喬自及卿然髦亦清出準笑曰我二兒之優劣乃裴樂之優劣也論者以爲喬雖有高韻而神檢不足樂爲得之矣是時王澄胡毋輔之等皆亦任放爲達或至裸體者廣聞而笑曰名教內自有樂地何必乃爾其居才愛物動有理中皆此類也值世道多虞朝章紊亂清己中立任誠保素而已時人莫有見其際焉先是河南官舍多妖怪前尹皆不敢處正寢廣居之不疑嘗外戶自閉左右皆驚廣獨自若顧見牆有孔使人掘牆得狸而殺之其怪亦絕愍懷太子之廢也詔故臣不得辭送衆官不勝憤歎皆冒禁拜辭司隸校尉滿奮勑河南中部收縛拜者送獄廣卽便解遣衆人代

廣危懼孫琰說賈謐曰前以太子罪惡有斯廢黜其臣不懼嚴詔冒罪而送今

若繫之是彰太子之善不如釋去謐然其言廣故得不坐遷吏部尚書左僕射

後東安王繇當爲僕射轉廣爲右僕射領吏部代王戎爲尚書令始戎薦廣而

終踐其位時人美之成都王穎廣之壻也及與長沙王乂遘難而廣旣處朝望

羣小讒謗之乂以問廣廣神色不變徐答曰廣豈以五男易一女乂猶以爲疑

廣竟以憂卒荀藩聞廣之不免也爲之流涕三子凱肇謨凱字弘緒大司馬齊

王掾參驃騎軍事肇字弘茂太傅東海王掾洛陽陷兄弟相攜南渡江謨字弘

範征虜將軍吳郡內史

史臣曰漢相清靜見譏於曠務周史清虛不嫌於尸祿豈台揆之任有異於常

班者歟濬沖善發談端夷甫仰希方外登槐庭之顯列顧漆園而高視彼旣憑

虛朝章已亂戎則取容於世旁委貨財衍則自保其身寧論宗稷及三方搆亂

六戎藉手犬羊之侶鋒鏑如雲夷甫區區焉佞彼兇渠以求容貸顙牆之隕猶

有禮也平子肆情傲物對境難堪終夭厥生自貽伊敗且夫衣服表容珪璋範

德聲移宮羽彩照山華布武有章立言成訓澄之箕踞不已甚矣若乃解袒登
枝裸形捫鵲以此謂達謂之高致輕薄是效風流詎及道睽將聖事乖跰指操
情獨往自天其生者焉昔晏嬰哭莊公之尸樂令解愍懷之客豈聞伯夷之風
歟懊夫能立志者也
贊曰晉家求士乃構仙臺陵雲切漢山叟知材濬沖居鼎談優務劣夷甫兩顧
退求三穴神亂當年忠乖曩列平子陵侮多於用拙樂令披雲高天澄徹

晉書卷四十三

珍傲宋册印

晉書卷四十四

唐 太 宗 文 皇 帝 御 撰

列傳第十四

鄭袤子默 默子球

鄭袤字林叔滎陽開封人也高祖衆漢大司農父泰揚州刺史有高名袤少孤早有識鑒荀攸見之曰鄭公業爲不亡矣隨叔父渾避難江東時華歆爲豫章太守渾往依之歆素與泰善撫養袤如己子年十七乃還鄉里性清正時濟陰魏諷爲相國掾名重當世袤同郡任覽與結交袤以諷奸雄終必爲禍勸覽遠之及諷敗論者稱焉魏武帝初封諸子爲侯精選賓友袤與徐幹俱爲臨淄侯文學轉司隸功曹從事司空王朗辟爲掾袤舉高陽許允扶風魯芝東萊王基朗皆命之後咸至大位有重名袤遷尚書郎出爲黎陽令吏民悅服太守班下屬城特見甄異爲諸縣之最遷尚書右丞轉濟陰太守下車旌表孝悌敬禮賢能興立庠序開誘後進調補大將軍從事中郎拜散騎常侍會廣平太守缺宣

帝謂袞曰賢叔大匠垂稱於陽平魏郡百姓蒙惠化且盧子家王子雍繼踵此郡使世不乏賢故復相屈袞在廣平以德化爲先善作條教郡中愛之徵拜侍中百姓戀慕涕泣路隅遷少府高貴鄉公即位袞與河南尹王肅備法駕奉迎於元城封廣昌亭侯徙光祿勳領宗正毋丘儉作亂景帝自出征之百官祖送於城東袞疾病不任會帝謂中領軍王肅曰唯不見鄭光祿爲恨肅以語袞袞自輿追帝及於近道帝笑曰故知侯生必來也遂與袞共載曰計將何先袞曰昔與儉俱爲臺郎特所知悉其人好謀而不達事情自昔建勳幽州志望無限文欽勇而無算今大軍出其不意江淮之卒銳而不能固深溝高壘以挫其氣此亞夫之長也帝稱善轉太常高貴鄉公議立明堂辟雍精選博士袞舉劉毅劉寔程咸庾峻後並至公輔大位及常道鄉公立與議定策進封安城鄉侯邑千戶景元初疾病失明屢乞骸骨不許拜光祿大夫五等初建封密陵伯武帝踐阼進爵爲侯雖寢疾十餘年而時賢並相推薦泰始中詔曰光祿大夫密陵侯袞履行純正守道沖粹退有清和之風進有素絲之節宜登三階之曜補袞

職之闕今以袤爲司空天子臨軒遣五官中郎將國坦就第拜授袤前後辭讓遣息稱上送印綬至于十數謂坦曰魏以徐景山爲司空吾時爲侍中受詔譬旨徐公語吾曰三公當上應天心苟非其人實傷和氣不敢以垂死之年累辱朝廷也終於不就遵大雅君子之跡可不務乎固辭久之見許以侯就第拜儀同三司置舍人官騎賜牀帳簟褥錢五十萬九年薨時年八十五帝於東堂發哀賜祕器朝服一具衣一襲錢三十萬絹布各百匹以供喪事謚曰元有子六人長子默嗣次質舒詡稱予位並列卿

默字思元起家祕書郎考覈舊文刪省浮穢中書令虞松謂曰而今而後朱紫別矣轉尚書考功郎專典伐蜀事封關內侯遷司徒左長史武帝受禪與太原郭奕俱爲中庶子朝廷以太子官屬宜稱陪臣默上言皇太子體皇極之尊無私於天下宮臣皆受命天朝不得同之藩國事遂施行出爲東郡太守值歲荒人飢默輒開倉振給乃舍都亭自表待罪朝廷嘉默憂國詔書褒歎比之汲黯班告天下若郡縣有此比者皆聽出給入爲散騎常侍初帝以貴公子當品鄉

里莫敢與爲輩求之州內於是十二郡中正僉共舉默文帝與袁書曰小兒得厠賢子之流愧有竊賢之累及武帝出祠南郊詔使默驂乘因謂默曰卿知何以得驂乘乎昔州里舉卿相輩常愧有累清談遂問政事對曰勸穡務農爲國之基選人得才濟世之道居官久職政事之宜明慎黜陟勸戒之由崇尚儒素化導之本如此而已矣帝善之後以父喪去官尋起爲廷尉是時鬲令袁毅坐交通貨賂大興刑獄在朝多見引逮唯默兄弟以潔慎不染其流遷太常時僕射山濤欲舉一親親爲博士謂默曰卿似尹翁歸令吾不敢復言默爲人敦重柔而能整皆此類也及齊王攸當之國下禮官議崇錫典制博士祭酒曹志等並立異議默容過其事坐免尋拜大鴻臚遭母喪舊制既葬還職默自陳懇至久而見許遂改法定令聽大臣終喪自默始也服闋爲大司農轉光祿勳太康元年卒時年六十八謚曰成尚書令衛瓘奏默才行名望宜居論道五升九卿位未稱德宜贈三司而后父楊駿先欲以女妻默子豫默曰吾每讀雋不疑傳常想其人畏遠權貴奕世所守遂辭之駿深爲恨至此駿議不同遂不施行默

寬沖博愛謙虛温謹不以才地矜物事上以禮遇下以和雖僮豎廝養不加聲色而猶嫌怨故士君子以爲居世之難子球

球字子瑜少辟宰府入侍二宮成都王爲大將軍起義討趙王倫球自頓丘太守爲右長史以功封平壽公累遷侍中尚書散騎常侍中護軍尚書右僕射領吏部永嘉二年卒追贈金紫光祿大夫謚曰元球弟豫永嘉末爲尚書

李胤

李胤字宣伯遼東襄平人也祖敏漢河內太守去官還鄉里遼東太守公孫度欲彊用之敏乘輕舟浮滄海莫知所終胤父信追求積年浮海出塞竟無所見欲行喪制服則疑父尚存情若居喪而不聘娶後有鄰居故人與其父同年者亡因行喪制服燕國徐邈與之同州里以不孝莫大於無後勸使娶妻既生胤遂絕房室恆如居喪禮不堪其憂數年而卒胤既幼孤母又改行有識之後降食哀戚亦以喪禮自居又以祖不知存亡設木主以事之由是以孝聞容貌質素頹然若不足者而知度沉邃言必有則初仕郡上計掾州辟部從事治中舉

孝廉參鎮北軍事遷樂平侯相政尙清簡入爲尙書郎遷中護軍司馬吏部郎銓綜廉平賜爵關內侯出補安豐太守文帝引爲大將軍從事中郎遷御史中丞恭恪直繩百官憚之伐蜀之役爲西中郎將督關中諸軍事後爲河南尹封廣陸伯泰始初拜尙書進爵爲侯胤奏以爲古者三公坐而論道內參六官之事外與六鄉之教或處三槐兼聽獄訟稽疑之典謀及卿士陛下聖德欽明垂心萬幾猥發明詔儀刑古式雖唐虞疇諮周文翼翼無以加也自今以往國有大政可親延羣公詢納讜言其軍國所疑延詣省中使侍中尙書諮論所宜若有疾疢不任覲會臨時遣侍臣訊訪詔從之遷吏部尙書僕射尋轉太子少傅詔以胤忠允高亮有匪躬之節使領司隸校尉胤屢自表讓忝傅儲宮不宜兼監司之官武帝以二職並須忠賢故每不許咸寧初皇太子出居東宮帝以司隸事任峻重而少傅有旦夕輔導之務胤素羸不宜久勞之轉拜侍中加特進俄遷尙書令侍中特進如故胤雖歷職內外而家至貧儉兒病無以市藥帝聞之賜錢十萬其後帝以司徒舊丞相之職詔以胤爲司徒在位五年簡亮持重

稱爲任職以吳會初平大臣多有勳勞宜有登進乃上疏遜位帝不聽遣侍中
宣旨優詔敦諭絕其章表胤不得已起視事太康三年薨詔遣御史持節監喪
致祠諡曰成皇太子命舍人王贊誄之文義甚美帝後思胤淸節詔曰故司徒
李胤太常彭灌並履忠淸儉身沒家無餘積賜胤家錢二百萬穀千斛灌家半
之三子固真長脩固字萬基散騎郎先胤卒固子志嗣爵志字彥道歷位散騎
侍郎建威將軍陽平太守真長位至太僕卿脩黃門侍郎太弟中庶子

盧欽 弟子志 志子諶

盧欽字子若范陽涿人也祖植漢侍中父毓魏司空世以儒業顯欽淸澹有遠
識篤志經史舉孝廉不行魏大將軍曹爽辟爲掾爽弟嘗有所屬請欽白爽子
弟不宜干犯法度爽深納之而罰其弟除尚書郎爽誅免官後爲侍御史襲父
爵大利亭侯累遷琅邪太守宣帝爲太傅辟從事中郎出爲陽平太守遷淮北
都督伏波將軍甚有稱績徵拜散騎常侍大司農遷吏部尚書進封大梁侯武
帝受禪以爲都督沔北諸軍事平南將軍假節給追鋒軺臥車各一乘第二駙

馬二乘騎具刀器御府人馬鎧等及錢三十萬欽在鎮寬猛得中疆場無虞入
爲尚書僕射加侍中奉車都尉領吏部以清貧特賜絹百匹欽舉必以材稱爲
廉平咸寧四年卒詔曰欽履道清正執德貞素文武之稱著於方夏入躋機衡
惟允庶事肆勤內外有匪躬之節不幸薨沒朕甚悼之其贈衞將軍開府儀同
三司賜祕器朝服一具衣一襲布五十匹錢三十萬諡曰元又以欽忠清高潔
不營產業身沒之後家無所庇特賜錢五十萬爲立第舍復下詔曰故司空王
基衞將軍盧欽領典軍將軍楊囂並素清貧身沒之後居無私積頃者饑饉聞
其家大匱其各賜穀三百斛欽歷宰州郡不尚功名唯以平理爲務祿奉散之
親故不營貲產動循禮典妻亡制廬杖終喪居外所著詩賦論難數十篇名曰
小道子浮嗣
浮字子雲起家太子舍人病疽截手遂廢然朝廷器重之以爲國子博士祭酒
祕書監皆不就欽弟珽字子笏衞尉卿珽子志
志字子道初辟公府掾尚書郎出爲鄴令成都王穎之鎮鄴也愛其才量委以

心膂遂爲謀主齊王冏起義遣使告穎穎召志計事志曰趙王無道肆行篡逆四海人神莫不憤怒今殿下總率三軍應期電發子來之衆不召自至掃夷凶逆必有征無戰然兵事至重聖人所慎宜旌賢任才以收時望穎深然之改選上佐高辟掾屬以志爲諮議參軍仍補左長史專掌文翰穎前鋒都督趙驤爲倫所敗士衆震駭議者多欲還保朝歌志曰今我軍失利敵新得勝必有輕易凌轢之情若頓兵不進三軍畏衂懼不可用且戰何能無勝負宜更選精兵星行倍道出賊不意此用兵之奇也穎從之及倫敗志勸穎曰齊王衆號百萬與張泓等相持不能決大王逕得濟河此之大勳莫之與比而齊王今當與大王共輔朝政志聞兩雄不俱處功名不並立今宜因太妃微疾求還定省推崇齊王徐結四海之心此計之上也穎納之遂以母疾還藩委重於冏由是穎獲四海之譽天下歸心朝廷封志爲武強侯加散騎常侍及河間王顒納李含之說欲內除二王樹穎儲副遣報穎穎將應之志正諫不從及冏滅穎遙執朝權遂懷觖望之心以長沙王乂在內不得恣其所欲密欲去乂時荊州有張昌之亂

穎表求親征朝廷許之會昌等平乃迴兵以討乂志諫曰公前有復皇祚之大勳及事平歸功於齊辭九錫之賞不當朝政之權振陽翟飢人葬黃橋白骨皆威德之事四海之人莫不荷賴矣逆寇縱肆猾擾荊楚今公掃清羣難南土以寧振旅而旋頓軍關外文服入朝此霸王者之事也穎不納及乂死穎表志爲中書監留鄴參署相府事乘輿敗於蕩陰穎遣志督兵迎帝及王浚攻鄴志勸穎奉天子還洛陽時甲士尚萬五千人志夜部分至曉衆皆成列而程太妃戀鄴不欲去穎未能決俄而衆潰唯志與子謐兄子綝殿中武賁千人而已志復勸穎早發時有道士姓黃號曰聖人太妃信之及使呼入道士求兩杯酒飲乾拋杯而去於是志計始決而人馬復散志於營陣閒尋索得數乘鹿車司馬督韓玄收集黃門得百餘人志入帝問志曰何故散敗至此志曰賊去鄴尚八十里而人士一朝駭散太弟今欲奉陛下還洛陽帝曰甚佳於是御犢車便發屯騎校尉郝昌先領兵八千守洛陽帝召之至汲郡而昌至兵仗甚盛志喜於復振啓天子宜下赦書與百姓同其休慶既達洛陽志啓以滿奮爲司隸校尉奔

散者多還百官粗備帝悅賜志絹二百匹綿百斤衣一襲鶴綾袍一領初河間王顒聞王浚起兵遣右將軍張方救鄴方聞成都軍敗頓兵洛陽不敢進縱兵虜掠密欲遷都長安將焚宗廟宮室以絕人心志說方曰昔董卓無道焚燒洛陽怨毒之聲百年猶存何爲襲之乃止方遂逼天子幸其壘帝垂泣就輿唯志侍側曰陛下今日之事當一從右將軍臣駑怯無所云補唯知盡微誠不離左右而已停方壘三日便西志復從至長安穎被黜志亦免官及東海王越奉迎大駕顒啓帝復穎還鄴以志爲魏郡太守加左將軍隨穎北鎮行達洛陽而平昌公模遣前鋒督護馮嵩距穎穎還長安未至而聞顒斬張方求和於越穎住華陰志進長安詣闕陳謝即還就穎於武關奔南陽復爲劉陶所驅迴詣河北及穎薨官屬奔散唯志親自殯送時人嘉之越命志爲軍諮祭酒遷衞尉永嘉末轉尙書洛陽沒志將妻子北投幷州刺史劉琨至陽邑爲劉粲所虜與次子謐詵等俱遇害於平陽長子諶

諶字子諒清敏有理思好老莊善屬文選尙武帝女滎陽公主拜駙馬都尉未

成禮而公主卒後州舉秀才辟太尉掾洛陽沒隨志北依劉琨與志俱爲劉粲所虜粲據晉陽留諶爲參軍琨收散卒引猗盧騎還攻粲粲敗走諶得赴琨先父母兄弟在平陽者悉爲劉聰所害琨爲司空以諶爲主簿轉從事中郎琨妻卽諶之從母旣加親愛又重其才地建興末隨琨投段匹磾匹磾自領幽州取諶爲別駕匹磾旣害琨尋亦敗喪時南路阻絕段末波在遼西諶往投之元帝之初末波通使於江左諶因其使抗表理琨文旨甚切於是卽加弔祭累徵諶爲散騎中書侍郎而爲末波所留遂不得南渡末波死弟遼代立諶流離世故且二十載石季龍破遼西復爲季龍所得以爲中書侍郎國子祭酒侍中中書監屬冉閔誅石氏諶隨閔軍於襄國遇害時年六十七是歲永和六年也諶名家子早有聲譽才高行潔爲一時所推值中原喪亂與清河崔悅穎川荀綽河東裴憲北地傅暢並淪陷非所雖俱顯於石氏恆以爲辱諶每謂諸子曰吾身沒之後但稱晉司空從事中郎爾撰祭法注莊子及文集皆行於世悅字道儒魏司空林曾孫劉琨妻之姪也與諶俱爲琨司空從事中郎後爲末波佐史沒

石氏亦居大官其綽憲暢並別有傳

華表 子廙 廙子恆 廙弟嶠

華表字偉容平原高唐人也父歆清德高行爲魏太尉表年二十拜散騎黃門郎累遷侍中正元初石苞來朝盛稱高貴鄉公以爲魏武更生時聞者流汗沾背表懼禍作頻稱疾歸下舍故免於大難後遷尚書五等建封觀陽伯坐供給喪事不整免泰始中拜太子少傅轉光祿勳遷太常卿數歲以老病乞骸骨詔曰表清貞履素有老成之美久幹王事靜恭匪懈而以疾固辭章表懇至今聽如所上以爲太中大夫賜錢二十萬牀帳褥席祿賜與卿同門施行馬表以苦節垂名司徒李胤司隸王宏等並歎美表清澹退靜以爲不可得貴賤而親疏也咸寧元年八月卒時年七十二謚曰康詔賜朝服有六子廙岑嶠鑒澹簡

廙字長駿弘敏有才義妻父盧毓典選難舉姻親故廙年三十五不得調晚爲中書通事郎泰始初遷冗從僕射少爲武帝所禮歷黃門侍郎散騎常侍前軍將軍侍中南中郎將都督河北諸軍事父疾篤輒還仍遭喪舊例葬訖復任廙

因辭迮旨初表有賜客在鬲使廙因縣令袁毅錄名三客各代以奴及毅以貨賕致罪獄辭迷謬不復顯以奴代客直言送三奴與廙而毅亦盧氏壻也又中書監荀勖先爲中子求廙女廙不許爲恨因密啓帝以袁毅貨賕者多不可盡罪宜責最所親者一人因指廙當之又緣廙有違忤之咎遂於喪服中免廙官削爵土大鴻臚何遵奏廙免爲庶人不應襲封請以表世孫混嗣表有司奏曰廙所坐除名削爵一時之制廙爲世子著在名簿不聽襲嗣此爲刑罰再加諸侯犯法八議平處者褒功重爵也嫡統非犯終身棄罪廢之爲重依律應聽襲封詔曰諸侯薨子踰年卽位此古制也應卽位而廢之爵命皆去矣何爲罪罰再加且吾之責廙以肅貪穢本不論常法也諸賢不能將明此意乃更詭易禮律不顧憲度君命廢之而羣下復之此爲上下正相反也於是有司奏免議者官詔皆以贖論混以世孫當受封逃避斷髮陽狂病瘖不能語故不得拜世咸稱之廙棲遲家巷垂十載教誨子孫講誦經典集經書要事名曰善文行於世與陳勰共造睹闌於宅側帝嘗出視之問其故左右以實對帝心憐之帝後又

登陵雲臺望見廙苜蓿園阡陌甚整依然感舊太康初大赦乃得襲封久之拜城門校尉遷左衞將軍數年以爲中書監惠帝卽位加侍中光祿大夫尙書令進爵爲公廙應楊駿召不時還有司奏免官尋遷太子少傅加散騎常侍動遵禮典得傳導之義後年衰病篤詔遣太醫療病進位光祿大夫開府儀同三司時河南尹韓壽因託賈后求以女配廙孫陶廙距而不許后深以爲恨故遂不登台司年七十五卒諡曰元三子混嶠恆

混字敬倫嗣父爵清貞簡正歷位侍中尙書卒官子陶嗣補鞏令沒於石勒

嶠字敬叔爲河南尹與荀藩荀組俱避賊至臨潁父子並遇害

恆字敬則博學以淸素爲稱尙武帝女滎陽長公主拜駙馬都尉元康初東宮建恆以選爲太子賓友賜爵關內侯食邑百戶辟司徒王渾倉曹掾屬除散騎侍郎累遷散騎常侍北軍中候俄拜領軍加散騎常侍愍帝卽位以恆爲尙書進爵苑陵縣公頃之劉聰逼長安詔出恆爲鎭軍將軍領潁川太守以爲外援恆與合義軍得二千人未及西赴而關中陷沒時羣賊方盛所在州郡相繼奔

敗恆亦欲棄郡東渡而從兄軼爲元帝所誅以此爲疑先書與驃騎將軍王導
導言於帝帝曰兄弟罪不相及況羣從乎卽召恆補光祿勳恆到未及拜更以
爲衞將軍加散騎常侍本州大中正尋拜太常議立郊祀尙書刁協國子祭酒
杜彝議須還洛乃脩郊祀恆議漢獻帝居許卽便郊祡宜於此修立司徒荀組
驃騎將軍王導同恆議遂定郊祀尋以疾求解詔曰太常職主宗廟烝嘗敬重
而華恆所疾不堪親奉職事夫子稱吾不與祭如不祭況宗伯之任職所司邪
今轉恆爲廷尉頃之加特進太寧初遷驃騎將軍加散騎常侍督石頭水陸諸
軍事王敦表轉恆爲護軍疾病不拜授金紫光祿大夫又領太子太保成帝卽
位加散騎常侍領國子祭酒咸和初以愍帝時賜爵進封一皆削除恆更以討
王敦功封苑陵縣侯復領太常蘇峻之亂恆侍帝左右從至石頭備履艱危困
悴踰年初恆爲州大中正鄉人任讓輕薄無行爲恆所黜及讓在峻軍中任勢
多所殺害見恆輒恭敬不肆其虐鍾雅劉超之死亦將及恆讓盡心救衞故得
免及帝加元服又將納后寇難之後典籍靡遺婚冠之禮無所依據恆推尋舊

典撰定禮儀幷郊廟辟雍朝廷軌則事並施用遷左光祿大夫開府常侍如故固讓未拜會卒時年六十九冊贈侍中左光祿大夫開府謚曰敬恆清恪儉素雖居顯列常布衣蔬食年老彌篤死之日家無餘財唯有書數百卷時人以此貴之子俊嗣爲尚書郎俊子仰之大長秋

嶠字叔駿才學深博少有令聞文帝爲大將軍辟爲掾屬補尚書郎轉車騎從事中郎泰始初賜爵關內侯遷太子中庶子出爲安平太守辭親老不行更拜散騎常侍典中書著作領國子博士遷侍中太康末武帝頗親宴樂又多疾病屬小瘳嶠與侍臣表賀因微諫曰伏惟聖體漸就平和上下同慶不覺抃舞臣等愚戇竊有微懷以爲收功於所忽事乃無悔慮福於垂成祚乃日新唯願陛下深垂聖明遠思所忽之悔以成日新之福沖靜和氣嗇養精神頤身於清簡之宇留心於虛曠之域無厭世俗常戒以忽羣下之言則豐慶日延天下幸甚帝手詔報曰輒自消息無所爲慮元康初封宣昌亭侯誅楊駿改封樂鄉侯遷尚書後以嶠博聞多識屬書典實有良史之志轉祕書監加散騎常侍班同中

書寺爲內臺中書散騎著作及治禮音律天文數術南省文章門下撰集皆典統之初嶠以漢紀煩穢慨然有改作之意會爲臺郎典官制事由是得徧觀祕籍遂就其緒起于光武終於孝獻一百九十五年爲帝紀十二卷皇后紀二卷十典十卷傳七十卷及三譜序傳目錄凡九十七卷嶠以皇后配天作合前史作外戚傳以繼末編非其義也故易爲皇后紀以次帝紀又改志爲典以有堯典故也而改名漢後書奏之詔朝臣會議時中書監荀勖令和嶠太常張華侍中王濟咸以嶠文質事核有遷固之規實錄之風藏之祕府後太尉汝南王亮司空衞瓘爲東宮傅列上通講事遂施行嶠所著論議難駁詩賦之屬數十萬言其所奏官制太子宜還宮及安邊雩祭明堂辟雍浚導河渠巡禹之舊跡置都水官修蠶宮之禮置長秋事多施行元康三年卒追贈少府謚曰簡嶠性嗜酒率常沉醉所撰書十典未成而終祕書監何劭奏嶠中子徹爲佐著作郎使踵成之未竟而卒後監繆徵又奏嶠少子暢爲佐著作郎克成十典幷草魏晉紀傳與著作郎張載等俱在史官永嘉喪亂經籍遺沒嶠書存者五十餘卷嶠

有三子頤徹暢頤嗣官至長樂內史暢有才思所著文章數萬言遭寇亂避難荆州爲賊所害時年四十

石鑒

石鑒字林伯樂陵厭次人也出自寒素雅志公亮仕魏歷尚書郎侍御史尚書左丞御史中丞多所糾正朝廷憚之出爲幷州刺史假節護匈奴中郎將武帝受禪封堂陽子入爲司隸校尉轉尚書時秦涼爲虜所敗遣鑒都督隴右諸軍事坐論功虛僞免官後爲鎮南將軍豫州刺史坐討吳賊虛張首級詔曰昔雲中守魏尚以斬首不實受刑武牙將軍田順以詐增虜獲自殺誣罔敗法古今所疾鑒備大臣吾所取信往者西事公欺朝廷以敗爲得竟不推究中間黜免未久尋復授用冀能補過而乃與下同詐所謂大臣義得爾乎有司奏是也顧未忍耳今遣歸田里終身不得復用勿削爵土也久之拜光祿勳復爲司隸校尉稍加特進遷右光祿大夫開府領司徒前代三公冊拜皆設小會所以崇宰輔之制也自魏末已後廢不復行至鑒有詔令會遂以爲常太康末拜司空領

太子太傅武帝崩鑒與中護軍張劭監統山陵時大司馬汝南王亮爲太傅楊駿所疑不敢臨喪出營城外時有告亮欲舉兵討駿駿大懼白太后令帝爲手詔詔鑒及張劭使率陵兵討亮劭駿甥也便率所領催鑒速發鑒以爲不然保持之遣人密覘視亮已別道還許昌於是駿止論者稱之山陵訖封昌安縣侯元康初爲太尉年八十餘克壯慷慨自遇若少年時人美之尋薨諡曰元子陋字處賤襲封歷屯騎校尉

溫羨

溫羨字長卿太原祁人漢護羌校尉序之後也祖恢魏揚州刺史父恭濟南太守兄弟六人並知名於世號曰六龍羨少以朗寤見稱齊王攸辟爲掾遷尚書郎惠帝卽位拜豫州刺史入爲散騎常侍累遷尚書及齊王冏輔政以羨攸之故吏意特親之轉吏部尚書先是張華被誅冏建議欲復其官爵論者或以爲非羨駁之曰自天子已下爭臣各有差不得歸罪於一人也故晏子曰爲己死亡非其親昵誰能任之里克之殺二庶陳乞之立陽生漢朝之誅諸呂皆積年

之後乃得立事未有事主見存而得行其志於數月之內者也式乾之會張華
獨諫上宰不和不能承風贊善望其指麾從命不亦難乎況今皇后譖害其子
內難不預禮非所任且后體齊於帝尊同皇極罪在枉子事不爲逆義非所討
今以華不能廢枉子之后與趙盾不討殺君之賊同而貶責之於義不經通也
華竟得追復爵位其後以從駕討成都王穎有勳封大陵縣公邑千八百戶出
爲冀州刺史加後將軍范陽王虓敗於許昌也自牧冀州羨乃避之惠帝之幸
長安以羨爲中書令不就及帝還洛陽徵爲中書監加散騎常侍未拜會帝崩
懷帝卽位遷左光祿大夫開府領司徒論者僉謂爲速在位未幾病卒贈司徒
諡曰元有三子祗允裕祗字敬齊太傅西曹掾允字敬咸太子舍人裕字敬嗣
尚武安長公主官至左光祿大夫

史臣曰晉氏中朝承累世之資建兼并之業衣冠斯盛英彥如林此數公者或
以雅望處台槐或以高名居保傅自非一時之秀亦曷能至于斯惜其三緘於
論道之辰獨善於兼濟之日良圖鯁議無足多談然退己進賢林叔弘推讓之

美自家刑國宣伯協恭孝之規子若之儒素爲基偉容之苦節流譽慶垂來葉不亦宜哉石鑒以公亮升温羨以明寤顯屬于危亂不隕其名歲寒見松柏之後彫斯人之謂矣

贊曰讓矣密陵孝哉廣陸欽旣博雅表亦貞肅鑒績克宣温聲載穆同鏘玉振爭芬蘭郁

晉書卷四十四

晉書卷四十五

唐　太　宗　文　皇　帝　御　撰

列傳第十五

劉毅

劉毅字仲雄東萊掖人漢陽城景王章之後父喈丞相屬毅幼有孝行少厲清節然好臧否人物王公貴人望風憚之僑居平陽太守杜恕請爲功曹沙汰郡吏百餘人三魏稱焉爲之語曰但聞劉功曹不聞杜府君魏末本郡察孝廉辟司隸都官從事京邑肅然毅將彈河南尹司隸不許曰攫獸之犬鼷鼠蹈其背毅曰既能攫獸又能殺鼠何損於犬投傳而去同郡王基薦毅於公府曰毅方正亮直挺然不羣言不苟合行不苟容往日僑仕平陽爲郡股肱正色立朝舉綱引墨朱紫有分鄭衞不雜孝弟著於邦族忠貞效於三魏昔孫陽取騏驥於吳坂秦穆拔百里於商旅毅未遇知己無所自呈前已口白謹復申請太常鄭袤舉博士文帝辟爲相國掾辭疾積年不就時人謂毅忠於魏氏而帝怒其顧

望將加重辟毅懼應命轉主簿武帝受禪爲尚書郎駙馬都尉遷散騎常侍國子祭酒帝以毅忠蹇正直使掌諫官轉城門校尉遷太僕拜尚書坐事免官咸寧初復爲散騎常侍博士祭酒轉司隸校尉糾正豪右京師肅然司部守令望風投印綬者甚衆時人以毅方之諸葛豐蓋寬饒皇太子朝鼓吹將入東掖門毅以爲不敬止之於門外奏劾保傅以下詔赦之然後入帝嘗南郊禮畢喟然問毅曰卿以朕方漢何帝也對曰可方桓靈帝曰吾雖德不及古人猶克己爲政又平吳會混一天下方之桓靈其已甚乎對曰桓靈賣官錢入官庫陛下賣官錢入私門以此言之殆不如也帝大笑曰桓靈之世不聞此言今有直臣故不同也散騎常侍鄒湛進曰世談以陛下比漢文帝人心猶不多同昔馮唐答文帝云不能用頗牧而文帝怒今劉毅言犯順而陛下歡然以此相校聖德乃過之矣帝曰我平天下而不封禪焚雉頭裘行布衣禮卿初無言今於小事何見褒之甚湛曰臣聞猛獸在田荷戈而出凡人能之蜂蠆作於懷袖勇夫爲之驚駭出於意外故也夫君臣有自然之尊卑言語有自然之逆順向劉毅始言

臣等莫不變色陛下發不世之詔出思慮之表臣之喜慶不亦宜乎在職六年遷尚書左僕射時龍見武庫井中帝親觀之有喜色百官將賀毅獨表曰昔龍降鄭時門之外子產不賀龍降夏庭沫流不禁卜藏其漦至周幽王禍釁乃發易稱潛龍勿用陽在下也證據舊典無賀龍之禮詔報曰正德未修誠未有以膺受嘉祥省來示以爲瞿然賀慶之事宜詳依典義動靜數示尚書郎劉漢等議以爲龍體既蒼雜以素文意者大晉之行戢武興文之應也而毅乃引衰世妖異以疑今之吉祥又以龍在井爲潛皆失其意潛之爲言隱而不見今龍彩質明煥示人以物非潛之謂也毅應推處詔不聽後陰氣解而復合毅上言必有阿黨之臣姦以事君者當誅而不誅故也毅以魏立九品權時之制未見得人而有八損乃上疏曰臣聞立政者以官才爲本官才有三難而興替之所由也人物難知一也愛憎難防二也情僞難明三也今立中正定九品高下任意榮辱在手操人主之威福奪天朝之權勢愛憎決於心情僞由於己公無考校之負私無告訐之忌用心百態求者萬端廉讓之風滅苟且之俗成天下訩訩

但爭品位不聞推讓竊爲聖朝恥之夫名狀以當才爲清品輩以得實爲平安危之要不可不明清平者政化之美也枉濫者亂敗之惡也不可不察然人才異能備體者寡器有大小達有早晚前鄙後修宜受日新之報抱正違時宜有質直之稱度遠闕小宜得殊俗之狀任直不飾宜得清實之譽行寡才優宜獲器任之用是以三仁殊塗而同歸四子異行而均義陳平韓信笑侮於邑里而收功於帝王屈原伍胥不容於人主而顯名於竹帛是篤論之所明也今之中正不精才實務依黨利不均稱尺務隨愛憎所欲與者獲虛以成譽所欲下者吹毛以求疵高下逐強弱是非由愛憎隨世興衰不顧才實衰則削下興則扶上一人之身旬日異狀或以貨賂自通或以計協登進附託者必達守道者困悴無報於身必見割奪有私於己必得其欲是以上品無寒門下品無勢族暨時有之皆曲有故慢主罔時實爲亂源損政之道一也置州都者取州里清議咸所歸服將以鎮異同一言議不謂一人之身了一州之才一人不審便坐之若然自仲尼以上至于庖犧莫不有失則皆不堪何獨責於中人者哉若殊不

修自可更選今重其任而輕其人所立品格還訪刁攸攸非州里之所歸非職分之所置今訪之歸正於所不服決事於所不職以長讒搆之源以生乖爭之兆似非立都之本旨理俗之深防也主者既善刁攸攸之所下而復選以二千石已有數人劉良上攸之所下石公罪攸之所行駮違之論橫於州里嫌讎之隙結於大臣夫桑妾之訟禍及吳楚鬭雞之變難興魯邦況乃人倫交爭而部黨與刑獄滋生而禍根結損政之道二也本立格之體將謂人倫有序若貫魚成次也爲九品者取下者爲格謂才德有優劣倫輩有首尾今之中正務自遠者則抑割一國使無上人穢劣下比則拔舉非次并容其身公以爲格坐成其私君子無小人之怨官政無繩姦之防使得上欺明主下亂人倫乃使優劣易地首尾倒錯推貴異之器使在凡品之下負戴不肖越在成人之首損政之道三也陛下踐阼開天地之德弘不諱之詔納忠直之言以覽天下之情太平之基不世之法也然賞罰自王公以至于庶人無不加法置中正委以一國之重無賞罰之防人心多故清平者寡故怨訟者衆聽之則告訐無已禁絕則侵枉

無極與其理訟之煩猶愈淸枉之害今禁訟訴則杜一國之口培一人之勢使得縱橫無所顧憚諸受枉者抱怨積直獨不蒙天地無私之德而長壅蔽於邪人之銓使上明不下照下情不上聞損政之道四也昔在前聖之世欲敦風俗鎮靜百姓隆鄉黨之義崇六親之行禮教庠序以相率賢不肖於是見矣然鄉老書其善以獻天子司馬論其能以官於職有司考績以明黜陟故天下之人退而修本州黨有德義朝廷有公正浮華邪佞無所容厝今一國之士多者千數或流徙異邦或取給殊方面猶不識況盡其才力而中正知與不知其當品狀采譽於臺府納毀於流言任己則有不識之蔽聽受則有彼此之偏所知者以愛憎奪其平所不知者以人事亂其度既無鄉老紀行之譽又非朝廷考績之課遂使進官之人棄近求遠背本逐末位以求成不由行立品不校功黨譽虛妄損政五也凡所以立品設狀者求人才以理物也非虛飾名譽相爲好醜雖孝悌之行不施朝廷故門外之事以義斷恩既以在官職有大小事有劇易各有功報此人才之實效功分之所得也今則反之於限當報雖職之高還附

卑品無績於官而獲高敘是爲抑功實而隆虛名也上奪天朝考績之分下長浮華朋黨之士損政六也凡官不同事人不同能得其能則成失其能則敗今品不狀才能之所宜而以九等爲例以品取人或非才能之所長以狀取人則爲本品之所限若狀得其實猶品狀相妨繫縶選舉使不得精於才宜況今九品所疎則削其長所親則飾其短徒結白論以爲虛譽則品不料能百揆何以得理萬機何以得修損政七也前九品詔書善惡必書以爲褒貶當時天下少有所忌今之九品所下不彰其罪所上不列其善廢褒貶之義任愛憎之斷清濁同流以植其私故反違前品大其形勢以驅動衆人使必歸己進者無功以表勸退者無惡以成懲懲勸不明則風俗汙濁天下人焉得不解德行而銳人事損政八也由此論之選中正而非其人授權勢而無賞罰或缺中正而無禁檢故邪黨得肆枉濫從横雖職名中正實爲姦府事名九品而有八損或恨結於親親猜生於骨肉當身困於敵讎子孫離其殃咎斯乃歷世之患非徒當今之害也是以時主觀時立法防姦消亂靡有常制故周因於殷有所損益至于

中正九品上聖古賢皆所不爲豈蔽於此事而有不周哉將以政化之宜無取於此也自魏立以來未見其得人之功而生讎薄之累毀風敗俗無益於化古今之失莫大於此愚臣以爲宜罷中正除九品棄魏氏之弊法立一代之美制疏奏優詔答之後司空衞瓘等亦共表宜省九品復古鄉議里選帝竟不施行毅夙夜在公坐而待旦言議切直無所曲撓爲朝野之所式瞻嘗散齋而疾其妻省之毅便奏加妻罪而請解齋妻子有過立加杖捶其公正如此然以峭直故不至公輔帝以毅清貧賜錢三十萬日給米肉年七十告老久之見許以光祿大夫歸第門施行馬復賜錢百萬後司徒舉毅爲青州大中正尚書以毅懸車致仕不宜勞以碎務陳留相樂安孫尹表曰禮凡卑者執勞尊者居逸是順敘之宜也司徒魏舒司隸校尉嚴詢與毅年齒相近往者同爲散騎常侍後分授外內之職資塗所經出處一致今詢管四十萬戶州兼董司百僚總攝機要舒所統殷廣兼執九品銓十六州論議主者不以爲劇毅但以知一州便謂不宜累以碎事於毅太優詢舒太劣若以前聽致仕不宜復與遷授位者故光祿

大夫鄭袤爲司空是也夫知人則哲惟帝難之尚可復委以宰輔之任不可諮以人倫之論臣竊所未安昔鄭武公年過八十入爲周司徒雖過懸車之年必有可用毅前爲司隸直法不撓當朝之臣多所按劾諺曰受堯之誅不能稱堯直臣無黨古今所悉是以汲黯死於淮陽董仲舒裁爲諸侯之相而毅獨遭聖明不離輦轂當世之士咸以爲榮毅雖身偏有風疾而志氣聰明一州品第不足勞其思慮毅疾惡之心小過主者必疑其論議傷物故高其優禮令去事實此爲機閣毅使絕人倫之路也臣州茂德惟毅越毅不用則清談倒錯矣於是青州自二品已上憑毅取正光祿勳石鑒等共奏曰謹按陳留相孫尹表及與臣等書如左臣州履境海岱參風齊魯故人俗務本而世敦德讓今雖不克於舊而遺訓猶存是以人倫歸行士識所守也前被司徒符當參舉州大中正僉以光祿大夫毅純孝至素著在鄉閭忠允亮直竭於事上仕不爲榮惟期盡節正身率道崇公忘私行高義明出處同揆故能令義士宗其風景州閭歸其清流雖年耆偏疾而神明克壯實臣州人士所思準繫誠以毅之明格能不言而

信風之所動清濁必偃以稱一州咸同之望也竊以爲禮賢尚德教之大典王制奪與動爲開塞而士之所歸人倫爲大臣等虛劣雖言廢於前今承尹書敢不列啓按尹所執非惟惜名議於毅之身亦通陳朝宜奪與大準以爲尹言當否應蒙評議由是毅遂爲州都銓正人流清濁區別其所彈貶自親貴者始太康六年卒武帝撫几驚曰失吾名臣不得生作三公卽贈儀同三司使者監護喪事羽林左監北海王宮上疏曰中詔以毅忠允匪躬贈班台司斯誠聖朝考績以毅著勳之美事也臣謹按謚者行之迹而號者功之表今毅功德並立而有號無謚於義不體臣竊以春秋之事求之謚法主於行而不繫爵然漢魏相承爵非列侯則雖沒而高行不加之謚至使三事之賢臣不如野戰之將銘跡所殊臣願聖世舉春秋之遠制改列爵之舊限使夫功行之實不相掩替則莫不率賴若以革舊毀制非所倉卒則毅之忠益雖不攻城略地論德進爵亦應在例臣敢惟行甫請周之義謹牒毅功行如右帝出其表使八座議之多同宮議奏寢不報二子暾總暾字長升正直有父風太康初爲博士會議齊王攸之

國加崇典禮暾與諸博士坐議迕旨武帝大怒收暾等付廷尉會赦得出免官
初暾父毅疾馮紞姦佞欲奏其罪未果而卒至是紞位宦日隆暾慨然曰使先
人在不令紞得無患後爲酸棗令轉侍御史會司徒王渾主簿劉輿獄辭連暾
將收付廷尉渾不欲使府有過欲距劾自舉之與暾更相曲直渾怒便遜位還
第暾乃奏渾曰謹按司徒王渾蒙國厚恩備位鼎司不能上佐天子調和陰陽
下遂萬物之宜使卿大夫各得其所敢因劉輿距扞詔使私欲大府與長獄訟
昔陳平不答漢文之問邴吉不問死人之變誠得宰相之體也既與刑獄怨懟
而退舉動輕速無大臣之節請免渾官右長史楊丘亭侯劉肇便辟善柔苟於
阿順請大鴻臚削爵土詔聞暾此奏者皆歎美之其後武庫火尚書郭彰率百
人自衞而不救火暾正色詰之彰怒曰我能截君角也暾勃然謂彰曰君何敢
恃寵作威作福天子法冠而欲截角乎求紙筆奏之彰伏不敢言衆人解釋乃
止彰久貴豪侈每出輒從百餘人自此之後務從簡素暾還太原內史趙王倫
篡位假征虜將軍不受與三王共舉義惠帝復阼暾爲左丞正色立朝三臺清

肅尋兼御史中丞奏免尚書僕射東海公繇及王粹董艾等十餘人朝廷嘉之
遂即真還中庶子左衞將軍司隸校尉奏免武陵王澹及何綏劉坦溫畿李晅
等長沙王乂討齊王冏暾豫謀封朱虛縣公千八百戶乂死坐免頃之復爲司
隸及惠帝之幸長安也留暾守洛陽河間王顒遣使鴆羊皇后暾乃與留臺僕
射荀藩河南尹周馥等上表理后無罪語在后傳顒見表大怒遣陳顏呂朗率
騎五千收暾暾東奔高密王略會劉根作逆略以暾爲大都督加鎭軍將軍討
根暾戰失利還洛至酸棗值東海王越奉迎大駕及帝還洛羊后反宮后遣使
謝暾曰賴劉司隸忠誠之志得有今日以舊勳復封爵加光祿大夫暾妻前卒
先陪陵葬子更生初婚家法婦當拜墓攜賓客親屬數十乘載酒食而行先是
洛陽令王稜爲越所信而輕暾暾每欲繩之稜以爲怨時劉聰王彌屯河北京
邑危懼稜告越云暾與彌鄉親而欲投之越嚴騎將追暾右長史傅宣明暾不
然暾聞之未至墓而反以正義責越越甚慚及劉曜寇京師以暾爲撫軍將軍
假節都督城守諸軍事曜退遷尚書僕射越憚暾久居監司又爲衆情所歸乃

以爲右光祿大夫領太子少傅加散騎常侍外示崇進實奪其權懷帝又詔暾領衛尉加特進後復以暾爲司隸加侍中暾五爲司隸允協物情故也王彌入洛百官殲焉彌以暾鄉里宿望故免於難暾因說彌曰今英雄競起九州幅裂有不世之功者宇內不容將軍自興兵已來何攻不剋何戰不勝而復與劉曜不協宜思文種之禍以范蠡爲師且將軍可無帝王之意東王本州以觀事勢上可以混一天下下可以成鼎峙之事豈失孫劉乎蒯通有言將軍宜圖之彌以爲然使暾于青州與曹嶷謀且徵之暾至東阿爲石勒游騎所獲見彌與嶷書而大怒乃殺之暾有二子佑白佑爲太傅屬白太子舍人白果烈有才用東海王越忌之竊遣上軍何倫率百餘人入暾第爲劫取財物殺白而去總字弘紀好學直亮後叔父彪位至北軍中候

程衛

程衛字長玄廣平曲周人也少立操行彊正方嚴劉毅聞其名辟爲都官從事毅奏中護軍羊琇犯憲應死武帝與琇有舊乃遣齊王攸喻毅毅許之衛正色

以爲不可徑自馳車入護軍營收琇屬吏考問陰私先奏琇所犯狠籍然後言於毅由是名振遐邇百官屬行遂辟公府掾遷尚書郎侍御史在職皆以事幹顯補洛陽令歷安定頓丘太守所涖著績卒於官

和嶠

和嶠字長輿汝南西平人也祖洽魏尚書令父逌魏吏部尚書嶠少有風格慕舅夏侯玄之爲人厚自崇重有盛名於世朝野許其能整風俗理人倫襲父爵上蔡伯起家太子舍人累遷頴川太守爲政清簡甚得百姓歡心太傅從事中郎庾顗見而歎曰嶠森森如千丈松雖磥砢多節目施之大廈有棟梁之用賈充亦重之稱於武帝入爲給事黃門侍郎遷中書令帝深器遇之舊監令共車入朝時荀勗爲監嶠鄙勗爲人以意氣加之每同乘高抗專車而坐乃使監令異車自嶠始也吳平以參謀議功賜弟郁爵汝南亭侯嶠轉侍中愈被親禮與任愷張華相善嶠見太子不令因侍坐曰皇太子有淳古之風而季世多僞恐不了陛下家事帝默然不答後與荀顗荀勗同侍帝曰太子近入朝差長進卿

可俱請之粗及世事既奉詔而還顗勖並稱太子明識弘雅誠如明詔嶠曰聖質如初耳帝不悅而起嶠退居恆懷慨歎知不見用猶不能已在御坐言及社稷未嘗不以儲君爲憂帝知其言忠每不酬和後與嶠語不及來事或以告賈妃妃銜之太康末爲尚書以母憂去職及惠帝卽位拜太子太傅加散騎常侍光祿大夫太子朝西宮嶠從入賈后使帝問嶠曰卿昔謂我不了家事今日定云何嶠曰臣昔事先帝曾有斯言言之不效國之福也臣敢逃其罪乎元康二年卒贈金紫光祿大夫加金章紫綬本位如前永康初策諡曰簡嶠家產豐富擬於王者然性至吝以是獲譏於世杜預以爲嶠有錢癖以弟郁子濟嗣位至中書郎郁字仲輿才望不及嶠而以清幹稱歷尚書左右僕射中書令尚書令洛陽傾沒奔于苟晞疾卒

武陔

武陔字元夏沛國竹邑人也父周魏衞尉陔沉敏有器量早獲時譽與二弟韶叔夏茂季夏並總角知名雖諸父兄弟及鄉閭宿望莫能覺其優劣同郡劉公

榮有知人之鑒常造周周見其三子焉公榮曰皆國士也元夏最優有輔佐之才陳力就列可謂亞公叔夏季夏不減常伯納言也陔少好人倫與頴川陳泰友善魏明帝世累遷下邳太守景帝爲大將軍引爲從事中郎累遷司隸校尉轉太僕卿初封亭侯五等建改封薛縣侯文帝甚親重之數與詮論時人常問陳泰孰若其父羣陔各稱其所長以爲羣泰略無優劣帝然之泰始初拜尚書掌吏部遷左僕射左光祿大夫開府儀同三司陔以宿齒舊臣名位隆重自以無佐命之功又在魏已爲大臣不得已而居位深懷遜讓終始全潔當世以爲美談卒於位謚曰定子輔嗣韶歷吏部郎太子右衛率散騎常侍茂以德素稱名亞於陔爲上洛太守散騎常侍侍中尚書頴川荀愷年少於茂即武帝姑子自負貴戚欲與茂交距而不答由是致怨及楊駿誅愷時爲僕射以茂駿之姨弟陷爲逆黨遂見害茂清正方直聞於朝野一旦枉酷天下傷焉侍中傅祗上表申明之後追贈光祿勳

任愷

任愷字元襃樂安博昌人也父昊魏太常愷少有識量尙魏明帝女累遷中書侍郎員外散騎常侍晉國建爲侍中封昌國縣侯愷有經國之幹萬幾大小多管綜之性忠正以社稷爲己任帝器而昵之政事多諮焉泰始初鄭沖王祥何曾荀顗裴秀等各以老疾歸第帝優寵大臣不欲勞以筋力數遣愷諭旨於諸公諮以當世大政參議得失愷惡賈充之爲人也不欲令久執朝政每裁抑焉充病之不知所爲後承閒言愷忠貞局正宜在東宮使護太子帝從之以爲太子少傅而侍中如故充計畫不行會秦雍寇擾天子以爲憂愷因曰秦涼覆敗關右騷動此誠國家之所深慮宜速鎭撫使人心有庇自非威望重臣有計略者無以康西土也帝曰誰可任者愷曰賈充其人也中書令庾純亦言之於是詔充西鎭長安充用荀勖計得留充既爲帝所遇欲專名勢而庾純張華溫顒向秀和嶠之徒皆與愷善楊珧王恂華廙等充所親敬於是朋黨紛然帝知之召充愷宴於式乾殿而謂充等曰朝廷宜一大臣當和充愷各拜謝而罷既而充愷等以帝已知之而不責結怨愈深外相崇重內甚不平或爲充謀曰愷總

門下樞要得與上親接宜啓令典選便得漸踈此一都令史事耳且九流難精間隙易乘充因稱愷才能宜在官人之職帝不之疑謂充舉得其才即日以愷爲吏部尚書加奉車都尉愷既在尚書選舉公平盡心所職然侍覲轉希充與荀勖馮紞承間浸潤謂愷豪侈用御食器充遣尚書右僕射高陽王珪奏愷遂免官有司收太官宰人檢覆是愷妻齊長公主得賜魏時御器也愷既免而毀謗益至帝漸薄之然山濤明愷爲人通敏有智局舉爲河南尹坐賊發不獲又免官復遷光祿勳愷素有識鑒加以在公勤恪甚得朝野稱譽而賈充朋黨又諷有司奏愷與立進令劉友交關事下尚書愷對不伏尚書杜友廷尉劉良並忠公士也知愷爲充所抑欲申理之故遲留而未斷以是愷及友良皆免官愷既失職乃縱酒耽樂極滋味以自奉養初何劭以公子奢侈每食必盡四方珍饌愷乃踰之一食萬錢猶云無可下筯處愷時因朝請帝或慰諭之愷初無復言惟泣而已後起爲太僕轉太常初魏舒雖歷位郡守而未被任遇愷爲侍中薦舒爲散騎常侍至是舒爲右光祿開府領司徒帝臨軒使愷拜授舒雖以弘

量寬簡爲稱時以愷有佐世器局而舒登三公愷止守散卿莫不爲之憤歎也愷不得志竟以憂卒時年六十一謚曰元子罕嗣罕字子倫幼有門風才望不及愷以淑行致稱爲清平佳士歷黃門侍郎散騎常侍兗州刺史大鴻臚

崔洪

崔洪字良伯博陵安平人也高祖寔著名漢代父讚魏吏部尚書左僕射以雅量見稱洪少以清厲顯名骨骾不同於物人之有過輒面折之而退無後言武帝世爲御史治書時長樂馮恢父爲弘農太守愛少子淑欲以爵傳之恢父終服闋乃還鄉里結草爲廬陽瘖不能言淑得襲爵恢始仕爲博士祭酒散騎常侍翟嬰薦恢高行邁俗侔繼古烈洪奏恢不敦儒素令學生番直左右雖有讓侯微善不得稱無倫輩嬰爲浮華之目遂免嬰官朝廷憚之尋爲尚書左丞時人爲之語曰叢生棘刺來自博陵在南爲鷂在北爲鷹遷吏部尚書舉用甄明門無私謁薦雍州刺史郤詵代己爲左丞詵後糾洪洪謂人曰我舉郤丞而還奏我是挽弩自射也詵聞曰昔趙宣子任韓厥爲司馬以軍法戮宣子之僕宣

子謂諸大夫曰可賀我矣我選厥也任其事崔侯爲國舉才我以才見用惟官是視各明至公何故私言乃至此洪聞其言而重之洪口不言貨財手不執珠玉汝南王亮常讌公卿以琉璃鍾行酒酒及洪洪不執亮問其故對曰慮有執玉不趨之義故爾然實乖其常性故爲詭說楊駿誅洪與都水使者王佑親坐見黜後爲大司農卒於官子廓散騎侍郎亦以正直稱

郭奕

郭奕字大業太原陽曲人也少有重名山濤稱其高簡有雅量初爲野王令羊祜常過之奕歎曰羊叔子何必減郭大業少還復往又歎曰羊叔子去人遠矣遂送祜出界數百里坐此免官咸熙末爲文帝相國主簿時鍾會反於蜀荀勖即會之從甥少長會家勖爲文帝掾奕啓出之帝雖不用然知其雅正武帝踐阼初建東宮以奕及鄭默並爲中庶子遷右衛率驍騎將軍封平陵男咸寧初遷雍州刺史鷹揚將軍尋假赤幢曲蓋鼓吹奕有寡姊隨奕之官姊下僮僕多有姦犯而爲人所糾奕省按畢曰大丈夫豈當以老姊求名遂遣而不問時亭

長李含有俊才而門寒爲豪族所排奕用爲別駕含後果有名位時以奕爲知人太康中徵爲尚書奕有重名當世朝臣皆出其下時帝委任楊駿奕表駿小器不可任以社稷帝不聽駿後果誅及奕疾病詔賜錢二十萬日給酒米太康八年卒太常上諡爲景有司議以貴賤不同號諡與景皇同不可請諡曰穆詔曰諡所以旌德表行按諡法一德不懈爲簡奕忠毅清直立德不渝於是遂賜諡曰簡

侯史光

侯史光字孝明東萊掖人也幼有才悟受學於同縣劉夏舉孝廉州辟別駕咸熙初爲洛陽典農中郎將封關內侯泰始初拜散騎常侍尋兼侍中與皇甫陶荀廙持節循省風俗及還奏事稱旨轉城門校尉進爵臨海侯其年詔曰光忠亮篤素有居正執義之心歷職內外恪勤在公其以光爲御史中丞雖屈其列校之位亦所以伸其司直之才光在職寬而不縱太保王祥久疾廢朝光奏請免之詔優祥而寢光奏後遷少府卒官詔賜朝服一具衣一襲錢三十萬布百

匹及葬又詔曰光厲志守約有清忠之節家極貧儉其賜錢五十萬光儒學博士歷官著績文筆奏議皆有條理長子玄嗣官至玄菟太守卒子施嗣東莞太守

何攀

何攀字惠興蜀郡郫人也仕州爲主簿屬刺史皇甫晏爲牙門張弘所害誣以大逆時攀適丁母憂遂詣梁州拜表證晏不反故晏冤理得申王濬爲益州辟爲別駕濬謀伐吳遣攀奉表詣臺口陳事機詔再引見乃令張華與攀籌量進討之宜濬兼遣攀過羊祜面陳伐吳之策攀善於將命帝善之詔攀參濬軍事及孫皓降於濬而王渾恚於後機欲攻濬攀勸濬送皓與渾由是事解以攀爲濬輔國司馬封關內侯轉滎陽令上便宜十事甚得名稱除廷尉平時廷尉卿諸葛沖以攀蜀士輕之及共斷疑獄沖始歎服遷宣城太守不行轉散騎侍郎楊駿執政多樹親屬大開封賞欲以恩澤自衞攀以爲非乃與石崇共立議奏之語在崇傳帝不納以豫誅駿功封西城侯邑萬戶賜絹萬匹弟逢平鄉侯兄

子遂關內侯攀固讓所封戶及絹之半餘所受者分給中外宗親略不入己遷翊軍校尉頃之出爲東羌校尉徵爲揚州刺史在任三年遷大司農轉兗州刺史加鷹揚將軍固讓不就太常成粲左將軍卞粹勸攀蒞職中詔又加切厲攀竟稱疾不起及趙王倫篡位遣使召攀更稱疾篤倫怒將誅之攀不得已扶疾赴召卒于洛陽時年五十八攀居心平允蒞官整肅愛樂人物敦儒貴才爲梁益二州中正引致遺滯巴西陳壽閻乂犍爲費立皆西州名士並被鄉閭所謗清議十餘年攀申明曲直咸免寃濫攀雖居顯職家甚貧素無妾媵伎樂惟以周窮濟乏爲事子璋嗣亦有父風

史臣曰幽厲不君上德猶懷進善共驩在位大聖之所不堪況乎志士仁人寧求苟合懷其寵秩所以繫其存亡者也雖復自口銷金投光撫劍馳書北闕敢車猶踐而諫主不易譏臣實難劉毅一遇寬容任和兩遭膚受詳觀餘烈亦各其心焉若夫武陔懷魏臣之志崔洪愛郤詵之道長升勸王彌之尊何攀從趙倫之命君子之人觀乎臨事者也

贊曰仲雄初令忠謇揚庭身方諸葛帝擬桓靈大業非楊元褒誚賈和氏條暢
堪施大廈崔門不謁聲飛朝野侯史武陔輔佐之才何攀平允寃濫多迴

晉書卷四十五

晉書卷四十五考證

劉毅傳漢城陽景王章之後○城陽監本訛陽城

奏免尚書僕射東海公繇○海一本作安

和嶠傳永康初策諡曰簡○康監本誤平　臣龍官按永平元年即太熙之元年而永平之二月即改永熙至三月而復改元康上文既云元康二年卒則元康之後安得復稱永平定屬永康之誤今改正

晉書卷四十五考證

晉書卷四十六

唐 太 宗 文 皇 帝 御 撰

列傳第十六

劉頌

劉頌字子雅廣陵人漢廣陵厲王胥之後也世爲名族同郡有雷蔣穀魯四姓皆出其下時人爲之語曰雷蔣穀魯劉最爲祖父觀平陽太守頌少能辨物理爲時人所稱察孝廉舉秀才皆不就文帝辟爲相府掾奉使于蜀時蜀新平人飢土荒頌表求振貸不待報而行由是除名武帝踐阼拜尙書三公郎典科律申寃訟累遷中書侍郎咸寧中詔頌與散騎郎白褎巡撫荆揚以奉使稱旨轉黃門郎遷議郎守廷尉時尙書令史扈寅非罪下獄詔使考竟頌執據無罪寅遂得免時人以頌比張釋之在職六年號爲詳平會滅吳諸將爭功遣頌校其事以王渾爲上功王濬爲中功帝以頌持法失理左遷京兆太守不行轉任河內臨發上便宜多所納用郡界多公主水碓遏塞流水轉爲浸害頌表罷之百

姓獲其便利尋以母憂去職服闋除淮南相在官嚴整甚有政績舊修芍陂年
用數萬人豪彊兼并孤貧失業須使大小勠力計功受分百姓歌其平惠頌在
郡上疏曰臣昔忝河內臨辭受詔卿所言悉要事宜小大數以聞恆苦多事或
不能悉有報勿以爲疑臣受詔之日喜懼交集益思自竭用忘其鄙願以螢燭
增暉重光到郡草具所陳如左未及書上會臣嬰丁天罰寢頓累年今謹封上
前事臣雖才不經國言淺多違猶願陛下垂省使臣微誠得經聖鑒不總棄於
常案如有足採冀補萬一伏見詔書開啓土宇以支百世封建戚屬咸出之藩
夫豈不懷公理然也樹國全制始成於今超秦漢魏氏之局節紹王帝三代之
絕跡功被無外光流後裔巍巍盛美三五之君殆有慚德何則彼因自然而就
之異乎絕跡之後更創之雖然封幼稚皇子於吳蜀臣之愚慮謂未盡善夫吳
越剽輕庸蜀險絕此故變釁之所出易生風塵之地且自吳平以來東南六州
將士更守江表此時之至患也又內兵外守吳人有不自信之心宜得壯王以
鎮撫之使內外各安其舊又孫氏爲國文武衆職數擬天朝一旦堙替同於編

戶不識所蒙更生之恩而災困逼身自謂失地用懷不靖今得長王以臨其國隨才授任文武並敘士卒百役不出其鄉求富貴者取之於國內內兵得散新邦乂安兩獲其所於事爲宜宜取同姓諸王年二十以上人才高者分王吳蜀以其去近就遠割裂土宇令倍於舊以徙封故地用王幼稚須皇子長乃遣君之於事無晚也急所須地交得長主此事宜也臣所陳封建今大義已舉然餘衆事儻有足採以參成制故皆并列本事臣聞不憚危悔之患而願獻所見者盡忠之臣也垂聽逆耳甘納苦言者濟世之君也臣以期運幸遇無諱之朝雖當抗疏陳辭汜論政體猶未悉所見指言得失徒荷恩寵不異凡流臣竊自愧不盡忠規無以上報謹列所見如左臣誠未自許所言必當然要以不隱所懷爲上報之節若萬一足採則微臣更生之年如皆瞽妄則國之福也願陛下缺半日之間垂省臣言伏惟陛下雖應天順人龍飛踐阼爲創業之主然所遇之時實是叔世何則漢末陵遲閹豎用事小人專朝君子在野政荒衆散遂以亂亡魏武帝以經略之才撥煩理亂兼肅文教積數十年至于延康之初然後吏

清下順法始大行逮至文明二帝奢淫驕縱傾殆之主也然內盛臺榭聲色之娛外當三方英豪嚴敵事成克舉少有愆違其故何也實賴前緒以濟勳業然法物政刑固已漸頽矣自嘉平之初晉祚始基逮于咸熙之末其間累年雖鈇鉞屢斷翦除凶醜然其存者咸蒙遭時之恩不軌於法泰始之初陛下踐阼其所服乘皆先代功臣之胤非其子孫則其曾玄古人有言膏粱之性難正故曰時遇叔世當此之秋天地之位始定四海洗心整綱之會也然陛下猶以用才因宜法寬有由積之在素異於漢魏之先三祖崛起易朝之爲未可一旦直繩御下誠時宜也然至所以爲政矯世衆務自宜漸出公塗法正威斷日遷就肅譬由行舟雖不横截迅流然俄向所趣漸靡而往終得其濟積微稍著以至于今可以言政而自泰始以來將三十年政功美績未稱聖旨凡諸事業不茂既往以陛下明聖猶未及叔世之弊以成始初之隆傳之後世不無慮乎意者臣言豈不少概聖心夫顧惟萬載之事理在二端天下大器一安難傾一傾難正故慮經後世者必精目下之政政安遺業使數世賴之若乃兼建諸侯而樹藩

屏深根固蒂則祚延無窮可以比跡三代如或當身之政遺風餘烈不及後嗣雖樹親戚而成國之制不建使夫後世獨任智力以安大業若未盡其理雖經異時憂責猶追在陛下將如之何願陛下善當今之政樹不拔之勢則天下無遺憂矣夫聖明不世及後嗣不必賢此天理之常也故善爲天下者任勢而不任人任勢者諸侯是也任人者郡縣是也郡縣之察小政理而大勢危諸侯爲邦近多違而遠慮固聖王推終始之弊權輕重之理包彼小違以據大安然後足以藩固內外維鎮九服夫武王聖主也成王賢王也然武王不恃成王之賢而廣封建者慮經無窮也且善言今者必有驗之於古唐虞以前書文殘缺其事難詳至於三代則並建明德及興王之顯親列爵五等開國承家以藩屏帝室延祚久長近者五六百歲遠者僅將千載逮至秦氏罷侯置守子弟不分尺土孤立無輔二世而亡漢承周秦之後雜而用之前後二代各二百餘年揆其封建不用雖彊弱不適制度舛錯不盡事中然跡其衰亡恆在同姓失職諸侯微時不在彊盛昔呂氏作亂幸賴齊代之援以寧社稷七國叛逆梁王捍之卒

弭其難自是之後威權削奪諸侯止食租奉甚者至乘牛車是以王莽得擅本朝遂其姦謀傾蕩天下毒流生靈光武紹起雖封樹子弟而不建成國之制祚亦不延魏氏承之圈閉親戚幽囚子弟是以神器速傾天命移在陛下長短之應禍福之徵可見於此又魏氏雖正位居體南面稱帝然三方未賓正朔有所不加實有戰國相持之勢大晉之興宣帝定燕太祖平蜀陛下滅吳可謂功格天地土廣三王舟車所至人迹所及皆為臣妾四海大同始於今日宜承大勳之籍及陛下盛明之時開啓土宇使同姓必王建久安於萬載垂長世於無窮臣又聞國有任臣則安有重臣則亂而王制人君立子以適不以長立適以長不以賢此事情之不可易者也而賢明至少不肖至衆此固天理之常也物類相求感應而至又自然也是以闇君在位則重臣盈朝明后臨政則任臣列職夫任臣之與重臣俱執國統而立斷者也然成敗相反邪正相背其故何也重臣假所資以樹私任臣因所藉以盡公盡公者政之本也樹私者亂之源也推斯言之則泰日少亂日多政教漸頹欲國之無危不可得也又非徒唯然而已

借令愚劣之嗣蒙先哲之遺緒得中賢之佐而樹國本根不深無幹輔之固則所謂任臣者化而爲重臣矣何則國有可傾之勢則執權者見疑衆疑難以自信而甘受死亡者非人情故也若乃建基既厚藩屏彊禦雖置幼君赤子而天下不懼曩之所謂重臣者今悉反忠而爲任臣矣何則理無危勢懷不自猜忠誠得著不惕於邪故也聖王知賢哲之不世及故立相持之勢以御其臣是以五等既列臣無忠慢同於竭節以徇其上羣后既建繼體賢鄙亦均一契等於無慮且樹國苟固則所任之臣得賢益理次委中智亦足以安何則勢固易持故也然則建邦苟盡其理則無向不可是以周室自成康以下逮至宣王宣王之後到于赧王其閒歷載朝無名臣而宗廟不隕者諸侯維持之也故曰爲社稷計莫若建國夫邪正逆順者人心之所繫服也今之建置宜審量事勢使諸侯率義而動同忿俱奮令其力足以維帶京邑若包藏禍心惕於邪而起孤立無黨所蒙之藉不足獨以有爲然齊此甚難陛下宜與達古今善識事勢之士深共籌之建侯之理使君樂其國臣榮其朝各流福祚傳之無窮上下一心愛

國如家視百姓如子然後能保荷天祿兼翼王室今諸王裂土皆兼於古之諸侯而君賤其爵臣恥其位莫有安志其故何也法同郡縣無成國之制故也今之建置宜使率由舊章一如古典然人心繫常不累十年好惡未改情願未移臣之愚慮以爲宜早創大制遲迴衆望猶在十年之外然後能令君臣各安其位榮其所蒙上下相持用成藩輔如今之爲適足以虧天府之藏徒棄穀帛之資無補鎮國衛上之勢也古者封建旣定各有其國後雖王之子孫無復尺土此今事之必不行者也若推親疎轉有所廢以有所樹則是郡縣之職非建國之制今宜豫開此地令十世之內使親者得轉處近十世之遠近郊地盡然後親疎相維不得復如十世之內然猶樹親有所遲天下都滿已彌數百千年矣今方始封而親疎倒施甚非所宜宜更大量天下土田方里之數都更裂土分人以王同姓使親疎遠近不錯其宜然後可以永安古者封國大者不過土方百里然後人數殷衆境內必盈其力足以備充制度今雖一國周環近將千里然力實寡不足以奉國典所遇不同故當因時制宜以盡事適今宜令諸王國

容少而軍容多然於古典所應有者悉立其制然非急所須漸而備之不得頓設也須車甲器械既具羣臣乃服綵章倉廩已實乃營宮室百姓已足乃備官司境內充實乃作禮樂唯宗廟社稷則先建之至於境內之政官人用才自非內史國相命於天子其餘衆職及死生之斷穀帛資實慶賞刑威非封爵者悉得專之今臣所舉二端蓋事之大較其所不載應在二端之屬者以此爲率今諸國本一郡之政耳若備舊典則官司以數事所不須而以虛制損實力至於慶賞刑斷所以衞下之權不重則無以威衆人而衞上故臣之愚慮欲令諸侯權具國容少而軍容多然亦終於必備今事爲宜周之建侯長享其國與王者並遠者僅將千載近者猶數百年漢之諸王傳祚暨至曾玄人性不甚相遠古今一揆而短長甚違其故何邪立意本殊而制不同故也周之封建使國重於君公侯之身輕於社稷故無道之君不免誅放敦興滅繼絕之義故國祚不泯不免誅放則羣后思懼胤嗣必繼是無亡國也諸侯思懼然後軌道下無亡國天子乘之理勢自安此周室所以長在也漢之樹置君國輕重不殊故諸王失

度陷於罪戮國隨以亡不崇興滅繼絕之序故下無固國下無固國天子居上勢孤無輔故姦臣擅朝易傾大業今宜反漢之弊修周舊跡國君雖或失道陷於誅絕又無子應除苟有始封支胤不問遠近必紹其祚若無遺類則虛建之須皇子生以繼其統然後建國無滅又班固稱諸侯失國亦由網密今又宜都寬其檢且建侯之理本經盛衰大制都定班之羣后著誓丹青書之玉版藏之金匱置諸宗廟副在有司寡弱小國猶不可危豈況萬乘之主承難傾之邦而加其上則自然永久居重固之安可謂根深華嶽而四維之也臣之愚願陛下置天下於自安之地寄大業於固成之勢則可以無遺憂矣今閭閻少名士官司無高能其故何也清議不肅人不立德行在取容故無名士下不專局又無考課吏不竭節故無高能無高能則有疾世事少名士則後進無準故臣思立吏課而肅清議夫欲富貴而惡貧賤人理然也聖王大諳物情知不可去故直同公私之利而詭其求道使夫欲富者必先由貧欲貴者必先安賤安賤則不矜不矜然後廉恥厲守貧者必節欲節欲然後操全以此處務乃得盡公盡公

者富貴之徒也爲無私者終得其私故公私之利同也今欲富者不由貧自得富欲貴者不安賤自得貴公私之塗既乖而人情不能無私私利不可以公得則恆背公而橫務是以風節日頹公理漸替人士富貴非軌道之所得以此爲政小大難期然教穨來既久難反一朝又世放都靡營欲比肩羣士渾然庸行相似不可頓肅甚殊黜陟也且教不求盡善善在抑尤同侈之中猶有甚泰使夫昧適情之樂者損其顯榮之貴俄在不鮮之地約己潔素者蒙儉德之報列于清官之上二業分流令各有蒙然俗放都奢不可頓肅故臣私慮願先從事於漸也天下至大萬事至衆人君至少同於天日故非垂聽所得周覽是以聖王之化執要而已委務於下而不以事自嬰也分職既定無所與焉非憚日昃之勤而牽於逸豫之虞誠以政體宜然事勢致之也何則夫造創謀始逆闇是非以別能否甚難察也既以施行因其成敗以分功罪甚易識也易識在考終難察在造始故人君恆居其易則安人臣不處其難則亂今陛下每精事始而略於考終故羣吏慮事懷成敗之懼輕飾文采以避目下之譴重此政功所以

未善也今人主能恆居易執要以御其下然後人臣功罪形於成敗之徵無逃其誅賞故罪不可蔽功不可誣功不可誣則能者勸罪不可蔽則違慢日肅此爲國之大略也臣竊惟陛下聖心意在盡善懼政有違故精事始以求無失又以衆官勝任者少故不委務寧居日昃也臣之愚慮竊以爲今欲盡善故宜考終何則精始難校故也又羣官多不勝任亦宜委務使能者得以成功不能者得以著敗敗著可得而廢功成可得遂任然後賢能常居位以善事闇劣不得以尸祿害政如此不已則勝任者漸多經年少久即羣司徧得其人矣此校才考實政之至務也今人主不委事仰成而與諸下共造事始則功罪難分下不專事居官不久故能否不别何以驗之今世士人決不悉良能也又決不悉疲軟也然今欲舉一忠賢不知所賞求一負敗不知所罰及其免退自以犯法耳非不能也登進者自以累資及人間之譽耳非功實也若謂不然則當今之政未稱聖旨此其徵也陛下御今法爲政將三十年而功未日新其咎安在古人有言琴瑟不調甚者必改而更張凡臣所言誠政體之常然古今異宜所遇不

同陛下縱未得盡仰成之理都委務於下至於今事應奏御者蠲除不急使要事得精可三分之二古者六卿分職冢宰爲師秦漢已來九列執事丞相都總今尚書制斷諸卿奉成於古制爲重事所不須然今未能省并可出衆事付外寺使得專之尚書爲其都統若丞相之爲惟立法創制死生之斷除名流徙退免大事及連度支之事臺乃奏處其餘外官皆專斷之歲終臺閣課功校簿而已此爲九卿造創事始斷而行之尚書書主賞罰繩之其勢必愈考成司非而已於今親掌者動受成於上上之所失不得復以罪下歲終事功不建不知所責也夫監司以法舉罪獄官案劾盡實法吏據辭守文大較雖同然至於施用監司與夫法獄體宜小異獄官唯實法吏唯文監司則欲舉大而略小何則夫細過微闕謬妄之失此人情之所必有而悉糾以法則朝野無全人此所謂欲理而反亂者也故善爲政者綱舉而網疏綱舉則所羅者廣網疏則小必漏所羅者廣則爲政不苛此爲政之要也而自近世以來爲監司者類大綱不振而微過必舉微過不足以害政舉之則微而益亂大綱不振則豪彊橫肆豪彊橫

肆則百姓失職矣此錯所急而倒所務之由也今宜令有司反所常之政使天下可善化及此非難也人主不善碎密之案必責犯彊舉尤之奏當以盡公則害政之姦自然禽矣夫大姦犯政而亂兆庶之罪者類出富彊而豪富者其力足憚其貨足欲是以官長顧勢而頓筆下吏縱姦懼所司之不舉則謹密網以羅微罪使奏劾相接狀似盡公而撓法不亮固已在其中矣非徒無益於政體清議乃由此而益傷古人有言曰君子之過如日之蝕焉又曰過而能改又曰不貳過凡此數者皆是賢人君子不能無過之言也苟不至於害政則皆天網之所漏所犯在甚泰然後王誅所必加此舉罪淺深之大例者也故君子得全美以善事不善者必夷戮以警衆此爲政誅赦之準式也何則所爲賢人君子苟不能無過小疵不可以廢其身而輒繩以法則愧於明時何則雖有所犯輕重甚殊於士君子之心受責不同而名不異者故不軌之徒得引名自方以惑衆聽因名可亂假力取直故清議益傷也凡舉過彈違將以肅風論而整世教今舉小過清議益頹是以聖人深識人情而達政體故其稱曰不以一眚掩大

德又曰赦小過舉賢才又曰無求備於一人故冕而前旒充纊塞耳意在善惡
之報必取其尤然後簡而不漏大罪必誅法禁易全也何則害法在犯尤而謹
搜微過何異放兕豹於公路而禁鼠盜於隅隙古人有言鈇鉞不用而刀鋸日
弊不可以爲政此言大事緩而小事急也時政所失少有此類陛下宜反而求
之乃得所務也夫權制不可以經常政乖不可以守安此言攻守之術異也百
姓雖愚望不虛生必因時而發有因而發則望不可奪事變異前則時不可違
明聖達政應赴之速不及下車故能動合事機大得人情昔魏武帝分離天下
使人役居戶各在一方既事勢所須且意有曲爲權假一時以赴所務非正典
也然逡巡至今積年未改百姓雖身丁其困而私怨不生誠以三方未悉蕩幷
知時未可以求安息故也是以甘役如歸視險若夷至於吳平之日天下懷靜
而東南二方六州郡兵將士武吏戍守江表或給京城運漕父南子北室家分
離咸更不寧又不習水土運役勤瘁並有死亡之患勢不可久此宜大見處分
以副人望魏氏錯役亦應改舊此二者各盡其理然後黔首感恩懷德謳吟樂

生必十倍於今也自董卓作亂以至今近出百年四海勤瘁丁難極矣六合渾并始於今日兆庶思寧非虛望也然古今異宜所遇不同誠亦未可以希遵在昔放息馬牛然使受百役者不出其國兵備待事其鄉實在可爲縱復不得悉然爲之苟盡其理可靜三分之二吏役可不出千里之內但如斯而已天下所蒙已不訾矣政務多端世事之未盡理者難徧以疏舉振領總綱要在三條凡政欲靜靜在息役息役在無爲倉廩欲實實在利農利農在平糴爲政欲著信著信在簡賢簡賢在官久官久非難也連其班級自非才宜不得旁轉以終其課則事善矣平糴已有成制其未備者可就周足則穀積矣無爲匪他卻功作之勤抑似益而損之利如斯而已則天下靜矣此三者既舉雖未足以厚化然可以爲安有餘矣夫王者之利在生天地自然之財農是也所立爲指於此事誠有功益苟或妨農皆務所息此悉似益而損之謂也然今天下自有事所必須不得止已或用功甚少而所濟至重目下爲之雖少有廢而計終已大益農官有十百之利及有妨害在始似如未急終作大患宜逆加功以塞其漸如河

汴將合沉萊苟善則役不可息諸如此類亦不得已已然事患緩急權計輕重自非近如此類準以爲率乃可興爲其餘皆務在靜息然能善算輕重權審其宜知可與可廢甚難了也自非上智遠才不幹此任夫創業之美勳在垂統使夫後世蒙賴以安其爲安也雖昏猶明雖愚若智濟世功者實在善化之爲要在靜國至夫修飾官署凡諸作役務爲恆傷過泰不患不舉此將來所不須於陛下而自能者也至於仰蒙前緒所憑日月者實在遺風繫人心餘烈匡幼弱而令勳所不須以傷所憑鈞此二者何務孰急陛下少垂恩迴慮詳擇所安則大理盡矣世之私議竊比陛下於孝文臣以爲聖德隆殺將在乎後不在當今何則陛下龍飛鳳翔應期踐阼有創業之勳矣掃滅彊吳奄征南海又有之矣以天子之貴而躬行布衣之所難孝儉之德冠于百王又有之矣履宜無細動成軌度又有之矣若善當身之政建藩屏之固使晉代久長後世仰瞻遺跡校功考事實與湯武比隆何孝文足云臣之此言非臣下褒上虛美常辭其事實然若所以資爲安之理或未盡善則恐良史書勳不得遠盡弘美甚可惜也然

不可使夫知政之士得參聖慮經年少久終必有成願陛下少察臣言又論肉刑見刑法志詔答曰得表陳封國之制宜如古典任刑齊法宜復肉刑及六州將士之役居職之宜諸所陳聞具知卿之乃心爲國也動靜數以聞元康初從淮南王允入朝會誅楊駿頌屯衛殿中其夜詔以頌爲三公尚書又上疏論律令事爲時論所美久之轉吏部尚書建九班之制欲令百官居職希遷考課能否明其賞罰賈郭專朝仕者欲速竟不施行及趙王倫之害張華也頌哭之甚慟聞華子得逃喜曰茂先卿尚有種也倫黨張林聞之大怒憚頌持正而不能害也孫秀等推崇倫功宜加九錫百僚莫敢異議頌獨曰昔漢之錫魏魏之錫晉皆一時之用非可通行今宗廟乂安雖嬖后被退勢臣受誅周勃誅諸呂而尊孝文霍光廢昌邑而奉孝宣並無九錫之命違舊典而習權變非先王之制九錫之議請無所施張林積忿不已以頌爲張華之黨將害之孫秀曰誅張裴已傷時望不可復誅頌林乃止於是以頌爲光祿大夫門施行馬尋病卒使使者弔祭賜錢二十萬朝服一具諡曰貞中書侍郎劉沉議頌當時少輩應贈開

府孫秀素恨之不聽頌無子養弟和子雍早卒更以雍弟詡子隅爲適孫襲封永康元年詔以頌誅賈謐督攝衆事有功追封梁鄒縣侯食邑千五百戶頌弟彪字仲雅參安東軍事伐吳獲張悌累官積弩將軍及武庫火彪建計斷屋得出諸寶器歷荊州刺史次弟仲字世混歷黃門郎滎陽太守未之官卒初頌嫁女臨淮陳矯矯本劉氏子與頌近親出養於姑改姓陳氏中正劉友譏之頌曰舜後姚虞陳田本同根系而世皆爲婚禮律不禁今與此同義爲婚可也友方欲列上爲陳騫所止故得不劾頌問明法掾陳默蔡畿曰鄉里誰最屈二人俱云劉友屈頌作色呵之畿曰友以私議冒犯明府爲非然鄉里公論稱屈友辟公府掾尚書郎黃沙御史

李重

李重字茂曾江夏鍾武人也父景秦州刺史都亭定侯重少好學有文辭早孤與羣弟居以友愛著稱弱冠爲本國中正遜讓不行後爲始平王文學上疏陳九品曰先王議制以時因革因革之理唯變所適九品始於喪亂軍中之政誠

非經國不刊之法也且其檢防轉碎徵刑失實故朝野之論僉謂驅動風俗爲弊已甚而至於議改又以爲疑臣以革法創制當先盡開塞利害之理舉而錯之使體例大通而無否滯亦未易故也古者諸侯之治分土有常國有定主人無異望卿大夫世祿仕無出位之思臣無越境之交上下體固人德歸厚秦反斯道罷侯置守風俗淺薄自此來矣漢革其弊斟酌周秦並建侯守亦使分土有定而牧司必各舉賢貢士任之鄉議事合聖典比蹤三代方今聖德之隆光被四表兆庶顒顒欣覩太平然承魏氏彫弊之跡人物播越仕無常朝人無定處郎吏蓄於軍府豪右聚於都邑事體駁錯與古不同謂九品既除宜先開移徙聽相幷就且明貢舉之法不濫於境外則冠帶之倫將不分而自均卽土斷之實行矣又建樹官司功在簡久階級少則人心定久其事則政化成而能否著在三代所以直道而行也以爲選例九等當今之要所宜施用也聖王知天下之難常從事於其易故寄隱括於閭伍則邑屋皆爲有司若任非所由事非所嚴則雖竭聖智猶不足以贍其事由此而觀誠令二者既行卽人思反本修

之於鄉華競自息而禮讓日隆矣遷太子舍人轉尚書郎時太中大夫恬和表陳便宜稱漢孔光魏徐幹等議使王公已下制奴婢限數及禁百姓賣田宅中書啓可屬主者爲條制重奏曰先王之制士農工商有分不遷其業所以利用厚生各肆其力也周官以土均之法經其土地井田之制而辨其五物九等貢賦之序然後公私制定率土均齊自秦立阡陌建郡縣而斯制已沒降及漢魏因循舊跡王法所峻者唯服物車器有貴賤之差令不僭擬以亂尊卑耳至於奴婢私產則實皆未嘗曲爲之立限也八年己巳詔書申明律令諸士卒百工以上所服乘皆不得違制若一縣一歲之中有違犯者三家洛陽縣十家已上官長免如詔書之旨法制已嚴令如和所陳而稱光幹之議此皆衰世踰侈當時之患然盛漢之初不議其制光等作而不行非漏而不及能而不用也蓋以諸侯之軌既滅而井田之制未復則王者之法不得制人之私也人之田宅既無定限則奴婢不宜偏制其數懼徒爲之法實碎而難檢方今聖明垂制每尚簡易法禁已具和表無施又司隸校尉石鑒奏鬱林太守介登役使所監求召

還尙書荀愷以爲遠郡非人情所樂奏登貶秩居官重駁曰臣聞立法有制所以齊衆檢邪非必曲尋事情而理無所遁也故所滯者寡而所濟者衆今如登郡比者多若聽其貶秩居官動爲準例懼庸才負遠必有黷貨之累非所以肅清王化輯寧殊域也臣愚以爲宜聽鑒所上先召登還且使體例有常不爲遠近異制詔從之太熙初遷廷尉平駁廷尉奏邯鄲醇等文多不載再遷中書郎每大事及疑議輒參以經典處決多皆施行遷尙書吏部郎務抑華競不通私謁特留心隱逸由是羣才畢舉拔用北海西郭湯琅邪劉玠燕國霍原馮翊吉謀等爲祕書郎及諸王文學故海內莫不歸心時燕國中正劉沈舉霍原爲寒素司徒府不從沈又抗詣中書奏原而中書復下司徒參論司徒左長史荀組以爲寒素者當謂門寒身素無世祚之資原爲列侯顯佩金紫先爲人間流通之事晚乃務學少長異業年踰始立草野之譽未洽德禮無聞不應寒素之目重奏曰案如癸酉詔書廉讓宜崇浮競宜黜其有履謙寒素靖恭求己者應有以先之如詔書之旨以二品繫資或失廉退之士故開寒素以明尙德之舉司

徒總御人倫實掌邦教當務峻準評以一風流然古之厲行高尚之士或栖身巖穴或隱跡丘園或克己復禮或耄期稱道出處默語唯義所在未可以少長異操疑其所守之美而遠同終始之責非所謂擬人必於其倫之義也誠當考之於邦黨之倫審之於任舉之主沉爲中正親執銓衡陳原隱居求志篤古好學學不爲利行不要名絕迹窮山韞韥道藝外無希世之容內全遯逸之節行成名立縉紳慕之委質受業者千里而應有孫孟之風嚴鄭之操始舉原先詣侍中領中書監華前州大中正後將軍嬰河南尹軼去三年諸州還朝幽州刺史許猛特以原名聞擬之西河求加徵聘如沉所列州黨之議既舉又刺史班詔表薦如此而猶謂草野之譽未洽德禮無聞舍所徵檢之實而無明理正辭以奪沉所執且應二品非所求備但原定志窮山修述儒道義在可嘉若遂抑替將負幽邦之望傷敦德之教如詔書所求之旨應爲二品詔從之重與李毅同爲吏部郎時王戎爲尚書重以清尚見稱毅淹通有智識雖二人操異然俱處要職戎以識會待之各得其所毅字茂彥舊史闕其行事于時內官重外官

輕乘階級繁多重議之見百官志又上疏曰凡山林避寵之士雖違世背時出
處殊軌而先王許之者嘉其服膺高義也昔先帝患風流之弊而思反純朴乃
諮詢朝衆搜求隱逸咸寧二年始以太子中庶子徵安定皇甫謐四年又以博
士徵安南朱沖太康元年復以太子庶子徵沖雖皆以病疾不至而朝野悅服
陛下遠邁先帝禮賢之旨臣訪沖州邑言其雖年近耋耄而志氣克壯耽道窮
藪老而彌新操尚貞純所居成化誠山栖耆德足以表世篤俗者也臣以爲宜
垂聖恩及其未沒顯加優命時朝廷政亂竟不能從出爲行討虜護軍平陽太
守崇德化修學校表篤行拔賢能清簡無欲正身率下在職三年彈黜四縣弟
疑亡表去官永康初趙王倫用爲相國左司馬以憂逼成疾而卒時年四十八
家貧宅宇狹小無殯斂之地詔於典客署營喪追贈散騎常侍諡曰成子式有
美名官至侍中咸和初卒
史臣曰子雅束髮登朝竭誠奉國廣陳封建深中機宜詳辨刑名該覈政體雖
文慚華婉而理歸切要遊目西京望賈誼而非遠眷言東國顧郎顗而有餘遠

元康之間賊臣專命舉朝戰慄苟避菹醢頌以此時忠鯁不撓哭張公之非罪
拒趙王之妄錫雖古遺直何以尚玆至於緣其私議不平劉友異夫憎而知善
舉不避讎者歟李重言因革之理駁田產之制詞愜事當蓋亹亹可觀及銳志
銓衡留心隱逸濬沖期之識會豈虛也哉

贊曰劉頌剛直義形於詞自下摩上彼實有之李重清雅志迺無私推賢拔滯
嘉言在玆懋哉兩哲邦家之基

晉書卷四十六

晉書卷四十七

唐　太　宗　文　皇　帝　御　撰

列傳第十七

傅玄　子咸　咸從父弟祗

傅玄字休奕北地泥陽人也祖燮漢漢陽太守父韓魏扶風太守玄少孤貧博學善屬文解鍾律性剛勁亮直不能容人之短郡上計吏再舉孝廉太尉辟皆不就州舉秀才除郎中與東海繆施俱以時譽選入著作撰集魏書後參安東將軍軍事轉溫令再遷弘農太守領典農校尉所居稱職數上書陳便宜多所匡正五等建封鶉觚男武帝爲晉王以玄爲散騎常侍及受禪進爵爲子加駙馬都尉帝初卽位廣納直言開不諱之路玄及散騎常侍皇甫陶共掌諫職玄上疏曰臣聞先王之臨天下也明其大教長其義節道化隆於上清議行於下上下相奉人懷義心亡秦蕩滅先王之制以法術相御而義心亡矣近者魏武好法術而天下貴刑名魏文慕通達而天下賤守節其後綱維不攝而虛無放

誕之論盈於朝野使天下無復清議而亡秦之病復發於今陛下聖德龍興受
禪弘堯舜之化開正直之路體夏禹之至儉綜殷周之典文臣詠歎而已將又
奚言惟未舉清遠有禮之臣以敦風節未退虛鄙以懲不恪臣是以猶敢有言
詔報曰舉清遠有禮之臣者此尤今之要也乃使玄草詔進之玄復上疏曰臣
聞舜舉五臣無爲而化用人得其要也天下羣司猥多不可不審得其人也不
得其人一日則損不貲況積日乎典謨曰無曠庶官言職之不可久廢也諸有
疾病滿百日不差宜令去職優其禮秩而寵存之既差而後更用臣不廢職於
朝國無曠官之累此王政之急也臣聞先王分士農工商以經國制事各業其
業而殊其務自士已上子弟爲之立太學以教之選明師以訓之各隨其才優
劣而授用之農以豐其食工以足其器商賈以通其貨故雖天下之大兆庶之
衆無有一人游手分數之法周備如此漢魏不定其分百官子弟不修經藝而
務交遊未知蒞事而坐享天祿農工之業多廢或逐淫利而離其事徒繫名於
太學然不聞先王之風今聖明之政資始而漢魏之失未改散官衆而學校未

設游手多而親農者少工器不盡其宜臣以爲亟定其制而通計天下若干人爲士足以副在官之吏若干人爲農三年足有一年之儲若干人爲工足其器用若干人爲商賈足以通貨而已尊儒尚學貴農賤商此皆事業之要務也前皇甫陶上事欲令賜拜散官皆課使親耕天下享足食之利禹稷躬稼祚流後世是以明堂月令著帝耤之制伊尹古之名臣耕於有莘晏嬰齊之大夫避莊公之難亦耕於海濱昔者聖帝明王賢佐俊士皆嘗從事於農矣王人賜官宂散無事者不督使學則當使耕無緣放之使坐食百姓也今文武之官既衆而拜賜不在職者又多加以服役爲兵不得耕稼當農者之半南面食祿者參倍於前使宂散之官農而收其租稅家得其實而天下之穀可以無乏矣夫家足食爲子則孝爲父則慈爲兄則友爲弟則悌天下足食則仁義之教可不令而行也爲政之要計人而置官分人而授事士農工商之分不可斯須廢也若果能精其防制計天下文武之官足爲副貳者使學其餘皆歸之於農若百工商賈有長者亦皆歸之於農務農若此何有不贍乎虞書曰三載考績三考黜陟

幽明是爲九年之後乃有遷敘也故居官久則念立愼終之化居不見久則競爲一切之政六年之限日月淺近不周黜陟陶之所上義合古制夫儒學者王教之首也尊其道貴其業重其選猶恐化之不崇忽而不以爲急臣懼日有陵遲而不覺也仲尼有言人能弘道非道弘人然則尊其道者非惟尊其書而已尊其人之謂也貴其業者不妄教非其人也重其選者不妄用非其人也若此而學校之綱舉矣書奏帝下詔曰二常侍懇懇於所論可謂乃心欲佐益時事者也而主者率以常制裁之豈得不使發憤耶二常侍所論或舉其大較而未備其條目亦可便令作之然後主者八坐廣共研精凡關言於人主人臣之所至難而人主若不能虛心聽納自古忠臣直士之所慷慨至使杜口結舌每念於此未嘗不歎息也故前詔敢有直言勿有所距庶幾得以發懞補過獲保高位苟言有偏善情在忠益雖文辭有謬誤言語有失得皆當曠然恕之古人猶不拒誹謗況皆善意在可採錄乎近者孔乂綦毋龢皆按以輕慢之罪所以皆原欲使四海知區區之朝無諱言之忌也俄還侍中初玄進皇甫陶及入而抵

玄以事與陶爭言諠譁爲有司所奏二人竟坐免官泰始四年以爲御史中丞
時頗有水旱之災玄復上疏曰臣聞聖帝明王受命天時未必無災是以堯有
九年之水湯有七年之旱惟能濟之以人事耳故洪水滔天而免沉溺野無生
草而不困匱伏惟陛下聖德欽明時小水旱人未大飢下祗畏之詔求極意之
言同禹湯之罪己侔周文之夕惕臣伏懽喜上便宜五事其一曰耕夫務多種
而耕暵不熟徒喪功力而無收又舊兵持官牛者官得六分士得四分自持私
牛者與官中分施行來久衆心安之今一朝減持官牛者官得八分士得二分
持私牛及無牛者官得七分士得三分人失其所必不懽樂臣愚以爲宜佃兵
持官牛者與四分持私牛與官中分則天下兵作懽然悅樂愛惜成穀無有損
棄之憂其二曰以二千石雖奉務農之詔猶不勤心以盡地利昔漢氏以墾田
不實徵殺二千石以十數臣愚以爲宜申漢氏舊典以警戒天下郡縣皆以死
刑督之其三曰以魏初未留意於水事先帝統百揆分河堤爲四部并本凡五
謁者以水功至大與農事並與非一人所周故也今謁者一人之力行天下諸

水無時得徧伏見河堤謁者車誼不知水勢轉爲他職更選知水者代之可分爲五部使各精其方宜其四曰古以步百爲畝今以二百四十步爲一畝所覺過倍近魏初課田不務多其頃畝但務修其功力故白田收至十餘斛水田收數十斛自頃以來日增田頃畝之課而田兵益甚功不能修理至畝數斛已還或不足以償種非與曩時異天地橫遇災害也其病正在於務多頃畝而功不修耳竊見河堤謁者石恢甚精練水事及田事知其利害乞中書召恢委曲問其得失必有所補益其五曰臣以爲胡夷獸心不與華同鮮卑最甚本鄧艾苟欲取一時之利不慮後患使鮮卑數萬散居人閒此必爲害之勢也秦州刺史胡烈素有恩信於西方今令烈往諸胡雖已無惡必且消弭然獸心難保不必其久安也若後有動釁烈計能制之惟恐胡虜適困於討擊便能東入安定西赴武威外名爲降可動復動此二郡非烈所制則惡胡東西有窟穴浮游之地故復爲患無以禁之也宜更置一郡於高平川因安定西州都尉募樂徙民重其復除以充之以通北道漸以實邊詳議此二郡及新置郡皆使并屬秦州令

烈得專御邊之宜詔曰得所陳便宜言農事得失及水官興廢又安邊御胡政事寬猛之宜申省周備一二具之此誠爲國大本當今急務也如所論皆善深知乃心廣思諸宜動靜以聞也五年遷太僕時比年不登羌胡擾邊詔公卿會議玄應對所問陳事切直雖不盡施行而常見優容轉司隸校尉獻皇后崩於弘訓宮設喪位舊制司隸於端門外坐在諸卿上絕席其入殿按本品秩在諸卿下以次坐不絕席而謁者以弘訓宮爲殿內制玄位在卿下玄恚怒厲聲色而責謁者謁者妄稱尙書所處玄對百僚而罵尙書以下御史中丞庾純奏玄不敬玄又自表不以實坐免官然玄天性峻急不能有所容每有奏劾或值日暮捧白簡整簪帶竦踊不寐坐而待旦於是貴游懾伏臺閣生風尋卒於家時年六十二諡曰剛玄少時避難於河內專心誦學後雖顯貴而著述不廢撰論經國九流及三史故事評斷得失各爲區例名爲傅子爲內外中篇凡有四部六錄合百四十首數十萬言幷文集百餘卷行於世玄初作內篇成子咸以示司空王沉沉與玄書曰省足下所著書言富理濟經綸政體存重儒教足以塞

楊墨之流遁齊孫孟於往代每開卷未嘗不歎息也不見賈生自以過之乃今
不及信矣其後追封清泉侯子咸嗣

咸字長虞剛簡有大節風格峻整識性明悟疾惡如讎推賢樂善常慕季文子仲山甫之志好屬文論雖綺麗不足而言成規鑒潁川庾純常歎曰長虞之文近乎詩人之作矣咸寧初襲父爵拜太子洗馬累遷尚書右丞出爲冀州刺史繼母杜氏不肯隨咸之官自表解職三旬之間遷司徒左長史時帝留心政事詔訪朝臣政之損益咸上言曰陛下處至尊之位而修布衣之事親覽萬幾勞心日昃在昔帝王躬自菲薄以利天下未有踰陛下也然泰始開元以暨于今十有五年矣而軍國未豐百姓不贍一歲不登便有菜色者誠由官衆事殷復除猥濫蠶食者多而親農者少也臣以頑疎謬忝近職每見聖詔以百姓饑饉爲慮無能云補伏用慚恧敢不自竭以對天問舊都督有四今幷監軍乃盈於十夏禹敷土分爲九州今之刺史幾向一倍戶口比漢十分之一而置郡縣更多空校牙門無益宿衛而虛立軍府動有百數五等諸侯復坐置官屬諸所寵

給皆生於百姓一夫不農有受其飢今之不農不可勝計縱使五稼普收僅足
相接暫有災患便不繼贍以爲當今之急先并官省事靜事息役上下用心惟
農是務也咸在位多所執正豫州大中正夏侯駿上言魯國小中正司空司馬
孔毓四移病所不能接賓求以尚書郎曹馥代毓旬日復上毓爲中正司徒三
卻駿故據正咸以駿與奪惟意乃奏免駿大中正司徒魏舒駿之姻屬屢卻不
署咸據正甚苦舒終不從咸遂獨上舒奏咸激訕不直詔轉咸爲車騎司馬咸
以世俗奢侈又上書曰臣以爲穀帛難生而用之不節無緣不匱故先王之化
天下食肉衣帛皆有其制竊謂奢侈之費甚於天災古者堯有茅茨今之百姓
競豐其屋古者臣無玉食今之賈豎皆厭粱肉古者后妃乃有殊飾今之婢妾
被服綾羅古者大夫乃不徒行今之賤隸乘輕驅肥古者人稠地狹而有儲蓄
由於節也今者土廣人稀而患不足由於奢也欲時之儉當詰其奢奢不見詰
轉相高尚昔毛玠爲吏部尚書時無敢好衣美食者魏武帝歎曰孤之法不如
毛尚書令使諸部用心各如毛玠風俗之移在不難矣又議移縣獄於郡及二

社應立朝廷從之遷尚書左丞惠帝卽位楊駿輔政咸言於駿曰事與世變禮隨時宜諒闇之不行尚矣由世道彌薄權不可假故雖斬焉在疚而躬覽萬幾也逮至漢文以天下體大服重難久遂制既葬而除世祖武皇帝雖大孝烝烝亦從時釋服制心喪三年至於萬幾之事則有不遑今聖上欲委政於公諒闇自居此雖謙尚之心而天下未以爲善天下未以爲善者以億兆顒顒戴仰宸極聽於冢宰懼天光有蔽人心既已若此而明公處之固未爲易也竊謂山陵之事既畢明公當思隆替之宜周公聖人猶不免謗以此推之周公之任既未易而處況聖上春秋非成王之年乎得意忘言言未易盡苟明公有以察其悾款言豈在多時司隸荀愷從兄喪自表赴哀詔聽之而未下愷乃造駿咸因奏曰死喪之戚兄弟孔懷同堂亡隕方在信宿聖恩矜憫聽使臨喪詔未下而便以行造急諂媚之敬無友于之情宜加顯貶以隆風教帝以駿管朝政有詔不問駿甚憚之咸復與駿箋諷切之駿意稍折漸以不平由是欲出爲京兆弘農太守駿甥李斌說駿不宜斥出正人乃止駿弟濟素與咸善與咸書曰江海之

流混混故能成其深廣也天下大器非可稍了而相觀每事欲了生子癡了官事官事未易了也了事正作癡復爲快耳左丞總司天臺維正八坐此未易居以君盡性而處未易居之任益不易也想慮破頭故具有白咸答曰衞公云酒色之殺人此甚於作直坐酒色死人不爲悔逆畏以直致禍此由心不直正欲以苟且爲明哲耳自古以直致禍者當自矯枉過直或不忠允欲以亢厲爲聲故致忿耳安有悾悾爲忠益而當見疾乎居無何駿誅咸轉爲太子中庶子遷御史中丞時太宰汝南王亮輔政咸致書曰咸以爲太甲成王年在蒙幼故有伊周之事聖人且猶不免疑況臣既不聖王非孺子而可以行伊周之事乎上在諒闇聽於冢宰而楊駿無狀便作伊周自爲居天下之安所以至死其罪既不可勝亦是殿下所見駿之見討發自天聰孟觀李肇與知密旨耳至於論功當歸美於上觀等已數千戶縣侯聖上以駿死莫不欣悅故論功寧厚以敘其歡心此羣下所宜以實裁量而遂扇動東安封王孟李郡公餘侯伯子男既妄有加復又三等超遷此之熏赫震動天地自古以來封賞未有若此者也無功

而厚賞莫不樂國有禍禍起當復有大功也人而樂禍其可極乎作此者皆由東安公謂殿下至止當有以正之正之以道衆亦何所怒乎衆之所怒在於不平耳而今皆更倍論莫不失望咸之愚冗不惟失望而已竊以爲憂又討駿之時殿下在外實所不綜今欲委重故令殿下論功論功之事實未易可處莫若坐觀得失有居正之事宜也咸復以亮輔政專權又諫曰楊駿有震主之威委任親戚此天下所以諠譁今之處重宜反此失謂宜靜默頤神有大得失乃維持之自非大事一皆抑遣比四造詣及經過尊門冠蓋車馬填塞街衢此之翕習既宜弭息又夏侯長容奉使爲先帝請命祈禱無感先帝崩背宜自咎責而自求請命之勞而公以爲少府私竊之論云長容則公之姻故至於此一犬吠形羣犬吠聲懼於羣吠遂至叵聽也咸之爲人不能面從而有後言嘗觸楊駿幾爲身禍況於殿下而當有惜往從駕殿下見語卿不識韓非逆鱗之言邪而欻摩天子逆鱗自知所陳誠頷頷觸猛獸之鬚耳所以敢言庶殿下當識其不勝區區前摩天子逆鱗欲以盡忠今觸猛獸之鬚非欲爲惡必將以此見怒亮

不納長容者夏侯駿也會景寅詔羣僚舉郡縣之職以補內官咸復上書曰臣咸以爲夫興化之要在于官人才非一流職有不同譬諸林木洪纖枉直各有攸施故明揚逮于仄陋疇咨無拘內外之任出處隨宜中間選用惟內是隆外舉既頹復多節目競內薄外遂成風俗此弊誠宜亟革之當內外通塞無所偏耳既使通塞無偏若選用不平有以深責責之苟深無憂不平也且膠柱不可以調瑟況乎官人而可以限乎伏思所限者以防選用不能出人不能出人當隨事而制無須限法法之有限其於致遠無乃泥乎或謂不制其法以何爲責臣聞刑懲小人義責君子君子之責在心不在限也正始中任何晏以選舉內外之衆職各得其才粲然之美於斯可觀如此非徒御之以限法之所致乃委任之由也委任之懼甚於限法是法之失非己之尤尤不在己責之無懼所謂齊之以刑人免而無恥者也苟委任之一則慮罪之及二則懼致怨謗己快則朝野稱詠不善則衆惡見歸此之戰戰孰與倚限法以苟免乎咸再爲本郡中正遭繼母憂去官頃之起以議郎長兼司隸校尉咸前後固辭不聽勑使者就

拜咸復送還印綬公車不通催使攝職咸以身無兄弟喪祭無主重自陳乞乃使於官舍設靈坐咸又上表曰臣既駑弱不勝重任加在哀疚假息日闋陛下過意授非所堪披露丹款歸窮上聞謬詔既往終然無改臣雖不能滅身以全禮教義無靦然虛忝隆寵前受嚴詔視事之日私心自誓隕越爲報以貨賂流行所宜深絶切勑都官以此爲先而經彌日月未有所得斯由陛下有以獎勵慮於愚戇將必死繫故自掩檢以避其鋒耳在職有日既無赫然之舉又不應弦垂翅人誰復憚故光祿大夫劉毅爲司隸聲震內外遠近清肅非徒毅有王臣匪躬之節亦由所奏見從威風得伸也詔曰但當思必應繩中理威風自伸何獨劉毅時朝廷寬弛豪右放恣交私請託朝野溷淆咸奏免河南尹澹左將軍倩廷尉高光兼河南尹何攀等京都肅然貴戚懾伏咸以聖人久於其道天下化成是以唐虞三載考績九年黜陟其在周禮三年大比孔子亦云三年有成而中閒以來長吏到官未幾便還百姓困於無定吏卒疲於送迎時僕射王戎兼吏部咸奏戎備位台輔兼掌選舉不能謐靜風俗以凝庶績至今人心傾

動開張浮競中郎李重李義不相匡正請免戎等官詔曰政道之本誠宜久於其職咸奏是也戎職在論道吾所崇委其解禁止御史中丞解結以咸劾戎爲違典制越局侵官干非其分奏免咸官詔亦不許咸上事以爲按令御史中丞督司百僚皇太子以下其在行馬內有違法憲者彈糾之雖在行馬外而監司不糾亦得奏之如今之文行馬之內有違法憲謂禁防之事耳宮內禁防外司不得而行故專施中丞今道路橋梁不修鬬訟屠沽不絕如此之比中丞推責州坐卽今所謂行馬內語施於禁防既云中丞督司百僚矣何復說行馬之內乎既云百僚而不得復說行馬之內者內外衆官謂之百僚則通內外矣司隸所以不復說行馬內外者禁防之事已於中丞說之故也中丞司隸俱糾皇太子以下則共對司內外矣不爲中丞專司內百僚司隸專司外百僚自有中丞司隸以來更互奏內外衆官惟所糾得無內外之限也而結一旦橫挫臣臣前所以不羅縷者冀因結奏得從私願也今既所願不從而勑云但爲過耳非所不及也以此見原臣忝司直之任宜當正己率人若其有過不敢受原是以申

陳其愚司隸與中丞俱共糾皇太子以下則從皇太子以下無所不糾也得糾皇太子而不得糾尚書臣之闇塞旣所未譬皇太子爲在行馬之內邪皇太子在行馬之內而得糾之尚書在行馬之內而不以糾無有此理此理灼然而結以此挫臣臣可無恨耳其於觀聽無乃有怪邪臣識石公前在殿上脫衣爲司隸荀愷所奏先帝不以爲非于時莫謂侵官今臣裁糾尚書而當有罪乎咸累自上稱引故事條理灼然朝廷無以易之吳郡顧榮常與親故書曰傅長虞爲司隸勁直忠果劾按驚人雖非周才偏亮可貴也元康四年卒官時年五十六詔贈司隸校尉朝服一具衣一襲錢二十萬諡曰貞有三子敷晞纂長子敷嗣敷字穎根清靜有道素解屬文除太子舍人轉尚書郎太傅參軍皆不起永嘉之亂避地會稽元帝引爲鎮東從事中郎素有羸疾頻見敦喻辭不獲免輿病到職數月卒時年四十六晞亦有才思爲上虞令甚有政績卒於司徒西曹屬

祗字子莊父嘏魏太常祗性至孝早知名以才識明練稱武帝始建東宮起家太子舍人累遷散騎黃門郎賜爵關內侯食邑三百戶母憂去職及葬母詔給

太常五等吉凶導從其後諸卿夫人葬給導從自此始也服終爲滎陽太守自魏黃初大水之後河濟汎溢鄧艾常著濟河論開石門而通之至是復浸壞祗乃造沉萊堰至今兗豫無水患百姓爲立碑頌焉尋表兼廷尉遷常侍左軍將軍及帝崩梓宮在殯而太傅楊駿輔政欲悅衆心議普進封爵祗與駿書曰未有帝王始崩臣下論功者也駿不從入爲侍中時將誅駿而駿不之知祗侍駿坐而雲龍門閉內外不通祗請與尚書武茂聽國家消息揖而下階茂猶坐祗顧曰君非天子臣邪今內外隔絕不知國家所在何得安坐茂乃驚起駿既伏誅裴楷息瓚駿之壻也爲亂兵所害尚書左僕射荀愷與楷不平因奏楷是駿親收付廷尉祗證楷無罪有詔赦之時又收駿官屬祗復啓曰昔魯芝爲曹爽司馬斬關出赴爽宣帝義之尚遷青州刺史駿之僚佐不可加罰詔又赦之祗多所維正皆如此除河南尹未拜遷司隸校尉以討楊駿勳當封郡公八千戶固讓減半降封靈川縣公千八百戶餘二千二百戶封少子暢爲武鄉亭侯又以本封賜兄子雋爲東明亭侯楚王瑋之矯詔也祗以聞奏稽留免官期年還

光祿勳復以公事免氐人齊萬年舉兵反以祇爲行安西軍司加常侍率安西
將軍夏侯駿討平之還衛尉以風疾遜位就拜常侍食卿祿秩賜錢及牀帳等
尋加光祿大夫門施行馬及趙王倫輔政以爲中書監常侍如故以鎮衆心祇
辭之以疾倫遣御史輿祇就職王戎陳準等相與言曰傅公在事吾屬無憂矣
其爲物所倚信如此倫簒又爲右光祿開府加侍中惠帝還宮祇以經受僞職
請退不許初倫之簒也孫秀與義陽王威等十餘人預撰儀式禪文及倫敗齊
王冏收侍中劉逵常侍騶捷杜育黃門郎陸機右丞周導王尊等付廷尉以禪
文出中書復議處祇罪會赦得原後以禪文草本非祇所撰於是詔復光祿大
夫子宣尚弘農公主尋遷太子少傅上章遜位還第及成都王穎爲太傅復以
祇爲少傅加侍中懷帝卽位遷光祿大夫侍中未拜加右僕射中書監時太傅
東海王越輔政祇既居端右每宣君臣謙光之道由此上下雍穆祇明達國體
朝廷制度多所經綜歷左光祿開府行太子太傅侍中如故疾篤遜位不許遷
司徒以足疾詔版輿上殿不拜大將軍苟晞表請遷都使祇出詣河陰修理舟

楫爲水行之備及洛陽陷沒遂共建行臺推祗爲盟主以司徒持節大都督諸軍事傳檄四方遣子宣將公主與尚書令和郁赴告方伯徵義兵祗自屯盟津小城宣弟暢行河陰令以待宣祗以暴疾薨時年六十九祗自以義誠不終力疾手筆勑厲其二子宣暢辭旨深切覽者莫不感激慷慨祗著文章駮論十餘萬言

宣字世弘年六歲喪繼母哭泣如成人中表異之及長好學趙王倫以爲相國掾尚書郎太子中舍人遷司徒西曹掾去職累遷爲祕書丞驃騎從事中郎惠帝至自長安以宣爲左丞不就遷黃門郎懷帝卽位轉吏部郎又爲御史中丞卒年四十九無子以暢子沖爲嗣

暢字世道年五歲父友見而戲之解暢衣取其金環與侍者暢不之惜以此賞之年未弱冠甚有重名以選入侍講東宮爲祕書丞尋沒於石勒勒以爲大將軍右司馬諳識朝儀恆居機密勒甚重之作晉諸公敍讚二十二卷又爲公卿故事九卷咸和五年卒子詠過江爲交州刺史太子右率

史臣曰武帝鑒觀四方平章百姓永言啓沃任切爭臣傅玄體彊直之姿懷匪躬之操抗辭正色補闕弼違諤諤當朝不忝其職者矣及乎位居三獨彈擊是司遂能使臺閣生風貴戚斂手雖前代鮑葛何以加之然而惟此褊心乏弘雅之度驟聞競爽爲物議所譏惜哉古人取戒於韋弦良有以也長虞風格凝峻弗墜家聲及其納諫汝南獻書臨晉居諒直之地有先見之明矣傅祗名父之子早樹風猷崎嶇危亂之朝匡救君臣之際卒能保全祿位可謂有道存焉

贊曰鶉觚貞諒實惟朝望志厲彊直性乖夷曠長虞剛簡無虧風尚子莊才識爰膺衮職忠績未申泉途遽逼

晉書卷四十七

晉書卷四十七考證

傅玄傳父幹魏扶風太守○幹監本訛韓

晉書卷四十七考證

晉書卷四十八

唐　太　宗　文　皇　帝　御　撰

列傳第十八

向雄

向雄字茂伯河內山陽人也父韶彭城太守雄初仕郡爲主簿事太守王經及經之死也雄哭之盡哀市人咸爲之悲後太守劉毅嘗以非罪笞雄及吳奮代毅爲太守又以少譴繫雄於獄司隸鍾會於獄中辟雄爲都官從事會死無人殯斂雄迎喪而葬之文帝召雄而責之曰往者王經之死卿哭王經於東市我不問也今鍾會躬爲叛逆又輒收葬若復相容其如王法何雄曰昔者先王掩骼埋胔仁流朽骨當時豈先卜其功罪而後葬之哉今王誅既加於法已備雄感義收葬教亦無闕法立於上教弘於下何必使雄違生背死以立於時殿下讎枯骨而捐之中野爲將來仁賢之資不亦惜乎帝甚悅與談宴而遣之累遷黃門侍郎時吳奮劉毅俱爲侍中同在門下雄初不交言武帝聞之勑雄令復

君臣之好雄不得已乃詣毅再拜曰向被詔命君臣義絕如何於是卽去帝聞而大怒問雄曰我令卿復君臣之好何以故絕雄曰古之君子進人以禮退人以禮今之進人若加諸膝退人若墜諸川劉河內於臣不為戎首亦已幸甚安復為君臣之好帝從之泰始中累遷秦州刺史假赤幢典蓋鼓吹賜錢二十萬咸寧初入為御史中丞遷侍中又出為征虜將軍太康初為河南尹賜爵關內侯齊王攸將歸藩雄諫曰陛下子弟雖多然有名望者少齊王臥在京邑所益實深不可不思帝不納雄固諫忤旨起而徑出遂以憤卒弟匡惠帝世為護軍將軍

段灼

段灼字休然敦煌人也世為西土著姓果直有才辯少仕州郡稍遷鄧艾鎮西司馬從艾破蜀有功封關內侯累遷議郎武帝卽位灼上疏追理艾曰故征西將軍鄧艾心懷至忠而荷反逆之名平定巴蜀而受三族之誅臣竊悼之惜哉言艾之反也以艾性剛急矜功伐善而不能協同朋類輕犯雅俗失君子之心

故莫肯理之臣敢昧死言艾所以不反之狀艾本屯田掌犢人宣皇帝拔之於
農吏之中顯之於宰府之職處內外之官據文武之任所在輒有名績固足以
明宣皇帝之知人矣會值洮西之役官兵失利刺史王經困於圍城之中當爾
之時二州危懼隴右懍懍幾非國家之有也先帝以爲深憂重慮思惟可以安
邊殺敵莫賢於艾故授之以兵馬解狄道之圍圍解留屯上邽承官軍大敗之
後士卒破膽將吏無氣倉庫空虛器械殫盡艾欲積穀彊兵以待有事是歲少
雨又爲區種之法手執耒耜率先將士所統萬數而身不離僕虜之勞親執士
卒之役故落門段谷之戰能以少擊多摧破彊賊斬首萬計遂委艾以廟勝成
圖指授長策艾受命忘身龍驤麟振前無堅敵蜀地阻險山高谷深而艾步乘
不滿二萬束馬懸車自投死地勇氣淩雲將士乘勢故能使劉禪震怖君臣面
縛軍不踰時而巴蜀蕩定此艾固足以彰先帝之善任矣艾功名已成亦當書
之竹帛傳祚萬世七十老公復何所求哉艾以禪初降遠郡未附矯令承制權
安社稷雖違常科有合古義原心定罪事可詳論故鎮西將軍鍾會有吞天下

之心恐艾威名知必不同因其疑似構成其事艾被詔書即遣彊兵束身就縛不敢顧望誠自知奉見先帝必無當死之理也會受誅之後艾參佐官屬部曲將吏愚戇相聚自共追艾破壞檻車解其囚執艾在困地是以狼狽失據夫反非小事若懷惡心既當謀及豪傑然後乃能興動大衆不聞艾有腹心一人臨死口無惡言獨受腹背之誅豈不哀哉故見之者垂涕聞之者歎息此賈誼所以慷慨於漢文天下之事可爲痛哭者良有以也陛下龍興闡弘大度受誅之家不拘敘用聽艾立後祭祀不絕昔秦人憐白起之無罪吳人傷子胥之冤酷皆爲之立祠天下之人爲艾悼心痛恨亦由是也謂可聽艾門生故吏收艾尸柩歸葬舊墓還其田宅以平蜀之功繼封其後使艾闔棺定謚死無所恨赦寃魂於黃泉收信義於後世則天下徇名之士思立功之臣必投湯火樂爲陛下死矣帝省表甚嘉其意灼後復陳時宜曰臣聞天時不如地利地利不如人和三里之城五里之郭圍而攻之有不剋者此天時不如地利城非不高池非不深穀非不多兵非不利委而去之此地利不如人和然古之王者非不先推

恩德結固人心人心苟和雖三里之城五里之郭不可攻也人心不和雖金城湯池不能守也臣推此以廣其義舜彈五弦之琴詠南風之詩而天下自理由堯人可比屋而封也曩者多難姦雄屢起攪亂衆心刀鋸相乘流死之孤哀聲未絕故臣以爲陛下當深思遠念杜漸防萌彈琴詠詩垂拱而已其要莫若推恩以協和黎庶故推恩足以保四海不推恩不足以保妻子是故唐堯以親睦九族爲先周文以刑于寡妻爲急明王聖主莫不先親後疏自近及遠臣以爲太宰司徒衞將軍三王宜留洛中鎭守其餘諸王自州征足任者年十五以上悉遣之國爲選中郎傅相才兼文武以輔佐之聽於其國繕修兵馬廣布恩信必撫下猶子愛國如家君臣分定百世不遷連城開地爲晉魯衞所謂盤石之宗天下服其彊矣雖云割地譬猶囊漏貯中亦一家之有耳若慮後世彊大自可豫爲制度使得推恩以分子弟如此則枝分葉布稍自削小漸使轉至萬國亦後世之利非所患也昔在漢世諸呂自疑內有朱虛東牟之親外有諸侯九國之彊故不敢動搖於今之宜諸侯彊大是爲太山之固非我族類其心必異

而魏法禁錮諸王親戚隔絕不祥莫大焉間者無故又瓜分天下立五等諸侯上不象賢下不議功而是非雜揉例受茅土似權時之宜非經久之制將遂不改此亦煩擾之人漸亂之階也夫國之興也由於九族親睦黎庶協和其衰在於骨肉疏絕百姓離心故夏邦不安伊尹歸殷殷邦不和呂氏入周殷監在於夏后去事之誡誠來事之鑒也又陳曰昔伐蜀募取涼州兵馬羌胡健兒許以重報五千餘人隨艾討賊功皆第一而乙亥詔書州郡將督不與中外軍同雖在上功無應封者唯金城太守楊欣所領兵以逼江由之勢得封者三十人自金城以西非在欣部無一人封者苟在中軍之例雖下功必侯如在州郡雖功高不封非所謂近不重施遠不遺恩之謂也臣聞魚懸由於甘餌勇夫死於重報故荊軻慕燕丹之義專諸感闔閭之愛匕首振於秦庭吳刀耀於魚腹視死如歸豈不有由也哉夫功名重賞士之所競不平致怨由來久矣詩曰尸鳩在桑其子七兮淑人君子其儀一兮臣以爲此等宜蒙爵封灼前後陳事輒見省覽然身微宦孤不見進序乃取長假還鄉里臨去遺息上表曰臣受恩三世剖

符守境試用無績沉伏數年犬馬之力無所復堪陛下弘廣納之聽採狂夫之言原臣侵官之罪不問干忤之愆天地恩厚於臣足矣臣聞忠臣之於其君猶孝子之於其親進則有欣然之慶非貪官也退則有戚然之憂非懷祿也其意在於不忘光君榮親情所不能已已者也臣伏自悼私懷至恨生長荒裔而久在外任自還抱疾未嘗覲見陛下竟不知臣何人此臣之恨一也遭運會之世值有事之時而不能垂功名於竹帛此臣之恨二也逮事聖明之君而尫悴羸劣陳力又不能當歸死於地下此臣之恨三也哀二親早亡隕兄弟並凋喪孝敬無復施於家門此臣之恨四也夏之日忽以過冬之夜尋復來人生百歲尚以爲不足而臣中年嬰災此臣之恨五也慚日月之所養愧昊蒼而無報此臣之所以懷五恨而歎息臨歸路而自悼者也語有之曰華言虛也至言實也苦言藥也甘言疾也臣欲言天下太平而靈龜神狐未見仙芝萐莆未生麒麟未游乎靈禽之囿鳳皇未儀於太極之庭此臣之所以不敢華言而爲佞者也昔漢高祖初定天下于時戍卒婁敬上書諫曰陛下取天下不與成周同而欲比

隆成周臣竊以爲不侔於是漢祖感悟深納其言賜姓爲劉氏又顧謂陸賈曰爲我著秦所以亡而吾所以得之者賈乃作新語之書述敘前世成敗以爲勸戒又田肯建一言之計非親子弟莫可使王齊者而受千金之賜故世稱漢祖之寬明博納所以能成帝業也今之言世者皆曰堯舜復與天下已太平矣臣獨以爲未亦竊有所勸焉且百王垂制聖賢吐言來事之明鑒也孟子曰堯不能以天下與舜則舜之有天下也天與之也昔舜爲相堯崩三年之喪畢舜避堯之子於南河天下諸侯朝覲者獄訟者不之堯之子而之舜舜曰天也乃之中國踐天子位焉若居堯之宮逼堯之子非天所與者也曩昔西有不臣之蜀東有僭號之吳三主鼎足並稱天子魏文帝率萬乘之衆受禪於靡陂而自以德同唐虞以爲漢獻即是古之堯自謂即是今之舜乃謂孟軻孫卿不通禪代之變遂作禪代之文刻石垂戒班示天下傳之後世亦安能使將來君子皆曉然心服其義乎然魏文徒希慕堯舜之名推新集之魏欲以同於唐虞之盛忽骨肉之恩忘藩屏之固竟不能使四海賓服混一皇化而于時羣臣莫有諫者

不其過矣哉孫卿曰堯舜禪讓是不然矣天下者至重也非至彊莫之能任至大也非至辯莫之能分至衆也非至明莫之能見此三至者非聖人莫之能盡由此言之孫卿孟軻亦各有所不取焉陛下受禪從東府入西宮兵刃耀天旌旗翳日雖應天順人同符唐虞然法度損益則亦不異於昔魏文矣故宜資三至以彊制之而今諸王有立國之名而無襟帶之實又蜀地有自然之險是歷世姦雄之所闚𨵦逋逃之所聚也而無親戚子弟之守此豈深思遠慮杜漸防萌者乎昔漢文帝據已成之業六合同風天下一家而賈誼上疏陳當時之勢猶以爲譬如抱火厝於積薪之下而寢其上火未及然因謂之安此言誠存不忘亡安不忘亂者也然臣之慺慺亦竊願居安思危無曰高高在上常念臨深之義不忘履冰之戒盡除魏世之弊法綏以新政之大化使萬邦欣欣喜戴洪惠昆蟲草木咸蒙恩澤朝廷詠康哉之歌山藪無伐檀之人此固天下所視望者也陛下自初踐阼發無諱之詔置箴諫之官赫然寵異諤諤之臣以明好直言之信恐陳事者知直言之不用皆杜口結舌祥瑞亦曷由來哉臣無陸生之

才不在顧問之地蓋聞主聖臣直義在於有犯無隱臣不惟踈遠未信而言敢
歷論前代隆名之君及亡敗之主廢興所由又博陳舉賢之路廣開養老之制
崇必信之道又張設議者之難凡五事以聞臣之所言皆直陳古今已行故事
非新聲異端也辭義實淺不足採納然臣私心誠謂有可發起覺悟遺忘願陛
下察臣愚忠愍臣狂直無使天下以言者爲戒疾痛增篤退念桑梓之詩惟狐
死之義輒取長休歸近墳墓顧瞻宮闕繫情皇極不勝丹款遣息頴表言其一
曰臣聞善有章也著在經典惡有罰也戒在刑書上自遠古下洎秦漢其明王
霸主及亡國闇君故可得而稱至於忠蹇賢相及佞諂姦臣亦可得而言故朝
有諤諤盡規之臣無不昌也任用阿諛唯唯之士無不亡也是有國者皆欲求
忠以自輔舉賢以自佐而亡國破家者相繼皆由任失其人所謂賢者不賢忠
者不忠也臣謹言前任賢所由與任不肖所以亡者堯之末年四凶在朝而不
去八元在家而不舉然致天平地寧四門穆穆其功固在重華之爲相夏癸放
於鳴條商辛梟於牧野此俱萬乘之主而國滅身擒由不能屬任賢相用婦人

之言荒淫無道肆志沉宴作靡靡之樂長夜之飲於是登糟丘臨酒池觀牛飲望肉林龍逢忠而被害比干諫而剖心天下之所以歸惡者也太甲暴虐顛覆湯之典制於是伊尹放之桐宮而能改悔反善三年而後歸于亳既已放而復還殷道微而復興諸侯咸服號稱太宗實賴阿衡之盡忠也周室既衰諸侯並爭天王微弱政遂陵遲齊桓公淫亂之主耳然所以能九合一匡之功有尊周之名誠管夷吾之力及其死也蟲流出門豈非任豎貂之過乎且一桓公之身得管仲其功如彼用豎貂其亂如此夫榮辱存亡實在所任可不審哉秦本伯翳之後微微小邑至秦仲始大有車馬禮樂侍御之好焉自穆公至於始皇皆能留心待賢遠求異士招由余於西戎致五羖於宛市取丕豹於晉迎蹇叔於宗里由是四方雄俊繼踵而至故能世爲彊國吞滅諸侯奄有天下兼稱皇帝由謀臣之助也道化未淳崩於沙丘胡亥乘虐用詐自誤不能弘濟統緒克成堂構而乃殘賊仁義毒流黔首故陳勝吳廣奮臂大呼而天下嚮應於是趙高逆亂閻樂承指二世窮迫自殺望夷子嬰雖立去帝爲王孤危無輔四旬而

亡此由邪臣擅命指鹿爲馬所以速秦之禍也秦失其鹿豪桀競逐項羽旣得而失之其咎在烹韓生而范增之謀不用假令羽旣距項伯之邪說斬沛公於鴻門都咸陽以號令諸侯則天下無敵矣而羽距韓生之忠諫背范增之深計自謂霸王之業已定都彭城還故鄉爲晝被文繡此蓋世俗兒女之情耳而羽榮之是故五載爲漢所擒至死尚不知覺悟乃曰天亡我非戰之罪甚痛矣哉且夫士之歸仁猶水之歸下禽之走壙野故曰爲川驅魚者獺也爲藪驅雀者鸇也爲湯武驅人者桀紂也漢高祖起於布衣提三尺之刃而取天下用六國之資無唐虞之禪豈徒賴良平之奇謀盡英雄之智力而已乎亦由項氏爲驅之人也子孫承基二百餘年逮成帝委政舅家使權勢外移安昌侯張禹者漢之三公成帝保傅也帝親幸其家拜禹牀下深問天災人事禹當惟大臣之節爲社稷深慮忠言嘉謀陳其災患則王氏不得專權寵王莽無緣乘勢位遂託雲龍而登天衢令漢祚中絕也禹佞諂不忠挾懷私計徒低仰於王侯之間苟取容媚而已是以朱雲抗節求尙方斬馬劍欲以斬禹以戒其餘可謂忠矣而成

帝尚復不寤乃以爲居下訕上廷辱保傅罪死無赦詔御史將雲下欲急烹之雲攀殿折檻幸賴左將軍辛慶忌叩頭流血以死爭之若不然則雲已摧碎矣後雖釋檻不修欲以彰明直臣誠足以爲後世之戒何益於漢室所由亡也哉然世之論者以爲亂臣賊子無道之甚者莫過於莽此亦猶紂之不善不如是之甚也傳稱莽始起外戚折節力行以要名譽宗族稱孝朋友歸仁及其輔政成哀之際勤勞國家動見稱述然于時人士詣闕上書薦莽者不可稱紀內外羣臣莫不歸莽功德遭遇漢室中微國嗣三絕而太后壽考爲之宗主故莽得遂策命孺子而奪其位也昔湯武之興亦逆取而順守之耳向莽深惟殷周取守之術崇道德務仁義履信實去華僞施惠天下十有八年恩足以感百姓義足以結英雄人懷其德豪傑並用如此宗廟社稷宜未滅也光武雖復賢才大業詎可冀哉莽卽位之後自謂得天人之助以爲功廣三王德茂唐虞乃自驕矜奮其威詐班宣符讖震暴殘酷窮凶極惡人怨神怒冬雷雹以驚其耳目夏地動以惕其心腹而莽猶不知覺悟方復重行不順時之令竟連伍之刑佞媚

者親幸忠諫者誅夷由是天下忿憤內外俱發四海分崩城池不守身死於匹夫之手爲天下笑豈不異哉其所由然者非取之過而守之非道也莽既屠肌六合雲擾劉聖公已立而不辨盆子承之而覆敗公孫述又稱帝於蜀漢如此數子固非所謂應天順人者徒爲光武之驅除者耳夫天下者蓋亦天下之天下非一人之天下也殷商之旅其會如林矢于牧野維予侯興又曰侯服于周天命靡常由此言之主非常人也有德則天下歸之無德則天下叛之故古之明王其勞心遠慮常如臨川無津涯於是法天地象四時隆恩德敬大臣近忠直遠佞人仁孝著乎宮牆弘化洽乎兆庶爲平直如砥矢信義感人神雖有椒房外戚之寵不受其委曲之言雖有近習愛幸之豎不聽其姑息之辭四門穆穆闢而不闔待諫者而無忌恆戰戰慄慄不忘戒懼所以欲永終天祿恐爲將來賢聖之驅除也且臣聞之懼危者常安者也憂亡者恆存者也使夫有國之君能安不忘危則本支百世長保榮祚名位與天地無窮亦何慮乎爲來者之驅除哉傳有之曰狂夫之言明主察焉其二曰士之立業行非一槩吳起貪官

母死不歸殺妻求將不孝之甚然在魏使秦人不敢東向在楚則三晉不敢南謀曾參閔騫誠孝子也不能宿夕離其親豈肯出身致死涉危險之地哉今大晉應期運之所授齊聖美於有虞而吳人不臣稱帝私附此亦國之羞也陛下誠欲致熊羆之士不二心之臣使奮威淮浦震服蠻荆者故宜疇咨博采廣開貢士之路薦巖穴舉賢才徵命考試匪俊莫用今臺閣選舉徒塞耳目九品訪人唯問中正故據上品者非公侯之子孫則當塗之昆弟也二者苟然則篳門蓬戶之俊安得不有陸沉者哉其三曰昔田子方養老馬而窮士知所歸況居天下之廣居立天下之正位行天下之大道乎昔明王聖主無不養老老人衆多未必皆賢不可悉養故父事三老所以明孝宗事五更所以明敬孟子曰吾老以及人之老吾幼以及人之幼今天下雖定而華山之陽無放馬之羣桃林之下未有休息之牛固以吳人尚未臣服故也夫饑者易爲食渴者易爲飲天下元元瞻望新政願陛下思子方之仁念犬馬之勞思帷蓋之報發仁惠之詔廣開養老之制其四曰法令賞罰莫大乎信古人有言人而無信不知其可況

有養人以惠使人以義而可以不信行之哉臣前爲西郡太守被州所下己未詔書羌胡道遠其但募取樂行不樂勿彊臣被詔書輒宣恩廣募示以賞信所得人名卽條言征西其晉人自可差簡丁彊如法調取至於羌胡非恩意告諭則無欲度金城河西者也自往每興軍渡河未曾有變故刺史郭綏勸帥有方深加獎厲要許重報是以所募感恩利賞遂立績效功在第一今州郡督將並已受封羌胡健兒或王或侯不蒙論敘也晉文猶不貪原而失信齊桓不惜地而背盟況聖主乎其五曰昔周漢之興樹親建德周因五等之爵漢有河山之誓及其衰也神器奪於重臣國祚移於他人故滅周者秦非姬姓也代漢者魏非劉氏也於今國家大計使異姓無裂土專封之邑同姓並據有連城之地縱復令諸王後世子孫還自相幷蓋亦楚人失繁弱於雲夢尙未爲亡其弓也其於神器不移他族則始祖不遷之廟萬年億兆不改其名矣大晉諸王二十餘人而公侯伯子男五百餘國欲言其國皆小乎則漢祖之起俱無尺土之地況有國者哉將謂大晉世世賢聖而諸侯之胤常不肖邪則放勳欽明而有丹朱

瞽叟頑凶而有虞舜天下有事無不由兵而無故多樹兵本廣開亂原臣故曰五等不便也臣以爲可如前表諸王宜大其國增益其兵悉遣守藩使形勢足以相接則陛下可高枕而臥耳臣以爲諸侯伯子男名號皆宜改易之使封爵之制祿奉禮秩並同天下諸侯之例臣聞與覆車同軌者未嘗安也與死人同病者未嘗生也與亡國同法者未嘗存也況夫魏魏大晉方將登太山禪梁父刻石書勳垂示無窮宜遠鑒往代興廢深爲嚴防使著事奮筆必有紀焉昔伊尹恥其君不爲堯舜此臣所以私懷慊慊自忘輕賤者也灼書奏帝覽而異焉擢爲明威將軍魏興太守卒于官

閻纘

閻纘字續伯巴西安漢人也祖圃爲張魯功曹勸魯降魏封平樂鄉侯父璞嗣爵仕吳至牂牁太守纘僑居河南新安少游英豪多所交結博覽墳典該通物理父卒繼母不慈纘恭事彌謹而母疾之愈甚乃誣纘盜父時金寶訟于有司遂被清議十餘年纘無慍色孝謹不怠母後意解更移中正乃得復品爲太傅

楊駿舍人轉安復令駿之誅也纘棄官歸要駿故主簿潘岳掾崔基等共葬之基岳畏罪推纘爲主墓成當葬駿從弟模告武陵王澹將表殺造意者衆咸懼塡冢而逃纘獨以家財成墓葬駿而去國子祭酒鄒湛以纘才堪佐著薦於祕書監華嶠嶠曰此職閑廩重貴勢多爭之不暇求其才遂不能用河閒王顒引爲西戎校尉司馬有功封平樂鄉侯愍懷太子之廢也纘輿棺詣闕上書理太子之寃曰伏見赦文及牓下前太子遹手疏以爲驚愕自古以來臣子悖逆未有如此之甚也幸賴天慈全其首領臣伏念遹生於聖父而至此者由於長養深宮沈淪富貴受饒先帝父母驕之每見選師傅下至羣吏率取膏粱擊鍾鼎食之家希有寒門儒素如衞綰周文石奮疏廣洗馬舍人亦無汲黯鄭莊之比遂使不見事父事君之道臣案古典太子居以士禮與國人齒以此明先王欲令知先賤然後乃貴自頃東宮亦微太盛所以致敗也非但東宮歷觀諸王師友文學皆豪族力能得者率非龔遂王陽能以道訓友無亮直三益之節官以文學爲名實不讀書但共鮮衣好馬縱酒高會嬉遊博弈豈有切磋能相長益

臣常恐公族遲陵以此歎息今適可以爲戒恐其被斥棄逐遠郊始當悔過無所復及昔戾太子無狀稱兵距命而壺關三老上書有田千秋之言猶曰子弄父兵罪應笞耳漢武感悟之築思子之臺今適無狀言語悖逆受罪之日不敢失道猶爲輕於戾太子尚可禁持重選保傅如司空張華道德深遠乃心忠誠以爲之師光祿大夫劉寔寒苦自立終始不衰年同呂望經籍不廢以爲之保尚書僕射裴頠明允恭肅體道居正以爲之友置游談文學皆選寒門孤宦以學行自立者及取服勤更事涉履艱難事君事親名行素聞者使與共處使嚴御史監護其家絶貴戚子弟輕薄賓客如此左右前後莫非正人師傅文學可令十日一講使共論議於前勑使但道古今孝子慈親忠臣事君及思愆改過之義皆聞善道庶幾可全昔太甲有罪放之三年思庸克復爲殷明王又魏文帝懼於見廢夙夜自祗竟能自全及至明帝因母得罪廢爲平原侯爲置家臣庶子師友文學皆取正人共相匡矯兢兢慎罰事父以孝父沒事母以謹聞于天下于今稱之漢高皇帝數置酒於庭欲廢太子後四皓爲師子房爲傅竟復

成就前事不忘後事之戒孟軻有云孤臣孽子其操心也危慮患也深故多善功李斯云慈母多敗子嚴家無格虜由陛下驕遹使至於此庶其受罪以來足自思改方今天下多虞四夷未寧將伺國隙儲副大事不宜空虛宜爲大計小復停留先加嚴誨依平原侯故事若不悛改棄之未晚也臣素寒門無力仕宦不經東宮情不私遹念昔楚國處女諫其王曰有龍無尾言年四十未有太子臣嘗備近職雖未得自結天日情同閹寺悾悾之誠皆爲國計臣老母見臣爲表乃爲臣卜卦云書御卽死妻子守臣涕泣見止臣獨以爲頻見拔擢嘗爲近職此恩難忘何以報德唯當陳誠以死獻忠輒具棺絮伏須刑誅書御不省及張華遇害賈謐被誅朝野震悚纘獨撫華尸慟哭曰早語君遜位而不肯今果不免死也夫過叱賈謐尸曰小兒亂國之由誅其晚矣皇太孫立纘復上疏曰臣前上書訟太子之枉不見省覽昔壺關三老陳衛太子之寃而漢武築思子之臺高廟令田千秋上書不敢正言託以鬼神之教而孝武大感月中三遷位至丞相乘車入殿號曰車氏恨臣精誠微薄不能有感竟使太子流離沒命許

昌向令陛下卽納臣言不致此禍天贊聖意三公獻謀庶人賜死罪人斯得太子以明臣恨其晚無所復及詔書慈悼迎喪反葬復其禮秩誠副衆望不意呂霍之變復生於今日伏見詔書建立太孫斯誠陛下上順先典以安社稷中尉慈悼冤魂之痛下令萬國心有所繫追惟庶人所爲無狀幾傾宗廟賴相國太宰至忠憤發潛謀俱斷奉贊聖意以成神武雖周誅二叔漢掃諸呂未足以喻臣願陛下因此大更釐改以爲永制禮置太子居以士禮與國人齒爲置官屬皆如朋友不爲純臣旣使上厭至望以崇孝道又令不相嚴憚易相規正昔漢武旣信奸讒危害太子復用望氣之言欲盡誅詔獄中囚邴吉以皇孫在焉閉門距命後遂擁護皇孫督罰乳母卒至成人立爲孝宣皇帝苟志於忠無往不可歷觀古人雖不避死亦由世教寬以成節吉雖距詔書事在於忠故宥而不責自晉興已來用法太嚴遲速之閒輒加誅斬一身伏法猶可彊爲今世之誅動輒滅門昔呂后臨朝肆意無道周昌相趙三召其王而昌不遣先徵昌入乃後召王此由漢制本寬得使爲快假令如今呂后必謂昌已反夷其三族則誰

敢復爲殺身成義者哉此法宜改可使經遠又漢初廢趙王張敖其臣貫高謀
弑高祖高祖不誅以明臣道田叔孟舒十人爲奴髡鉗隨王隱親侍養故令平
安向使晉法得容爲義東宮之臣得如周昌固護太子得如邴吉距詔不坐伏
死諫爭則聖意必變太子以安如田叔孟舒侍從不罪者則隱親左右姦凶毒
藥無緣得設太子不夭也臣每責東宮臣故無侍從者後聞頗有於道路望車
拜辭而有司收付洛陽獄奏科其罪然臣故莫從良有以也又本置三率盛其
兵馬所以宿衞防虞而使者卒至莫有警嚴覆請審者此由恐畏滅族今皇孫
冲幼去事多故若有不虞彊臣專制姦邪矯詐雖有相國保訓東宮擁佑之恩
同於邴吉適可使玉體安全宜開來防可著于令自今已後諸有廢興倉卒羣
臣皆得輒嚴須錄詣殿前面受口詔然後爲信得同周昌不遺王節下聽臣子
隱親得如田叔孟舒不加罪責則永固儲副以安後嗣之遠慮也來事難知往
事可改臣前每見詹事裴權用心懇惻舍人秦戡數上疏啓諫而爰倩贈以九
列權有忠意獨不蒙賞謂宜依倩爲比以寵其魂推尋表疏如秦戡輩及司隸

所奏諸敢拜辭於道路者明詔稱揚使微異於衆以勸爲善以獎將來也纘又陳今相國雖已保傅東宮保其安危至於旦夕訓誨輔道出入動靜劬勞宜選寒苦之士忠貞清正老而不衰如城門校尉梁柳白衣南安朱沖比者以爲師傅其侍臣以下文武將吏且勿復取盛戚豪門子弟若吳太妃家室及賈郭之黨如此之輩生而富溢無念修己率多輕薄浮華相驅放縱皆非所補益於吾少主者也皆可擇寒門篤行學問素士更履險易節義足稱者以備羣臣可輕其禮儀使與古同以相切磋爲益昔魏文帝之在東宮徐幹劉楨爲友文學相接之道並如氣類吳太子登顧譚爲友諸葛恪爲賓臥同牀帳行則參乘交如布衣相呼以字此則近代之明比也天子之子不患不富貴不患人不敬畏患於驕盈不聞其過不知稼穡之艱難耳至於甚者乃不知名六畜可不勉哉昔周公親撻伯禽曹參笞窋二百聖考慈父皆不傷恩今不忍小相維持令至闕失頓相罪責不亦誤哉在禮太子朝夕視膳昏定晨省跪問安否於情得盡五日一朝於敬既簡於恩亦疎易致構間故曰一朝不朝其間容刀五日之制起

漢高祖身爲天子父猶庶人萬幾事多故闕私敬耳今主上臨朝太子無事專主孝養宜改此俗文王世子篇曰王季一飯亦一飯再飯亦再飯安有逸豫五日一覲哉纘又陳今迎太子神柩孤魂獨行太孫幼冲不可涉道謂可遣妃奉迎遠路令其父衍隨行衞護皇太子初見誣陷臣家門無祐三世假親具嘗辛苦以家觀國固知太子有變臣故求副監國欲依邴吉故事距違來使供養擁護身親飲食醫藥冀足救危主者以臣名資輕淺不肯見與世人見笑謂爲此職進退難居有必死憂臣獨以爲苟全儲君賈氏所誅甘心所願今監國御史直副皆當三族侍衞無狀實自宜然臣謂其小人不足具責故孔子曰可以託六尺之孤臨大節而不可奪是以聖王愼選故河南尹向雄昔能犯難葬故將鍾會文帝嘉之始拔顯用至於先帝以爲右率如間之事若得向雄之比則豈可觸哉此二使者但爲愚怯亦非與謀但可誅身自全三族如郭俶郭斌則於刑爲當又東宮亦宜妙選忠直亮正如向雄比陛下千秋萬歲之後太孫幼沖選置兵衞宜得柱石之士如周昌者世俗淺薄士無廉節賈謐小兒恃寵恣睢

而淺中弱植之徒更相翕習故世號魯公二十四友又謐前見臣表理太子曰
閤兒作此爲健然觀其意欲與諸司馬家同皆爲臣寒心伏見詔書稱明滿奮
樂廣侍郎賈胤與謐親理而亦疏遠往免父喪之後停家五年雖爲小屈有識
貴之潘岳繆徵等皆謐父黨共相沉浮人士羞之聞其晏然莫不爲怪今詔書
暴揚其罪並皆遣出百姓咸云清當臣獨謂非但岳徵二十四人宜皆齊黜以
肅風教朝廷善其忠烈擢爲漢中太守趙王倫死既葬纘以車轢其家時張華
兄子景後徙漢中纘又表宜還纘不護細行而慷慨好大節卒於官時年五十
九纘五子皆開朗有才力長子亨爲遼西太守屬王浚自用其人亨不得之官
依青州刺史苟晞刑政苛虐亨數切諫爲晞所害

史臣曰愍懷之廢也天下稱其冤然皆懼亂政之慘夷懾淫嬖之凶忍遂使謀
臣懷忠而結舌義士蓄憤而吞聲閻纘伯官既微於侍郎位不登於執戟輕生
重義視死如歸伏奏而待嚴誅輿棺以趨鼎鑊察言觀行豈非忠直壯乎顧視
晉朝公卿曾不得與其徒隸齒也茂伯篤終哭王經以全節休然追遠理鄧艾

以成名故得義感明時仁流枯骨雖朱勃追論新息欒布奏事彭王弗之尚也

贊曰感義收會篤終理艾道旣相侔名亦俱泰續伯區區與櫬陳書偪茲淫嬖

弗遂良圖啜其泣矣何嗟及乎

晉書卷四十八

晉書卷四十八考證

段灼傳唯金城太守楊欣所領兵以逼江由之勢得封者三十人○由綱目作油

魏文帝率萬乘之衆受禪於靡陂○臣宗楷按綱目漢後主建興十一年春正月青龍見魏摩陂井中水經注摩陂在郟縣縱廣可十五里此靡字當係摩字之訛

晉書卷四十八考證

唐 太 宗 文 皇 帝 御 撰

列傳第十九

阮籍 兄子咸 咸子瞻 瞻弟孚 從子脩 族弟放 放弟裕

阮籍字嗣宗陳留尉氏人也父瑀魏丞相掾知名於世籍容貌瓌傑志氣宏放傲然獨得任性不羈而喜怒不形於色或閉戶視書累月不出或登臨山水經日忘歸博覽羣籍尤好莊老嗜酒能嘯善彈琴當其得意忽忘形骸時人多謂之癡惟族兄文業每嘆服之以爲勝己由是咸共稱異籍嘗隨叔父至東郡兗州刺史王昶請與相見終日不開一言自以不能測太尉蔣濟聞其有雋才而辟之籍詣都亭奏記曰伏惟明公以含一之德據上台之位英豪翹首俊賢抗足開府之日人人自以爲掾屬辟書始下而下走爲首昔子夏在於西河之上而文侯擁篲鄒子處於黍谷之陰而昭王陪乘夫布衣韋帶之士孤居特立王公大人所以禮下之者爲道存也今籍無鄒卜之道而有其陋猥見採擇無以

稱當方將耕於東皋之陽輸黍稷之餘稅負薪疲病足力不彊補吏之召非所克堪乞迴謬恩以光清舉初濟恐籍不至得記欣然遣卒迎之而籍已去濟大怒於是鄉親共喻之乃就吏後謝病歸復爲尚書郎少時又以病免及曹爽輔政召爲參軍籍因以疾辭屏於田里歲餘而爽誅時人服其遠識宣帝爲太傅命籍爲從事中郎及帝崩復爲景帝大司馬從事中郎高貴鄉公卽位封關內侯徙散騎常侍籍本有濟世志屬魏晉之際天下多故名士少有全者籍由是不與世事遂酣飲爲常文帝初欲爲武帝求婚於籍籍醉六十日不得言而止鍾會數以時事問之欲因其可否而致之罪皆以酣醉獲免及文帝輔政籍嘗從容言於帝曰籍平生曾游東平樂其風土帝大悅卽拜東平相籍乘驢到郡壞府舍屏障使內外相望法令清簡旬日而還帝引爲大將軍從事中郎有司言有子殺母者籍曰嘻殺父乃可至殺母乎坐者怪其失言帝曰殺父天下之極惡而以爲可乎籍曰禽獸知母而不知父殺父禽獸之類也殺母禽獸之不若衆乃悅服籍聞步兵廚營人善釀有貯酒三百斛乃求爲步兵校尉遺落世

事雖去佐職恆游府內朝宴必與焉會帝讓九錫公卿將勸進使籍爲其辭籍
沉醉忘作臨詣府使取之見籍方據桉醉眠使者以告籍便書桉使寫之無所
改竄辭甚清壯爲時所重籍雖不拘禮教然發言玄遠口不臧否人物性至孝
母終正與人圍棊對者求止籍留與決賭既而飲酒二斗舉聲一號吐血數升
及將葬食一蒸肫飲二斗酒然後臨訣直言窮矣舉聲一號因又吐血數升毀
瘠骨立殆致滅性裴楷往弔之籍散髮箕踞醉而直視楷弔唁畢便去或問楷
凡弔者主哭客乃爲禮籍既不哭君何爲哭楷曰阮籍既方外之士故不崇禮
典我俗中之士故以軌儀自居時人歎爲兩得籍又能爲青白眼見禮俗之士
以白眼對之及嵇喜來弔籍作白眼喜不懌而退喜弟康聞之乃齎酒挾琴造
焉籍大悅乃見青眼由是禮法之士疾之若讎而帝每保護之籍嫂嘗歸寧籍
相見與別或譏之籍曰禮豈爲我設邪鄰家少婦有美色當壚沽酒籍嘗詣飲
醉便臥其側籍既不自嫌其夫察之亦不疑也兵家女有才色未嫁而死籍不
識其父兄徑往哭之盡哀而還其外坦蕩而內淳至皆此類也時率意獨駕不

由徑路車迹所窮輒慟哭而反嘗登廣武觀楚漢戰處歎曰時無英雄使豎子成名登武牢山望京邑而歎於是賦豪傑詩景元四年冬卒時年五十四籍能屬文初不留思作詠懷詩八十餘篇爲世所重著達莊論敘無爲之貴文多不錄籍嘗於蘇門山遇孫登與商略終古及栖神道氣之術登皆不應籍因長嘯而退至半嶺聞有聲若鸞鳳之音響乎巖谷乃登之嘯也遂歸著大人先生傳其略曰世之所謂君子惟法是修惟禮是克手執圭璧足履繩墨行欲爲目前檢言欲爲無窮則少稱鄉黨長聞鄰國上欲圖三公下不失九州牧獨不見羣蝨之處褌中逃乎深縫匿乎壞絮自以爲吉宅也行不敢離縫際動不敢出褌襠自以爲得繩墨也然炎丘火流焦邑滅都羣蝨處於褌中而不能出也君子之處域內何異夫蝨之處褌中乎此亦籍之胸懷本趣也子渾字長成有父風少慕通達不飾小節籍謂曰仲容已豫吾此流汝不得復爾太康中爲太子庶子

咸字仲容父熙武都太守咸任達不拘與叔父籍爲竹林之游當世禮法者譏

其所爲咸與籍居道南諸阮居道北北阮富而南阮貧七月七日北阮盛曬衣服皆錦綺粲目咸以竿挂大布犢鼻於庭人或恠之荅曰未能免俗聊復爾耳歷仕散騎侍郎山濤舉咸典選曰阮咸貞素寡欲深識清濁萬物不能移若在官人之職必絕於時武帝以咸耽酒浮虛遂不用太原郭奕高爽有識量知名於時少所推先見咸心醉不覺歎焉而居母喪縱情越禮素幸姑之婢姑當歸於夫家初云留婢既而自從去時方有客咸聞之遽借客馬追婢既及與婢累騎而還論者甚非之咸妙解音律善彈琵琶雖處世不交人事惟共親知弦歌酣宴而已與從子修特相善每以得意爲歡諸阮皆飲酒咸至宗人閒共集不復用杯觴斟酌以大盆盛酒圓坐相向大酌更飲時有羣豕來飲其酒咸直接去其上便共飲之羣從昆弟莫不以放達爲行籍弗之許荀勖每與咸論音律自以爲遠不及也疾之出補始平太守以壽終二子瞻孚

瞻字千里性清虛寡欲自得於懷讀書不甚研求而默識其要遇理而辯辭不足而旨有餘善彈琴人聞其能多往求聽不問貴賤長幼皆爲彈之神氣沖和

而不知向人所在內兄潘岳每令鼓琴終日達夜無忤色由是識者歎其恬淡
不可榮辱矣舉止灼然見司徒王戎戎問曰聖人貴名教老莊明自然其旨同
異瞻曰將無同戎咨嗟良久即命辟之時人謂之三語掾太尉王衍亦雅重之
瞻常羣行冒熱渴甚逆旅有井衆人競趨之瞻獨逡巡在後須飲者畢乃進其
夷退無競如此東海王越鎭許昌以瞻爲記室參軍與王承謝鯤鄧攸俱在越
府越與瞻等書曰禮年八歲出就外傅明始可以加師訓之則十年曰幼學明
可漸先王之教也然學之所入淺體之所安深是以閑習禮容不如式瞻儀度
諷誦遺言不若親承音旨小兒毗既無令淑之質不聞道德之風望諸君時以
閑豫周旋誨接永嘉中爲太子舍人瞻素執無鬼論物莫能難每自謂此理足
可以辯正幽明忽有一客通名詣瞻寒溫畢聊談名理客甚有才辯瞻與之言
良久及鬼神之事反覆甚苦客遂屈乃作色曰鬼神古今聖賢所共傳君何得
獨言無即僕便是鬼於是變爲異形須臾消滅瞻默然意色大惡後歲餘病卒
於倉垣時年三十

孚字遙集其母卽胡婢也孚之初生其姑取王延壽魯靈光殿賦曰胡人遙集於上楹而以字焉初辟太傅府遷騎兵屬避亂渡江元帝以爲安東參軍蓬髮飲酒不以王務嬰心時帝既用申韓以救世而孚之徒未能棄也雖然不以事任處之轉丞相從事中郎終日酣縱恒爲有司所按帝每優容之琅邪王裒爲車騎將軍鎮廣陵高選綱佐以孚爲長史帝謂曰卿既統軍府郊壘多事宜節飲也孚答曰陛下不以臣不才委之以戎旅之重臣僶俛從事不敢有言者竊以今王蒞鎮威風赫然皇澤遐被賊寇斂迹氛祲既澄日月自朗臣亦何可爝火不息正應端拱嘯詠以樂當年耳遷黃門侍郎散騎常侍嘗以金貂換酒復爲所司彈劾帝宥之轉太子中庶子左衞率領屯騎校尉明帝卽位遷侍中從平王敦賜爵南安縣侯轉吏部尚書領東海王師稱疾不拜詔就家用之尚書令郗鑒以爲非禮帝曰就用之誠不快不爾便廢才及帝疾大漸温嶠入受顧命過孚要與同行升車乃告之曰主上遂大漸江左危弱實資羣賢共康世務卿時望所歸今欲屈卿同受顧託孚不答固求下車嶠不許垂至臺門告嶠內

追求暫下便徒步還家初祖約性好財孚性好屐同是累而未判其得失有詣約見正料財物客至屛當不盡餘兩小簏以著背後傾身障之意未能平或有詣阮正見自蠟屐因自嘆曰未知一生當着幾量屐神色甚閑暢於是勝負始分咸和初拜丹陽尹時太后臨朝政出舅族孚謂所親曰今江東雖累世而年數實淺主幼時艱運終百六而庾亮年少德信未孚以吾觀之將兆亂矣會廣州刺史劉顗卒遂苦求出王導等以孚疎放非京尹才乃除都督交廣寧三州軍事鎮南將軍領平越中郎將廣州刺史假節未至鎮卒年四十九尋而蘇峻作逆識者以爲知幾無子從孫廣嗣

修字宣子好易老善清言嘗有論鬼神有無者皆以人死者有鬼修獨以爲無曰今見鬼者云着生時衣服若人死有鬼衣服有鬼邪論者服焉後遂伐社樹或止之修曰若社而爲樹伐樹則社移樹而爲社伐樹則社亡矣性簡任不修人事絕不喜見俗人遇便舍去意有所思率爾褰裳不避晨夕至或無言但欣然相對常步行以百錢掛杖頭至酒店便獨酣暢雖當世富貴而不肯顧家無

儋石之儲晏如也與兄弟同志常自得於林阜之間王衍當時談宗自以論易略盡然有所未了研之終莫悟每云不知比沒當見能通之者不衍族子敦謂衍曰阮宣子可與言衍曰吾亦聞之但未知其亹亹之處定何如耳及與修談言寡而旨暢衍乃歎服焉梁國張偉志趣不常自隱於屠釣修愛其才美而知其不真偉後爲黃門郎陳留內史果以世事受累修居貧年四十餘未有室王敦等斂錢爲婚皆名士也時慕之者求入錢而不得修所著述甚寡嘗作大鵬贊曰蒼蒼大鵬誕自北溟假精靈鱗神化以生如雲之翼如山之形海運水擊扶搖上征翕然層舉背負太清志存天地不屑唐廷鷽鳩仰笑尺鷃所輕超世高逝莫知其情王敦時爲鴻臚卿謂修曰卿常無食鴻臚丞差有祿能作不修曰亦復可爾耳遂爲之轉太傅行參軍太子洗馬避亂南行至西陽期思縣爲賊所害時年四十二

放字思度祖略齊郡太守父顗淮南內史放少與孚並知名中興除太學博士太子中舍人庶子時雖戎車屢駕而放侍太子常說老莊不及軍國明帝甚友

愛之轉黃門侍郎遷吏部郎在銓管之任甚有稱績時成帝幼沖庾氏執政放求爲交州乃除監交州軍事揚威將軍交州刺史行達寧浦逢陶侃將高寶平梁碩自交州還放設饌請寶伏兵殺之寶衆擊放敗走保簡陽城得免到州少時暴發渴見寶爲祟遂卒朝廷甚悼惜之年四十四追贈廷尉放素知名而性清約不營產業爲吏部郎不免飢寒王導庾亮以其名士常供給衣食子晞之南頓太守

裕字思曠宏達不及放而以德業知名弱冠辟太宰掾大將軍王敦命爲主簿甚被知遇裕以敦有不臣之心乃終日酣觴以酒廢職敦謂裕非當世實才徒有虛譽而已出爲溧陽令復以公事免官由是得違敦難論者以此貴之咸和初除尚書郎時事故之後公私弛廢裕遂去職還家居會稽剡縣司徒王導引爲從事中郎固辭不就朝廷將欲徵之裕知不得已乃求爲王舒撫軍長史舒薨除吏部郎不就即家拜臨海太守少時去職司空郗鑒請爲長史詔徵祕書監皆以疾辭復除東陽太守尋徵侍中不就還剡山有肥遁之志有以問王羲

之義之曰此公近不驚寵辱雖古之沉冥何以過此又云裕骨氣不及逸少簡秀不如真長韶潤不如仲祖思致不如殷浩而兼有諸人之美成帝崩裕赴山陵事畢便還諸人相與追之裕亦審時流必當逐己而疾去至方山不相及劉惔歎曰我入東正當泊安石渚下耳不敢復近思曠傍裕雖不博學論難甚精嘗問謝萬云未見四本論君試爲言之萬敘說既畢裕以傅嘏爲長於是搆辭數百言精義入微聞者皆嗟味之裕嘗以人不須廣學正應以禮讓爲先故終日靜默無所修綜而物自宗焉在剡曾有好車借無不給有人葬母意欲借而不敢言後裕聞之乃嘆曰吾有車而使人不敢借何以車爲遂命焚之在東山久之復徵散騎常侍領國子祭酒俄而復以爲金紫光祿大夫領琅邪王師經年敦逼並無所就御史中丞周閔奏裕及謝安違詔累載並應有罪禁錮終身詔書貰之或問裕曰子屢辭徵聘而宰二郡何邪裕曰雖屢辭王命非敢爲高也吾少無宦情兼拙於人間既不能躬耕自活必有所資故曲躬二郡豈以騁能私計故耳年六十二卒三子傭寧普傭早卒寧鄱陽太守普驃騎諮議參軍

傭子歆之中領軍寧子腆祕書監腆弟萬齡及歆之子彌之元熙中並列顯位

嵇康

嵇康字叔夜譙國銍人也其先姓奚會稽上虞人以避怨徙焉銍有嵇山家于其側因而命氏兄喜有當世才歷太僕宗正康早孤有奇才遠邁不羣身長七尺八寸美詞氣有風儀而土木形骸不自藻飾人以爲龍章鳳姿天質自然恬靜寡慾含垢匿瑕寬簡有大量學不師受博覽無不該通長好老莊與魏宗室婚拜中散大夫常修養性服食之事彈琴詠詩自足於懷以爲神仙稟之自然非積學所得至於導養得理則安期彭祖之倫可及乃著養生論又以爲君子無私其論曰夫稱君子者心不措乎是非而行不違乎道者也何以言之夫氣靜神虛者心不存於矜尚體亮心達者情不繫於所欲矜尚不存乎心故能越名教而自任自然情不繫於所欲故能審貴賤而通物情物情順通故大道無違越名任心故是非無措也是故言君子則以無措爲主以通物爲美言小人則以匿情爲非以違道爲闕何者匿情矜吝小人之至惡虛心無措君子之篤

行也是以大道言及吾無身吾又何患無以生爲貴者是賢於貴生也由斯而言夫至人之用心固不存有措矣故曰君子行道忘其爲身斯言是矣君子之行賢也不察於有度而後行也任心無邪不議於善而後正也顯情無措不論於是而後爲也是故傲然忘賢而賢與度會忽然任心而心與善遇儻然無措而事與是俱也其略如此蓋其胸懷所寄以高契難期每思郢質所與神交者惟陳留阮籍河內山濤豫其流者河內向秀沛國劉伶籍兄子咸琅邪王戎遂爲竹林之游世所謂竹林七賢也戎自言與康居山陽二十年未嘗見其喜慍之色康嘗採藥游山澤會其得意忽焉忘反時有樵蘇者遇之咸謂神至汲郡山中見孫登康遂從之游登沉默自守無所言說康臨去登曰君性烈而才儁其能免乎康又遇王烈共入山烈嘗得石髓如飴即自服半餘半與康皆凝而爲石又於石室中見一卷素書遽呼康往取輒不復見烈乃歎曰叔夜趣非常而輒不遇命也其神心所感每遇幽逸如此山濤將去選官舉康自代康乃與濤書告絕曰聞足下欲以吾自代雖事不行知足下故不知之也恐足下羞庖

人之獨割引尸祝以自助故爲足下陳其可不老子莊周吾之師也親居賤職
柳下惠東方朔達人也安乎卑位吾豈敢短之哉又仲尼兼愛不羞執鞭子文
無欲卿相而三爲令尹是乃君子思濟物之意也所謂達能兼善而不渝窮則
自得而無悶以此觀之故知堯舜之居世許由之巖棲子房之佐漢接輿之行
歌其揆一也仰瞻數君可謂能遂其志者也故君子百行殊塗同致循性而動
各附所安故有處朝廷而不出入山林而不反之論且延陵高子臧之風長卿
慕相如之節意氣所先亦不可奪也吾每讀尙子平臺孝感傳慨然慕之想其
爲人加少孤露母兄驕恣不涉經學又讀老莊重增其放故使榮進之心日頹
任逸之情轉篤阮嗣宗口不論人過吾每師之而未能及至性過人與物無傷
惟飲酒過差耳至爲禮法之士所繩疾之如仇讎幸賴大將軍保持之耳吾以
不如嗣宗之資而有慢弛之闕又不識物情闇於機宜無萬石之慎而有好盡
之累久與事接疵釁日興雖欲無患其可得乎又聞道士遺言餌朮黃精令人
久壽意甚信之游山澤觀魚鳥心甚樂之一行作吏此事便廢安能舍其所樂

而從其所懼哉夫人之相知貴識其天性因而濟之禹不逼伯成子高全其長也仲尼不假蓋於子夏護其短也近諸葛孔明不迫元直以入蜀華子魚不彊幼安以卿相此可謂能相終始真相知者也自卜已審若道盡塗殫則已耳足下無事冤之令轉於溝壑也吾新失母兄之歡意常悽切女年十三男年八歲未及成人況復多疾顧此悢悢如何可言今但欲守陋巷教養子孫時時與親舊敍離闊陳說平生濁酒一盃彈琴一曲志意畢矣豈可見黃門而稱貞哉若趣欲共登王塗期於相致時爲懽益一旦迫之必發狂疾自非重讎不至此也既以解足下并以爲別此書既行知其不可羈屈也性絕巧而好鍛宅中有一柳樹甚茂乃激水圜之每夏月居其下以鍛東平呂安服康高致每一相思輒千里命駕康友而善之後安爲兄所枉訴以事繫獄辭相證引遂復收康康性慎言行一旦縲紲乃作幽憤詩曰嗟余薄祜少遭不造哀煢靡識越在襁褓母兄鞠育有慈無威恃愛肆姐不訓不師爰及冠帶憑寵自放抗心希古任其所尚託好莊老賤物貴身志在守樸養素全真曰予不敏好善闇人子玉之敗屢

增惟塵大人含弘藏垢懷恥人之多僻政不由己惟此褊心顯明臧否感悟思愆怛若創痏欲寡其過謗議沸騰性不傷物頻致怨憎昔慙柳惠今愧孫登內負宿心外恧良朋仰慕嚴鄭樂道閑居與世無營神氣晏如咨予不淑嬰累多虞匪降自天寔由頑疏理弊患結卒致囹圄對答鄙訊縶此幽阻實恥訟寃時不我與雖曰義直神辱志沮澡身滄浪曷云能補雍雍鳴鴈厲翼北游順時而動得意忘憂嗟我憤歎曾莫能儔事與願違遘茲淹留窮達有命亦又何求古人有言善莫近名奉時恭默咎悔不生萬石周愼安親保榮世務紛紜祗攪余情安樂必誠乃終利貞煌煌靈芝一年三秀予獨何爲有志不就懲難思復心焉內疚庶勗將來無馨無臭採薇山阿散髮巖岫永嘯長吟頤神養壽初康居貧嘗與向秀共鍛於大樹之下以自贍給潁川鍾會貴公子也精練有才辯故往造焉康不爲之禮而鍛不輟良久會去康謂曰何所聞而來何所見而去會曰聞所聞而來見所見而去會以此憾之及是言於文帝曰嵇康臥龍也不可起公無憂天下顧以康爲慮耳因譖康欲助毋丘儉賴山濤不聽昔齊戮華士

魯誅少正卯誠以害時亂教故聖賢去之康安等言論放蕩非毀典謨帝王者所不宜容宜因釁除之以淳風俗帝既昵聽信會遂并害之康將刑東市太學生三千人請以爲師弗許康顧視日影索琴彈之曰昔袁孝尼嘗從吾學廣陵散吾每靳固之廣陵散於今絕矣時年四十海內之士莫不痛之帝尋悟而恨焉初康嘗游乎洛西暮宿華陽亭引琴而彈夜分忽有客詣之稱是古人與康共談音律辭致清辯因索琴彈之而爲廣陵散聲調絕倫遂以授康仍誓不傳人亦不言其姓字康善談理又能屬文其高情遠趣率然玄遠撰上古以來高士爲之傳贊欲友其人於千載也又作太師箴亦足以明帝王之道焉復作聲無哀樂論甚有條理子紹別有傳

向秀

向秀字子期河內懷人也清悟有遠識少爲山濤所知雅好老莊之學莊周著內外數十篇歷世方士雖有觀者莫適論其旨統也秀乃爲之隱解發明奇趣振起玄風讀之者超然心悟莫不自足一時也惠帝之世郭象又述而廣之儒

墨之迹見鄙道家之言遂感焉始秀欲注嵇康曰此書詎復須注正是妨人作樂耳及成示康曰殊復勝不又與康論養生辭難往復蓋欲發康高致也康善鍛秀爲之佐相對欣然傍若無人又共呂安灌園於山陽康既被誅秀應本郡計入洛文帝問曰聞有箕山之志何以在此秀曰以爲巢許狷介之士未達堯心豈足多慕帝甚悅秀乃自此役作思舊賦云余與嵇康呂安居止接近其人並有不羈之才嵇意遠而疎呂心曠而放其後並以事見法嵇博綜伎藝於絲竹特妙臨當就命顧視日影索琴而彈之逝將西邁經其舊廬于時日薄虞泉寒冰淒然鄰人有吹笛者發聲寥亮追想曩昔游宴之好感音而歎故作賦曰將命適於遠京兮遂旋反以北徂濟黃河以汎舟兮經山陽之舊居瞻曠野之蕭條兮息余駕乎城隅踐二子之遺迹兮歷窮巷之空廬歎黍離之愍周兮悲麥秀於殷墟追昔以懷今兮心徘徊以躊躇棟宇在而弗毀兮形神逝其焉如昔李斯之受罪兮歎黃犬而長吟悼嵇生之永辭兮顧日影而彈琴託運遇於領會兮寄餘命於寸陰聽鳴笛之慷慨兮妙聲絕而復尋佇駕言其將邁兮故

援翰以寫心後爲散騎侍郎轉黃門侍郎散騎常侍在朝不任職容迹而已卒於位二子純悌

劉伶

劉伶字伯倫沛國人也身長六尺容貌甚陋放情肆志常以細宇宙齊萬物爲心澹默少言不妄交游與阮籍嵇康相遇欣然神解攜手入林初不以家產有無介意常乘鹿車攜一壺酒使人荷鍤而隨之謂曰死便埋我其遺形骸如此嘗渴甚求酒於其妻妻捐酒毀器涕泣諫曰君酒太過非攝生之道必宜斷之伶曰善吾不能自禁惟當祝鬼神自誓耳便可具酒肉妻從之伶跪祝曰天生劉伶以酒爲名一飲一斛五斗解酲婦兒之言慎不可聽仍引酒御肉隗然復醉嘗醉與俗人相忤其人攘袂奮拳而往伶徐曰雞肋不足以安尊拳其人笑而止伶雖陶兀昏放而機應不差未嘗厝意文翰惟著酒德頌一篇其辭曰有大人先生以天地爲一朝萬期爲須臾日月爲扃牖八荒爲庭衢行無轍迹居無室廬幙天席地縱意所如止則操巵執觚動則挈榼提壺惟酒是務焉知其

餘有貴介公子搢紳處士聞吾風聲議其所以乃奮袂攘襟怒目切齒陳說禮法是非鋒起先生於是方捧甖承槽銜盃漱醪奮髯箕踞枕麴藉糟無思無慮其樂陶陶兀然而醉怳爾而醒靜聽不聞雷霆之聲熟視不睹泰山之形不覺寒暑之切肌利欲之感情俯觀萬物擾擾焉若江海之載浮萍二豪侍側焉如蜾蠃之與螟蛉嘗爲建威參軍泰始初對策盛言無爲之化時輩皆以高第得調伶獨以無用罷竟以壽終

謝鯤

謝鯤字幼輿陳國陽夏人也祖纘典農中郎將父衡以儒素顯仕至國子祭酒鯤少知名通簡有高識不修威儀好老易能歌善鼓琴王衍嵇紹並奇之永興中長沙王乂入輔政時有疾鯤者言其將出奔乂欲鞭之鯤解衣就罰曾無忤容既舍之又無喜色太傅東海王越聞其名辟爲掾任達不拘尋坐家僮取官稾除名于時名士王玄阮修之徒並以鯤初登宰府便至黜辱爲之歎恨鯤聞之方清歌鼓琴不以屑意莫不服其遠暢而恬於榮辱鄰家高氏女有美色鯤

嘗挑之女投梭折其兩齒時人爲之語曰任達不已幼輿折齒鯤聞之傲然長嘯曰猶不廢我嘯歌越尋更辟之轉參軍事鯤以時方多故乃謝病去職避地于豫章嘗行經空亭中夜宿此亭舊每殺人將曉有黃衣人呼鯤字令開戶鯤憺然無懼色便於窗中度手牽之胛斷視之鹿也尋血獲焉爾後此亭無復妖怪左將軍王敦引爲長史以討杜弢功封咸亭侯母憂去職服闋還敦大將軍長史時王澄在敦坐見鯤談話無勸惟歎謝長史可與言都不眄敦其爲人所慕如此鯤不徇功名無砥礪行居身於可否之閒雖自處若穢而動不累高敦有不臣之迹顯於朝野鯤知不可以道匡弼乃優游寄遇不屑政事從容諷議卒歲而已每與畢卓王尼阮放羊曼桓彝阮孚等縱酒敦以其名高雅相賓禮嘗使至都明帝在東宮見之甚相親重問曰論者以君方庾亮自謂何如答曰端委廟堂使百僚準則鯤不如亮一丘一壑自謂過之溫嶠嘗謂鯤子尚曰尊大君豈惟識量淹遠至於神鑒沉深雖諸葛瑾之喻孫權不過也及敦將爲逆謂鯤曰劉隗奸邪將危社稷吾欲除君側之惡匡主濟時何如對曰隗誠始禍

然城狐社鼠也敦怒曰君庸才豈達大理出鯤為豫章太守又留不遣藉其才望逼與俱下敦至石頭歎曰吾不復得為盛德事矣鯤曰何為其然但使自今以往日忘日去耳初敦謂鯤曰吾當以周伯仁為尙書令戴若思為僕射及至都復曰近來人情何如鯤對曰明公之舉雖欲大存社稷然悠悠之言實未達高義周顗戴若思南北人士之望明公舉而用之羣情帖然矣是日敦遣兵收周戴而鯤弗知敦怒曰君麤疎邪二子不相當吾已收之矣鯤與顗素相親重聞之愕然若喪諸己參軍王嶠以敦誅顗諫之甚切敦大怒命斬嶠時人士畏懼莫敢言者鯤曰明公舉大事不戮一人嶠以獻替忤旨便以釁鼓不亦過乎敦乃止敦既誅害忠賢而稱疾不朝將還武昌鯤喻敦曰公大存社稷建不世之勳然天下之心實有未達若能朝天子使君臣釋然萬物之心於是乃服杖衆望以順羣情盡沖退以奉主上如斯則勳侔一匡名垂千載矣敦曰君能保無變乎對曰鯤近日入覲主上側席遲得見公宮省穆然必無虞矣公若入朝鯤請侍從敦勃然曰正復殺君等數百人亦復何損於時竟不朝而去是時朝

望被害皆爲其憂而鯤推理安常時進正言敦既不能用內亦不悅軍還使之郡莅政清肅百姓愛之尋卒官時年四十三敦死後追贈太常諡曰康子尙嗣別有傳

胡毋輔之

胡毋輔之字彥國泰山奉高人也高祖班漢執金吾父原練習兵馬山濤稱其才堪邊任舉爲太尉長史終河南令輔之少擅高名有知人之鑒性嗜酒任縱不拘小節與王澄王敦庾敳俱爲太尉王衍所昵號曰四友澄嘗與人書曰彥國吐佳言如鋸木屑霏霏不絕誠爲後進領袖也辟別駕太尉掾並不就以家貧求試守繁昌令始節酒自厲甚有能名遷尙書郎豫討齊王冏賜爵陰平男累轉司徒左長史復求外出爲建武將軍樂安太守與郡人光逸晝夜酣飲不視郡事成都王穎爲太弟召爲中庶子遂與謝鯤王澄阮修王尼畢卓俱爲放達嘗過河南門下飲河南騶王子博箕坐其傍輔之叱使取火子博曰我卒也惟不乏吾事則已安復爲人使輔之因就與語歎曰吾不及也薦之河南尹樂

廣廣召見甚悅之擢爲功曹其甄拔人物若此東海王越聞輔之名引爲從事
中郎復補振威將軍陳留太守王彌經其郡輔之不能討坐免官尋除寧遠將
軍揚州刺史不之職越復以爲右司馬本州大中正越薨避亂渡江元帝以爲
安東將軍諮議祭酒遷揚武將軍湘州刺史假節到州未幾卒時年四十九子
謙之
謙之字子光才學不及父而傲縱過之至酣醉常呼其父字輔之亦不以介意
談者以爲狂輔之正酣飲謙之闚而厲聲曰彥國年老不得爲爾將令我尻背
東壁輔之歡笑呼入與共飲其所爲如此年未三十卒

畢卓

畢卓字茂世新蔡鮦陽人也父諶中書郎卓少希放達爲胡母輔之所知太興
末爲吏部郎常飲酒廢職比舍郎釀熟卓因醉夜至其甕閒盜飲之爲掌酒者
所縛明旦視之乃畢吏部也遽釋其縛卓遂引主人宴於甕側致醉而去卓嘗
謂人曰得酒滿數百斛船四時甘味置兩頭右手持酒杯左手持蟹螯拍浮酒

船中便足了一生矣及過江爲溫嶠平南長史卒官

王尼

王尼字孝孫城陽人也或云河內人本兵家子寓居洛陽卓犖不羈初爲護軍府軍士胡毋輔之與琅邪王澄北地傅暢中山劉輿潁川荀邃河東裴遐迭屬河南功曹甄述及洛陽令曹攄請解之攄等以制旨所及不敢輔之等齎羊酒詣護軍門門吏疏名呈護軍護軍歎曰諸名士持羊酒來將有以也尼時以給府養馬輔之等入遂坐馬廄下與尼炙羊飲酒醉飽而去竟不見護軍護軍大驚卽與尼長假因免爲兵東嬴公騰辟爲車騎府舍人不就時尚書何綏奢侈過度尼謂人曰綏居亂世矜豪乃爾將死不久人曰伯蔚聞言必相危害尼曰伯蔚比聞我語已死矣未幾綏果爲東海王越所殺初入洛尼詣越不拜越問其故尼曰公無宰相之能是以不拜因數之言甚切又云公負尼物越大驚曰寧有是也尼曰昔楚人亡布謂令尹盜之今尼屋舍資財悉爲公軍人所略尼今飢凍是亦明公之負也越大笑卽賜絹五十疋諸貴人聞競往餉之洛陽陷

避亂江夏時王澄爲荊州刺史遇之甚厚尼早喪婦有一子無居宅惟畜露車有牛一頭每行輒使御之暮則共宿車上常歎曰滄海橫流處處不安也俄而澄卒荊土饑荒尼不得食乃殺牛壞車煮肉噉之既盡父子俱餓死

羊曼

羊曼字祖延太傅祜兄孫也父暨陽平太守曼少知名本州禮命太傅辟皆不就避難渡江元帝以爲鎮東參軍轉丞相主簿委以機密歷黃門侍郎尚書吏部郎晉陵太守以公事免曼任達頹縱好飲酒溫嶠庾亮阮放桓彝同志友善並爲中興名士時州里稱陳留阮放爲宏伯高平郗鑒爲方伯泰山胡毋輔之爲達伯濟陰卞壼爲裁伯陳留蔡謨爲朗伯阮孚爲誕伯高平劉綏爲委伯而曼爲黠伯凡八人號兗州八伯蓋擬古之八儁也王敦既與朝廷乖貳羈錄朝士曼爲右長史曼知敦不臣終日酣醉諷議而已敦以其士望厚加禮遇不委以事故得不涉其難敦敗代阮孚爲丹陽尹時朝士過江初拜官相飾供饌曼拜丹陽客來早者得佳設日晏則漸罄不復及精隨客早晚而不問貴賤有羊

固拜臨海太守竟日皆美雖晚至者猶獲盛饌論者以固之豐腆乃不如曼之真率蘇峻作亂加前將軍率文武守雲龍門王師不振或勸曼避峻曼曰朝廷破敗吾安所求生勒馬不動爲峻所害年五十五峻平追贈太常子賁嗣少知名尚明帝女南郡悼公主除祕書郎早卒弟聃聃字彭祖少不經學時論皆鄙其凡庸先是兗州有八伯之號其後更有四伯大鴻臚陳留江泉以能食爲穀伯豫章太守史疇以大肥爲笨伯散騎郎高平張嶷以狡妄爲猾伯而聃以狼戾爲瑣伯蓋擬古之四凶聃初辟元帝丞相府累遷廬陵太守剛克麤暴恃國戚縱恣尤甚睚眦之嫌輒加刑殺疑郡人簡良等爲賊殺二百餘人誅及嬰孩所髡鑠復百餘庾亮執之歸于京都有司奏聃罪當死以景獻皇后是其祖姑應八議成帝詔曰此事古今所無何八議之有猶未忍肆之市朝其賜命獄所兄子賁尚公主自表求解婚詔曰罪不相及古今之令典也聃雖極法於賁何有其特不聽離婚琅邪太妃山氏聃之甥也入殿叩頭請命王導又啓聃罪不容恕宜極重法山太妃憂慼成疾陛下罔極之恩宜蒙生全之宥於是詔下曰

太妃惟此一舅發言摧咽乃至吐血情慮深重朕往丁荼毒受太妃撫育之恩同於慈親若不堪難忍之痛以致頓弊朕亦何顏以寄今便原聃生命以慰太妃渭陽之思於是除名頃之遇疾恆見簡良等爲祟旬日而死

光逸

光逸字孟祖樂安人也初爲博昌小吏縣令使逸送客冒寒舉體凍濕還遇令不在逸解衣炙之入令被中臥令還大怒將加嚴罰逸曰家貧衣單沾濕無可代若不暫溫勢必凍死奈何惜一被而殺一人乎君子仁愛必不爾也故寢而不疑令奇而釋之後爲門亭長迎新令至京師胡母輔之與荀邃共詣令家望見逸謂邃曰彼似奇才便呼上車與談良久果俊器令恠客不入吏白與光逸語令大怒除逸名斥遣之後舉孝廉爲州從事棄官投輔之輔之時爲太傅越從事中郎薦逸於越越以門寒而不召越後因閑宴責輔之無所舉薦輔之曰前舉光逸公以非世家不召非不舉也越即辟焉書到郡縣皆以爲誤審知是逸乃備禮遣之尋以世難避亂渡江復依輔之初至屬輔之與謝鯤阮放畢卓

羊曼桓彝阮孚散髮裸袒閉室酣飲已累日逸將排戶入守者不聽逸便於戶外脫衣露頭於狗竇中窺之而大叫輔之驚曰他人決不能爾必我孟祖也遽呼入遂與飲不捨晝夜時人謂之八達元帝以逸補軍諮祭酒中興建爲給事中卒官

史臣曰夫學非常道則物靡不通理有忘言則在情斯遣其進也撫俗同塵不居名利其退也餐和履順以保天真若乃一其本源體無爲之用分其華葉開寓言之道是以伯陽垂範鳴謙置式欲崇諸己先下於人猶大樂無聲而蹌鸞斯應者也莊生放達其旨而馳辯無窮棄彼榮華則俯輕爵位懷其道術則顧蔑王公舐痔兼車鳴鳶吞腐以茲自口於焉詭物殊異虛舟有同攘臂嵇阮竹林之會劉畢芳樽之友馳騁莊門排登李室若夫儀天布憲百官從軌經禮之外棄而不存是以帝堯縱許由於埃壒之表光武舍子陵於潺湲之瀨松蘿低舉用以優賢巖水澄華茲焉賜隱臣行厥志主有嘉名至於嵇康遺巨源之書阮氏創先生之傳軍諮散髮吏部盜樽豈以世疾名流茲焉自垢臨鍛竈而不

迴登廣武而長歎則嵇琴絕響阮氣徒存通其旁徑必彫風俗召以效官居然
尸素軌躅之外或有可觀者焉咸能符契情靈各敦終始愴神交於晩笛或相
思而動駕史臣是以拾其遺事附于篇云
贊曰老篇爰植孔教提衡各存其趣道貴無名相彼非禮遵乎達生秋水揚波
春雲斂映旨酒厥德憑虛其性不翫斯風誰虧王政

晉書卷四十九

晉書卷五十

唐　太　宗　文　皇　帝　御　撰

列傳第二十

曹志

曹志字允恭譙國譙人魏陳思王植之孽子也少好學以才行稱夷簡有大度兼善騎射植曰此保家主也立以爲嗣後改封濟北王武帝爲撫軍將軍迎陳留王于鄴志夜謁見帝與語自暮達旦甚奇之及帝受禪降爲鄄城縣公詔曰昔在前世雖歷運迭興至於先代苗裔傳祚不替或列藩九服式序王官選衆命賢惟德是與蓋至公之道也魏氏諸王公養德藏器壅滯曠久前雖有詔當須簡授而自頃衆職少缺未得式敘前濟北王曹志履德清純才高行絜好古博物爲魏宗英朕甚嘉之其以志爲樂平太守志在郡上書以爲宜尊儒重道請爲博士置吏卒還章武趙郡太守雖累郡職不以政事爲意晝則游獵夜誦詩書以聲色自娛當時見者未審其量也咸寧初詔曰鄄城公曹志篤行履素

達學通識宜在儒林以弘冑子之教其以志爲散騎常侍國子博士帝嘗閱六
代論問志曰是卿先王所作邪志對曰先王有手所作目錄請歸尋按還奏曰
按錄無此帝曰誰作志曰以臣所聞是臣族父冏所作以先王文高名著欲令
書傳於後是以假託帝曰古來亦多有是顧謂公卿曰父子證明足以爲審自
今以後可無復疑後遷祭酒齊王攸將之國下太常議崇錫文物時博士秦秀
等以爲齊王宜內匡朝政不可之藩志又常恨其父不得志於魏因愴然歎曰
安有如此之才如此之親不得樹本助化而遠出海隅晉朝之隆其殆乎哉乃
奏議曰伏聞大司馬齊王當出藩東夏備物盡禮同之二伯今陛下爲聖君稷
契爲賢臣內有魯衛之親外有齊晉之輔坐而守安此萬世之基也古之夾輔
王室同姓則周公其人也異姓則太公其人也皆身在內五世反葬後雖有五
霸代興桓文譎主下有請隧之僭上有九錫之禮終於譎而不正驗於尾大不
掉豈與召公之歌棠棣周詩之詠鴟鴞同日論哉今聖朝創業之始始之不諒
後事難工幹植不彊枝葉不茂骨鯁不存皮膚不充自羲皇以來豈是一姓之

獨有欲結其心者當有磐石之固夫欲享萬世之利者當與天下議之故天之
聰明自我人之聰明秦魏欲獨擅其威而財得沒其身周漢能分其利而親疏
爲之用此自聖主之深慮日月之所照事雖淺當深謀之言雖輕當重思之志
備位儒官若言不及禮是志寇竊知忠不言議所不敢志以爲當如博士等議
議成當上見其從弟高邑公嘉嘉曰兄議甚切百年之後必書晉史目下將見
責邪帝覽議大怒曰曹志尙不明吾心況四海乎以議者不指答所問橫造異
論策免太常鄭默於是有司奏收志等結罪詔惟免志官以公還第其餘皆付
廷尉頃之志復爲散騎常侍遭母憂居喪過禮因此篤病喜怒失常九年卒太
常奏以惡謚崔褒歎曰魏顆不從亂以病爲亂故也今謚曹志而謚其病豈謂
其病不爲亂乎於是謚爲定

庾峻　子珉　敳

庾峻字山甫穎川鄢陵人也祖乘才學洽聞漢司徒辟有道徵皆不就伯父嶷
中正簡素仕魏爲太僕父道廉退貞固養志不仕牛馬有蹊鬻者恐傷人不貨

於市及諸子貴賜拜太中大夫峻少好學有才思嘗游京師聞魏散騎常侍蘇林老疾在家往候之林嘗就乘學見峻流涕良久曰尊祖高才而性退讓慈和汎愛清靜寡欲不營當世惟修德行而已鄢陵舊五六萬戶聞今裁有數百君二父孩抱經亂獨至今日尊伯爲當世令器君兄弟復俊茂此尊祖積德之所由也歷郡功曹舉計掾州辟從事太常鄭袤見峻大奇之舉爲博士時重莊老而輕經史峻懼雅道陵遲乃潛心儒典屬高貴鄉公幸太學問尚書義於峻峻援引師說發明經旨申暢疑滯對答詳悉遷祕書丞長安有大獄久不決拜峻侍御史往斷之朝野稱允武帝踐阼賜爵關中侯遷司空長史轉祕書監御史中丞拜侍中加諫議大夫常侍帝講詩中庶子何劭論風雅正變之義峻起難往反四坐莫能屈之是時風俗趣競禮讓陵遲峻上疏曰臣聞黎庶之性人衆而賢寡設官分職則官寡而賢衆爲賢衆而多官則妨化以無官而棄賢則廢道是故聖王之御世也因人之性或出或處故有朝廷之士又有山林之士朝廷之士佐主成化猶人之有股肱心膂共爲一體也山林之士被褐懷玉太上

棲於丘園高節出於衆庶其次輕爵服遠恥辱以全名最下就列位雖無功而能知止彼其清劭足以抑貪汙退讓足以息鄙事故在朝之士聞其風而悅之將受爵者皆耻躬之不逮斯山林之士避寵之臣所以爲美也先王嘉之節雖離世而德合于主行雖詭朝而功同于政故大者有玉帛之命其次有几杖之禮以厚德載物出處有地既廊廟多賢才而野人亦不失爲君子此先王之弘也秦塞斯路利出一官唯有處士之名而無爵列於朝者商君謂之六蝎韓非謂之五蠹時不知德惟爵是聞故閭閻以公乘侮其鄉人郎中以上爵傲其父兄漢祖反之大暢斯否任蕭曹以天下重四皓於南山以張良之勳而班在叔孫之後蓋公之賤而曹相諮之以政帝王貴德於上俗亦反本於下故田叔等十人漢廷臣無能出其右者而未嘗干祿於時以釋之之貴結王生之襪於朝而其名愈重自非主臣尚德兼愛孰能通天下之志如此其大者乎夫不革百王之弊徒務救世之政文士競智而務入武夫恃力而爭先官高矣而意未滿功報矣其求不已又國無隨才任官之制俗無難進易退之耻位一高雖無功

而不見下已負敗而復見用故因前而升則處士之路塞矣又仕者黜陟無章是以普天之下先競而後讓舉世之士有進而無退大人溺於動俗執政撓於羣言衡石爲之失平清濁安可復分昔者先王患向之所以取天下者今之爲弊是故功成必改其物業定必易其教雖以爵祿使下臣無貪陵之行雖以甲兵定功主無窮武之悔也臣愚以爲古者大夫七十懸車今自非元功國老三司上才可聽七十致仕則士無懷祿之嫌矣其父母八十可聽終養則孝莫大於事親矣吏歷試無績依古終身不仕則官無秕政矣能小而不能大可降還瀧小則使人以器矣人主進人以禮退人以禮人臣亦量能受爵矣其有孝如王陽臨九折而去官潔如貢禹冠一免而不著及知止如王孫知足如疏廣雖去列位而居東野與人父言依於慈與人子言依於孝此其出言合於國檢危行彰於本朝去勢如脫屣路人爲之隕涕辭寵如金石庸夫爲之興行是故先王許之而聖人貴之夫人之性陵上猶水之趣下也益而不已必決升而不已必困始於匹夫行義不敦終於皇輿爲之敗績固不可不慎也下人弃心進趣

上宜以退讓去其甚者退讓不可以刑罰使莫若聽朝士時時從志山林往往間出無使入者不能復出往者不能復反然後出處交泰提衡而立時靡有爭天下可得而化矣又疾世浮華不修名實著論以非之文繁不載九年卒詔賜朝服一具衣一襲錢三十萬臨終勑子珉朝卒夕殯幅巾布衣葬勿擇日珉奉遵遺命斂以時服二子珉敳

珉字子琚性淳和好學行己忠恕少歷散騎常侍本國中正侍中封長岑男懷帝之沒劉元海也珉從在平陽元海大會因使帝行酒珉不勝悲憤再拜上酒因大號哭賊惡之會有告珉及王儁等謀應劉琨者元海因圖弒逆珉等並遇害初洛陽之未陷也珉爲侍中直于省內謂同僚許遐曰世路如此禍難將及吾當死乎此屋耳及是竟不免焉太元末追謚曰貞

敳字子嵩長不滿七尺而腰帶十圍雅有遠韻爲陳留相未嘗以事嬰心從容酣暢寄通而已處衆人中居然獨立嘗讀老莊曰正與人意闇同太尉王衍雅重之敳見王室多難終知嬰禍乃著意賦以豁情衍賈誼之服鳥也其詞曰至

理歸於渾一兮榮辱固亦同貫存亡既已均齊兮正盡死復何歎物咸定於無
初兮俟時至而後驗若四節之素代兮豈當今之得遠且安有壽之與夭兮或
者情橫多戀宗統竟初不別兮大德亡其情願蠢動皆神之爲兮癡聖惟質所
建眞人都遣穢累兮性茫蕩而無岸縱驅於遼廓之庭兮委體乎寂寥之館天
地短於朝生兮億代促於始旦顧瞻宇宙微細兮眇若豪鋒之半飄飄玄曠之
域兮深莫暢而靡玩元與自然幷體兮融液忽而四散從子亮見賦問曰若有
意也非賦所盡若無意也復何所賦答曰在有無之閒耳遷吏部郞是時天下
多故機變屢起敳常靜默無爲參東海王越太傅軍事轉軍諮祭酒時越府多
儁異敳在其中常自袖手豫州牧長史河南郭象善老莊時人以爲王弼之亞
敳甚知之每曰郭子玄何必減庾子嵩象後爲太傅主簿任事專勢敳謂象曰
卿自是當世大才我疇昔之意都已盡矣敳有重名爲搢紳所推而聚斂積實
談者譏之都官從事溫嶠奏之敳更器嶠目嶠森森如千丈松雖磊砢多節施
之大廈有棟梁之用時劉輿見任於越人士多爲所構惟敳縱心事外無迹可

間後以其性儉家富說越令就換錢千萬冀其有吝因此可乘越於衆坐中問
於敳而敳乃頹然已醉幘墮机上以頭就穿取徐答云下官家有二千萬隨公
所取矣輿於是乃服越甚悅因曰不可以小人之慮度君子之心王衍不與敳
交敳卿之不置衍曰君不得爲耳敳曰卿自君我我自卿卿我自用我家法卿
自用卿家法衍甚奇之石勒之亂與衍俱被害時年五十

郭象

郭象字子玄少有才理好老莊能清言太尉王衍每云聽象語如懸河瀉水注
而不竭州郡辟召不就常閑居以文論自娛後辟司徒掾稍至黃門侍郎東海
王越引爲太傅主簿甚見親委遂任職當權熏灼內外由是素論去之永嘉末
病卒著碑論十二篇先是註莊子者數十家莫能究其旨統向秀於舊註外而
爲解義妙演奇致大暢玄風惟秋水至樂二篇未竟而秀卒秀子幼其義零落
然頗有別本遷流象爲人行薄以秀義不傳于世遂竊以爲己注乃自註秋水
至樂二篇又易馬蹄一篇其餘衆篇或點定文句而已其後秀義別本出故今

有向郭二莊其義一也

庾純　子旉

庾純字謀甫博學有才義爲世儒宗郡補主簿仍參征南府累遷黃門侍郎封關內侯歷中書令河南尹初純以賈充姦佞與任愷共舉充西鎮關中充由是不平充嘗宴朝士而純後至充謂曰君行常居人前今何以在後純曰旦有小市井事不了是以來後世言純之先嘗有伍伯者充之先有市魁者充純以此相譏焉充自以位隆望重意殊不平及純行酒充不時飲純曰長者爲壽何敢爾乎充曰父老不歸供養將何言也純因發怒曰賈充天下兇兇由爾一人充曰充輔佐二世蕩平巴蜀有何罪而天下爲之兇兇純曰高貴鄉公何在衆坐因罷充左右欲執純中護軍羊琇侍中王濟佑之因得出充慙怒上表解職純懼上河南尹關內侯印綬上表自劾曰司空公賈充請諸卿校并及臣臣不自量飲酒過多醉亂行酒重酌於公公不肯飲言語往來公遂訶臣父老不歸供養卿爲無天地臣不服罪自引而更忿怒厲聲名公臨時諠譊遂至荒越禮八

十月制誠以衰老之年變難無常也臣不惟生育之恩求養老父而懷祿貪榮烏鳥之不若充爲三公論道興化以教義責臣是也而以枉錯直居下犯上醉酒迷荒昏亂儀度臣得以凡才擢授顯任易戒濡首論誨酒困而臣聞義不服過言盈庭黷慢台司違犯憲度不可以訓請臺免臣官廷尉結罪大鴻臚削爵土勅身不謹伏須罪誅御史中丞孔恂劾純請免官詔曰先王崇尊卑之禮明貴賤之序著溫克之德記沉酗之禍所以光宣道化示人軌儀也昔廣漢陵慢宰相獲犯上之刑灌夫託醉肆忿致誅斃之罪純以凡才備位卿尹不惟謙敬之節不忌覆車之戒陵上無禮悖言自口宜加顯黜以肅朝倫遂免純官又以純父老不求供養使據禮典正其臧否太傅何曾太尉荀顗驃騎將軍齊王攸議曰凡斷正臧否宜先稽之禮律八十者一子不從政九十者其家不從政新令亦如之按純父年八十一兄弟六人三人在家不廢侍養純不求供養其於禮律未有違也司空公以純備位卿尹望其有加於人而純荒酒肆其忿怒臣以爲純不遠布孝至之行而近習常人之失應在譏貶司徒石苞議純榮官忘

親惡聞格言不忠不孝宜除名削爵士司徒西曹掾劉斌議以爲敦叙風俗以人倫爲先人倫之教以忠孝爲主忠故不忘其君孝故不忘其親若孝必專心於色養則明君不得而臣忠必不顧其親則父母不得而子也是以爲臣者必以義斷其恩爲子也必以情割其義在朝則從君之命在家則隨父之制然後君父兩濟忠孝各序純兄峻以父老求歸峻若得歸純無不歸之勢峻不得歸純無得歸之理純雖自聞同不見聽近遼東太守孫和廣漢太守鄧良皆有老母良無兄弟授之遠郡辛苦自歸皆不見聽且純近爲京尹父在界內時得自啓定省獨於禮法外處其貶黜斌愚以爲非理也禮年八十一子不從政純有二弟在家不爲違禮又令年九十乃聽悉歸今純父實未九十不爲犯令罵辱宰相宜加放斥以明國典聖恩愷悌示加貶退臣愚無所清議河南功曹史龐札等表曰臣郡前尹關內侯純醉酒失常戊申詔書既免尹官以父篤老不求供養下五府依禮典正其臧否臣謹按三王養老之制八十一子不從政九十其家不從政斯誠使人無闕孝養之道爲臣不違在公之節也先王制禮埀訓

莫尚於周當其時也姬公留周伯禽之魯孝子不匱典禮無愆今公府議七十時制八十月制欲以駮奪從政之限削除爵土是爲公旦立法還自越之魯侯爲子卽爲罰首也石奮期頤四子列郡近太宰獻王諸子亦在藩外古今同符忠孝並濟臣聞悔吝之疵君子有之尹性少飲多遂至沉醉尹醒聞之悼恨前失執謙引罪深自奏劾求入重法今公府不原所由而謂傲狠是爲重罪過醉之言而沒迷復之義也臣聞父子天性愛由自然君臣之交出自義合而求忠臣必於孝子是以先王立禮敬同於父原始要終齊於所生如此猶患人臣罕能致身今公府議云禮律雖有常限至於疾病歸養不奪其志如此則爲禮禁正直而謟人以詐違越王制開其殆原尹少履清苦事親色養歷職內外公廉無私此陛下之所以屢發明詔而尹之所以仍見擢授也尹行己也恭率下也敬先衆後己實是宿心一旦由醉責以暴慢按奏狀不忠不孝郡公建議削除爵土此愚臣所以自悲自悼拊心泣血也按今父母年過八十聽令其子不給限外職誠以得有歸來之緣今尹居在郡內前每表屢蒙定省尹昆弟六人三

人在家孝養不廢兄侍中峻家之嫡長往比自表求歸供養詔喻不聽國體法
同兄弟無異而虛責尹不求供養如斯臣懼長假飾之名而損忠誠之實也夫
禮者所以經國家定社稷也故陶唐之隆順考古典周成之美率由舊章伏惟
陛下聖德欽明敦禮崇教疇諮四嶽以詳典制尹以犯違受黜而所由者醉公
以教義是責而所因者忿積忿以立義由醉以得罪禮律不復爲斷文致欲以
成法是以愚臣敢冒死亡之誅而恥不伸於盛明之世惟蒙哀察帝復下詔曰
自中世以來多爲貴重順意賤者生情故令釋之定國得揚名於前世今議責
庾純不惟溫克醉酒沉湎此責人以齊聖也疑賈公亦醉若其不醉終不於百
客之中責以不去官供養也大晉依聖人典禮制臣子出處之宜若有八十皆
當歸養亦不獨純也古人云由醉之言俾出童羖明不責醉恐失度也所以免
純者當爲將來之醉戒耳齊王劉掾議當矣復以純爲國子祭酒加散騎常侍
後將軍荀眅於朝會中奏純以前坐不孝免黜不宜升進侍中甄德進曰孝以
顯親爲大祿養爲榮詔赦純前愆擢爲近侍兼掌教官此純召不俟駕之日而

後將軍販敢以私議貶奪公論抗言矯情誣罔朝廷宜加貶黜販坐免官初販與純俱爲大將軍所辟販整麗車服純率素而已販以爲愧恨至是毀純販既免黜純更以此愧之亟往慰勉之時人稱純通恕還侍中以父憂去官起爲御史中丞轉尙書除魏郡太守不之官拜少府年六十四卒子尃

尃字允臧少有清節歷位博士齊王攸之就國也下禮官議崇錫之物尃與博士太叔廣劉暾繆蔚郭頤秦秀傅珍等上表諫曰書稱帝堯克明俊德以親九族武王光有天下兄弟之國十有六人同姓之國四十人元勳睦親顯以殊禮而魯衞齊晉大啓土宇並受分器所謂惟善所在親疏一也大晉龍興隆唐周之遠迹王室親屬佐命功臣咸受爵土而四海乂安今吳會已平詔大司馬齊王出統方嶽當遂撫其國家將準古典以垂永制昔周之選建明德以左右王室也則周公爲太宰康叔爲司寇聃季爲司空及召芮畢毛諸國皆入居公卿大夫之位明股肱之任重守地之位輕也未聞古昔以三事之重出之國者漢氏諸侯王位尊勢重在丞相三公上其入讚朝政者乃有兼官其出之國亦不

復假台司虛名爲隆寵也昔申無宇曰五大不在邊先儒以爲貴寵公子公孫累世正卿也又曰五細不在庭先儒以爲賤妨貴少陵長遠閒親新間舊小加大也不在庭不在朝廷爲政也又曰親不在外羇不在內今棄疾在外鄭丹在內君其少戒之叔向有言公室將卑其枝葉先落公族公室之本而去之諺所謂芘焉而縱尋斧柯者也今使齊王賢邪則不宜以母弟之親尊居魯衞之常職不賢邪不宜大啓土宇表見東海也古禮三公無職坐而論道不聞以方任嬰之惟周室大壞宣王中興四夷交侵救急朝夕然後命召穆公征淮夷故其詩曰徐方不回王曰旋歸宰相不得久在外也今天下已定六合爲家將數延三事與論太平之基而更出之去王城三千里違舊章矣旉草議先以呈父純純不禁太常鄭默博士祭酒曹志並過其事武帝以博士不答所問答所不問大怒事下有司尚書朱整褚䂮等奏旉等侵官離局迷罔朝廷崇飾惡言假託無諱請收旉等八人付廷尉科罪旉父純詣廷尉自首旉以議草見示愚淺聽之詔免純罪廷尉劉頌又奏旉等大不敬棄市論求平議尚書又奏請報聽廷

尉行刑尚書夏侯駿謂朱整曰國家乃欲誅諫臣官立八座正爲此時卿可共駮正之整不從駿怒起曰非所望也乃獨爲駿議左僕射魏舒右僕射下邳王晃等從駿議奏留中七日乃詔曰尃等備爲儒官不念奉憲制不指答所問敢肆其誣罔之言以干亂視聽而尃是議主應爲戮首但尃及家人並自首大信不可奪秦秀傅珍前者虛妄幸而得免復不以爲懼當加罪戮以彰凶慝猶復不忍皆匄其死命秀珍尃等並除名後數歲復起爲散騎侍郎終於國子祭酒

秦秀

秦秀字玄良新興雲中人也父朗魏驍騎將軍秀少敦學行以忠直知名咸寧中爲博士何曾卒下禮官議謚秀議曰故太宰何曾雖階世族之胤而少以高亮嚴肅顯登王朝事親有色養之名在官奏科尹模此二者實得臣子事上之概然資性驕奢不循軌則詩云節彼南山惟石巖巖赫赫師尹民具爾瞻言其德行高峻動必以禮耳丘明有言儉德之恭侈惡之大也大晉受命勞謙隱約曾受寵二代顯赫累世暨乎耳順之年身兼三公之位食大國之租荷保傅之

貴執司徒之均二子皆金貂卿校列于帝側方之古人責深負重雖舉門盡死猶不稱位而乃驕奢過度名被九域行不履道而享位非常以古義言之非惟失輔相之宜違斷金之利也穢皇代之美壞人倫之教生天下之醜示後生之傲莫大於此自近世以來宰臣輔相未有受垢辱之聲被有司之劾父子塵累而蒙恩貸若曾者也周公弔二季之陵遲哀大教之不行於是作謚以紀其終曾參奉之啓手歸全易簀而沒蓋明慎終死而後已齊之史氏亂世陪臣耳猶書君賊累死不懲況於皇代守典之官敢畏彊盛而不盡禮管子有言禮義廉恥是謂四維四維不張國乃滅亡宰相大臣人之表儀若生極其情死又無貶是則帝室無正刑也王公貴人復何畏哉所謂四維復何寄乎謹按謚法名與實爽曰繆怙亂肆行曰醜曾之行已皆與此同宜謚繆醜公時雖不同秀議而聞者懼焉秀性忌讒佞疾之如讎素輕鄙賈充及伐吳之役聞其爲大都督謂所親者曰充文案小才乃居伐國大任吾將哭以送師或止秀曰昔蹇叔知秦軍必敗故哭送其子耳今吳君無道國有自亡之形羣率踐境將不戰而潰子

之哭也既爲不智乃不赦之罪於是乃止及孫皓降于王濬充未知之方以吳未可平抗表請班師充表與告捷同至朝野以充位居人上智出人下僉以秀爲知言及充薨秀議曰充舍宗族弗授而以異姓爲後悖禮溺情以亂大倫昔鄫養外孫莒公子爲後春秋書莒人滅鄫聖人豈不知外孫親邪但以義推之則無父子耳又按詔書自非功如太宰始封無後如太宰所取必己自出如太宰不得以爲比然則以外孫爲後自非元功顯德不之得也天子之禮蓋可然乎絕父祖之血食開朝廷之禍門諡法昏亂紀度曰荒請諡荒公不從王濬有平吳之勳而爲王渾所譖毀帝雖不從無明賞罰以濬爲輔國大將軍天下咸爲之怨秀乃上言曰自大晉啓祚輔國之號率以舊恩此爲王濬無功之時受九列之顯位立功之後更得寵人之辱號也四海視之孰不失望蜀小吳大平蜀之後二將皆就加三事今濬還而降等天下安得不惑乎吳之未亡也雖以三祖之神武猶躬受其屈以孫皓之虛名足以驚動諸夏每一小出雖聖心知其垂亡然中國輒懷惶怖當爾時有借天子百萬之衆平而有之與國家結兄

弟之交臣恐朝野實皆甘之耳今濬舉蜀漢之卒數旬而平吳雖舉吳人之財寶以與之本非己分有焉而據與計校乎後與劉暾等同議齊王攸事忤旨除名尋復起爲博士秀性婞直與物多忤爲博士前後垂二十年卒於官

史臣曰齊獻王以明德茂親經邦論道允釐庶績式敘彝倫武帝納姦諂之邪謀懷終始之遠慮遂乃君茲青土作牧東藩遠邇驚嗟朝野失望曹志等服膺教義方軌儒門蹇蹇匪躬慺慺體國故能抗言鳳闕忤犯龍鱗身雖躓屈道亦弘矣庾氏世載清德見稱於世汝潁之多奇士斯焉取斯謀甫素疾佞邪而發因醉飽投鼠忌器豈易由言竊人之財猶謂之盜子玄假譽攘善將非盜乎

贊曰魏氏維城濟北知名潁川多士峻亦飛英長岑徇義祭酒遺榮謀甫三爵酗醟斯作象既攘善秀惟癉惡專獻嘉謀幾趍鼎鑊

晉書卷五十

晉書卷五十一

唐　太　宗　文　皇　帝　御　撰

列傳第二十一

皇甫謐　子方回

皇甫謐字士安幼名靜安定朝那人漢太尉嵩之曾孫也出後叔父徙居新安年二十不好學游蕩無度或以爲癡嘗得瓜果輒進所後叔母任氏任氏曰孝經云三牲之養猶爲不孝汝今年餘二十目不存教心不入道無以慰我因歎曰昔孟母三徙以成仁曾父烹豕以存教豈我居不擇鄰教有所闕何爾魯鈍之甚也修身篤學自汝得之於我何有因對之流涕謐乃感激就鄉人席坦受書勤力不怠居貧躬自稼穡帶經而農遂博綜典籍百家之言沉靜寡欲始有高尚之志以著述爲務自號玄晏先生著禮樂聖真之論後得風痺疾猶手不輟卷或勸謐修名廣交謐以爲非聖人孰能兼存出處居田里之中亦可以樂堯舜之道何必崇接世利事官鞅掌然後爲名乎作玄守論以答之曰或謂謐

曰富貴人之所欲貧賤人之所惡何故委形待於窮而不變乎且道之所貴者理世也人之所美者及時也先生年邁齒變饑寒不贍轉死溝壑其誰知乎謐曰人之所至惜者命也道之所必全者形也性形所不可犯者疾病也若擾全道以損性命安得去貧賤存所欲哉吾聞食人之祿者懷人之憂形強猶不堪況吾之弱疾乎且貧者士之常賤者道之實處常得實沒齒不憂孰與富貴擾神耗精者乎又生爲人所不知死爲人所不惜至矣喑聾之徒天下之有道者也夫一人死而天下號者以爲損也一人生而四海笑者以爲益也然則號笑非益死損生也是以至道不損至德不益何哉體足也如迴天下之念以追損生之禍運四海之心以廣非益之病豈道德之至乎夫唯無損則至堅矣夫唯無益則至厚矣堅故終不損厚故終不薄苟能體堅厚之實居不薄之真立乎損益之外游乎形骸之表則我道全矣遂不仕耽翫典籍忘寢與食時人謂之書淫或有箴其過篤將損耗精神謐曰朝聞道夕死可矣況命之修短分定懸天乎叔父有子既冠謐年四十喪所生後母遂還本宗城陽太守梁柳謐從姑

子也當之官人勸諡餞之諡曰柳爲布衣時過吾吾送迎不出門食不過鹽菜貧者不以酒肉爲禮今作郡而送之是貴城陽太守而賤梁柳豈中古人之道是非吾心所安也時魏郡召上計掾舉孝廉景元初相國辟皆不行其後鄉親勸令應命諡爲釋勸論以通志焉其辭曰相國晉王辟余等三十七人及泰始登禪同命之士莫不畢至皆拜騎都尉或賜爵關內侯進奉朝請禮如侍臣唯余疾困不及國寵宗人父兄及我寮類咸以爲天下大慶萬姓賴之雖未成禮不宜安寢縱其疾篤猶當致身余惟古今明王之制事無巨細斷之以情實力不堪豈慢也哉乃伏枕而歎曰夫進者身之榮也退者命之實也設余不疾執高箕山尚當容之況余實篤故堯舜之世士或收迹林澤或過門不敢入咎繇之徒兩遂其願者遇時也故朝貴致功之臣野美全志之士彼獨何人哉今聖帝龍興配名前哲仁道不遠斯亦然乎客或以常言見逼或以逆世爲慮余謂上有寬明之主必有聽意之人天網恢恢至否一也何尤於出處哉遂究賓主之論以解難者名曰釋勸客曰蓋聞天以懸象致明地以含通吐靈故黃鍾次

序律呂分形是以春華發萼夏繁其實秋風逐暑冬冰乃結人道以之應機乃發三材連利明若符契故士或同升於唐朝或先覺於有莘或通夢以感主或釋鈞於渭濱或叩角以干齊或解褐以相秦或冒謗以安鄭或乘駟以救屯或班荊以求友或借術於黃神故能電飛景拔超次邁倫騰高聲以奮遠抗宇宙之清音由此觀之進德貴乎及時何故屈此而不伸今子以英茂之才硏精於六藝之府散意於衆妙之門者有年矣既遭皇禪之朝又投祿利之際委聖明之主偶知己之會時清道真可以沖邁此真吾生濯髮雲漢鴻漸之秋也韜光逐藪含章未曜龍潛九泉硜然執高棄通道之遠由守介人之局操無乃乖於道之趣乎且吾聞招搖昏迴則天位正五教班敘則人理定如今王命切至委慮有司上招迕主之累下致駭衆之疑達者貴同何必獨異羣賢可從何必守意方今同命並臻饑不待飡振藻皇塗咸秩天官子獨栖遲衡門放形世表遜遯丘園不睨華好惠不加人行不合道身嬰大疢性命難保若其羲和促轡大火西頹臨川恨晚將復何階夫貴陰賤璧聖所約也顛倒衣裳明所箴也子其

鑒先哲之洪範副聖朝之虛心沖靈翼於雲路浴天池以濯鱗排閶闔步玉岑登紫闥侍北辰翻然景曜雜沓英塵輔唐虞之主化堯舜之人宣刑錯之政配殷周之臣銘功景鍾參敘彝倫存則鼎食亡爲貴臣不亦茂哉而忽金白之輝曜忘青紫之斑瞵辭容服之光粲抱弊褐之終年無乃勤乎主人笑而應之曰吁若賓可謂習外觀之暐曄未覩幽人之髣髴也見俗人之不容未喻聖皇之兼愛也循方圓於規矩未知大形之無外也故曰天玄而清地靜而寧含羅萬類旁薄羣生寄身聖世託道之靈若夫春以陽散冬以陰凝泰液含光元氣混蒸衆品仰化誕制殊徽故進者享天祿處者安丘陵是以寒暑相推四宿代中陰陽不治運化無窮自然分定兩克厥中二物俱靈是謂大同彼此無怨是謂至通若乃衰周之末貴詐賤誠牽於權力以利要榮故蘇子出而六主合張儀入而橫勢成廉頗存而趙重樂毅去而燕輕公叔沒而魏敗孫臏刖而齊寧蠡種親而越霸屈子疎而楚傾是以君無常籍臣無定名損義放誠一虛一盈故馮以彈劍感主女有反賜之說項奮拔山之力蒯陳鼎足之勢東郭劫於田榮

顏闔恥於見逼斯皆棄禮喪真苟榮朝夕之急者也豈道化之本與若乃聖帝之創化也參德乎三皇齊風乎虞夏欲温温而和暢不欲察察而明切也欲混混若玄流不欲蕩蕩而名發也欲索索而條解不欲契契而繩結也欲芒芒而無垠際不欲區區而分別也欲闇然而內章不欲示白若冰雪也欲醇醇而任德不欲瑣瑣而執法也是以見機者以動成好遯者無所迫故曰一明一昧得道之概一弛一張合禮之方一浮一沉兼得其真故上有勞謙之愛下有不名之臣朝有聘賢之禮野有遯竄之人是以支伯以幽疾距唐李老寄迹於西鄰顏氏安陋以成名原思娛道於至貧榮期以三樂感尼父黔婁定謚於布衾干木偃息以存魏荊萊志邁於江岑君平因著以道著四皓潛德於洛濱鄭真躬耕以致譽幼安發令乎今人皆持難奪之節執不迴之意遭拔俗之主全彼人之志故有獨定之計者不借謀於眾人守不動之安者不假慮於羣賓故能棄外親之華通內道之真去顯顯之明路入昧昧之埃塵宛轉萬情之形表排託虛寂以寄身居無事之宅交釋利之人輕若鴻毛重若泥沉損之不得測之愈

深眞吾徒之師表余迫疾而不能及者也子議吾失宿而駭衆吾亦怪子較論而不折中也夫才不周用衆所斥也寢疾彌年朝所棄也是以胥克之廢丘明列焉伯牛有疾孔子斯歎若黃帝創制於九經岐伯剖腹以蠲腸扁鵲造虢而尸起文摯徇命於齊王醫和顯術於秦晉倉公發祕於漢皇華佗存精於獨識仲景垂妙於定方徒恨生不逢乎若人故乞命訴乎明王求絶編於天錄亮我躬之辛苦冀微誠之降霜故俟罪而窮處其後武帝頻下詔敦逼不已謐上疏自稱草莽臣曰臣以尫弊迷於道趣因疾抽簪散髮林阜人綱不閑鳥獸爲羣陛下披榛採蘭幷收蒿艾是以臯陶振褐不仁者遠臣惟頑蒙備食晉粟猶識唐人擊壤之樂宜赴京城稱壽闕外而小人無良致災速禍久嬰篤疾軀半不仁右脚偏小十有九載又服寒食藥違錯節度辛苦荼毒于今七年隆冬裸袒食冰當暑煩悶加以咳逆或若温瘧或類傷寒浮氣流腫四肢酸重於今困劣救命呼噏父兄見出妻息長訣仰迫天威扶輿就道所苦加焉不任進路委身待罪伏枕歎息臣聞韶衞不並奏雅鄭不兼御故郤子入周禍延王叔虞丘稱

賢樊姬掩口君子小人禮不同器况臣糠𪍿糅之彫胡庸夫錦衣不稱其服也
竊聞同命之士咸以畢到唯臣疾疢抱釁牀蓐雖貪明時懼斃命路隅設臣不
疾已遭堯舜之世執志箕山猶當容之臣聞上有明聖之主下有輸實之臣上
有在寬之政下有委情之人唯陛下留神垂恕更旌瓌俊索隱於傅巖收鈞於
渭濱無令泥滓久濁清流謐辭切言至遂見聽許歲餘又舉賢良方正並不起
自表就帝借書帝送一車書與之謐雖羸疾而披閱不怠初服寒食散而性與
之忤每委頓不倫嘗悲恚叩刃欲自殺叔母諫之而止濟陰太守蜀人文立表
以命士有贄爲煩請絕其禮幣詔從之謐聞而歎曰亡國之大夫不可與圖存
而以革歷代之制其可乎夫束帛戔戔易之明義玄纁之贄自古之舊也故孔
子稱夙夜強學以待問席上之珍以待聘士於是乎三揖乃進明致之難也一
讓而退明去之易也若殷湯之於伊尹文王之於太公或身即莘野或就載以
歸唯恐禮之不重豈吝其煩費哉且一禮不備貞女恥之況命士乎孔子曰賜
也爾愛其羊我愛其禮棄之如何政之失賢於此乎在矣咸寧初又詔曰男子

皇甫謐沉靜履素守學好古與流俗異趣其以謐爲太子中庶子謐固辭篤疾帝初雖不奪其志尋復發詔徵爲議郎又召補著作郎司隸校尉劉毅請爲功曹並不應著論爲葬送之制名曰篤終曰玄晏先生以爲亡存天下之定制人理之必至也故禮六十而制壽至于九十各有等差防終以素豈流俗之多忌者哉吾年雖未制壽然嬰疢彌紀仍遭喪難神氣損劣困頓數矣常懼夭隕不期慮終無素是以略陳至懷夫人之所貪者生也所惡者死也雖貪不得越期雖惡不可逃遁人之死也精歇形散魂無不之故氣屬于天寄命終盡窮體反眞故尸藏于地是以神不存體則與氣升降尸不久寄與地合形形神不隔天地之性也尸與土并反眞之理也今生不能保七尺軀死何故隔一棺之土然則衣衾所以穢尸棺槨所以隔眞故桓司馬石槨不如速朽季孫璵璠比之暴骸文公厚葬春秋以爲華元不臣楊王孫親土漢書以爲賢於秦始皇如令魂必有知則人鬼異制黃泉之親死多於生必將備其器物用待亡者今若以存況終非卽靈之意也如其無知則空奪生用損之無益而啓奸心是招露形之

禍增亡者之毒也夫葬者藏也藏也者欲人之不得見也而大爲棺槨備贈存
物無異於埋金路隅而書表於上也雖甚愚之人必將笑之豐財厚葬以啓姦
心或剖破棺槨或牽曳形骸或剝臂捋金環或捫腸求珠玉焚如之形不痛於
是自古及今未有不死之人又無不發之墓也故張釋之曰使其中有欲雖固
南山猶有隙使其中無欲雖無石槨又何戚焉斯言達矣吾之師也夫贈終加
厚非厚死也生者自爲也遂生意於無益棄死者之所屬知者所不行也易稱
古之葬者衣之以薪葬之中野不封不樹是以死得歸真亡不損生故吾欲朝
死夕葬夕死朝葬不設棺槨不加纏斂不修沐浴不造新服殯唅之物一皆絕
之吾本欲露形入阬以身親土或恐人情染俗來久頓革理難今故觕爲之制
奢不石槨儉不露形氣絕之後便卽時服幅巾故衣以籧篨裹尸麻約二頭置
尸牀上擇不毛之地穿坑深十尺長一丈五尺廣六尺阬訖舉牀就阬去牀下
尸平生之物皆無自隨唯齎孝經一卷示不忘孝道籧篨之外便以親土土與
地平還其故草使生其上無種樹木削除使生迹無處自求不知不見可欲則

奸不生心終始無怵惕千載不慮患形骸與后土同體魂爽與元氣合靈真篤愛之至也若亡有前後不得移祔祔葬自周公來非古制也舜葬蒼梧二妃不從以爲一定何必周禮無問師工無信卜筮無拘俗言無張神坐無十五日朝夕上食禮不墓祭但月朔於家設席以祭百日而止臨必昏明不得以夜制服常居不得墓次夫古不崇墓智也今之封樹愚也若不從此是戮尸地下死而重傷魂而有靈則寃悲沒世長爲恨鬼王孫之子可以爲誡死誓難違幸無改焉而竟不仕太康三年卒時年六十八子童靈方回等遵其遺命謚所著詩賦誄頌論難甚多又撰帝王世紀年歷高士逸士列女等傳玄晏春秋並重於世門人摯虞張軌牛綜席純皆爲晉名臣

方回少遵父操兼有文才永嘉初博士徵不起避亂荆州閉戶閑居未嘗入城府蠶而後衣耕而後食先人後己尊賢愛物南土人士咸崇敬之刺史陶侃禮之甚厚侃每造之著素士服望門輒下而進王敦遣從弟廙代侃遷侃爲廣州侃將詣敦方回諫曰吾聞敵國滅功臣亡足下新破杜弢功莫與二欲無危其

可得乎侃不從而行敦果欲殺侃賴周訪獲免廙既至荊州大失物情百姓叛廙迎杜弢廙大行誅戮以立威以方回爲侃所敬責其不來詣己乃收而斬之荊土華夷莫不流涕

摯虞

摯虞字仲洽京兆長安人也父模魏太僕卿虞少事皇甫謐才學通博著述不倦郡檄主簿虞嘗以死生有命富貴在天天之所祐者義也人之所助者信也履信思順所以延福違此而行所以速禍然道長世短禍福舛錯怵迫之徒不知所守蕩而積憤或迷或放故借之以身假之以事先陳處世不遇之難遂棄彝倫輕舉遠游以極常人罔惑之情而後引之以正反之以義推神明之應於視聽之表崇否泰之運於智力之外以明天任命之不可違故作思游賦其辭曰有軒轅之遐胄兮氏仲任之洪裔敷華穎於末葉兮晞靈根於上世準乾坤以幹度兮儀陰陽以定制匪時運其焉行兮乘太虛而遙曳戴朗月之高冠兮綴太白之明璜製文霓以爲衣兮襲采雲以爲裳要華電之煜爚兮珮玉衡之

琳琅明景日以鑒形兮信煥曜而重光至美詭好於凡觀兮修稀合而靡呈燕石緹襲以華國兮和璞遙棄於南荆夏像韜塵于市北兮瓶罍抗方於兩楹鸞皇耿介而偏栖兮蘭桂背時而獨榮關寒暑以練真兮豈改容而爽情慼昆吾之易越兮懷暉光之速暮羨一稔而三春兮尚含英以容豫悼曜靈之靡暇兮限天晷之有度聆鳴蜩之號節兮恐隕葉于凝露希前軌而增騖兮眷後塵而旋顧往者倏忽而不逮兮來者冥昧而未著二儀泊焉其無央兮四節環轉而靡窮星鳥逝而時反兮夕景潛而且融景三后之在天兮歎聖哲之永終諒道修而命微兮孰舍盈而戢沖握隋珠與蕙若兮時莫悅而未遑彼未遑其何恤兮懼獨美之有傷蹇委深而投奥兮庶芬藻之不彰芳處幽而彌馨兮寶在夜而愈光遇區内之迫脅兮思攄翼乎八荒望雲階之崇壯兮願輕舉而高翔造庖犧以問象兮辨吉繇於姬文將遠遊於太初兮鑒形魄之未分四靈儼而爲衞兮六氣紛以成羣驂白獸於商風兮御蒼龍於景雲儐廝徒於靈圉兮從馮夷而問津召陵陽於游谿兮旌王子於柏人前祝融以掌燧兮殿玄冥以掩塵

形影影而遂遐兮氣疊疊而愈新挹玉膏於萊嵎兮掇芝英於瀛濱揖太昊以
假憩兮聽賦政於三春洪範翕而復張兮百卉隕而更振睇玉女之紛影兮執
懿筐於扶木覽玄象之韡曄兮仍騰躍乎陽谷吸朝霞以療飢兮降虞泉而濯
足將縱轡以逍遙兮恨東極之路促詔纖阿而右迴兮覿朱明之赫曦莅羣神
於夏庭兮迴蒼梧而結知纚焦明以承旂兮驅天馬而高馳讓羲和於丹丘兮
誚倒景之亂儀尋凱風而南暨兮謝太陽於炎離戚溽暑之陶鬱兮余安能乎
留斯聞碧雞之長晨兮吾將往乎西游與浮鷁於弱水兮泊舳艫於中流苟精
粹之攸存兮誠沉羽以汎舟軼望舒以陵厲兮羌神漂而氣浮訊碩老於金室
兮采舊聞於前修譏淪陰於危山兮問王母於椒丘觀玄鳥之參趾兮會根壹
之神籌擾毚兔於月窟兮詰姮娥於蓐收爰攬轡而旋驅兮訪北叟之倚伏乘
增冰而遂濟兮凌固陰之所竆探龜蚳於幽穴兮瞰罔養之潛育哂倏忽之躁
狂兮喪中黃於耳目佪燭龍而游衍兮竆大明於北陸攀招搖而上躋兮忽蹈
廓而凌虛登閶闔而遺眷兮顧玄黃於地輿召黔雷以先導兮覲天帝於清都

觀渾儀以寓目兮拊造化之大鑪爰辨惑於上皇兮稽吉凶之元符唐則天而
民咨兮癸亂常而感虞孔揮涕於西狩兮臧考祥於婁句跖肆暴而保乂兮顏
履仁而夙徂何否泰之靡所兮眩榮辱之不圖運可期兮不可思道可知兮不
可爲求之者勞兮欲之者惑信天任命兮理乃自得且也四位爲匠乾巛爲均
散而爲物結而爲人陽降陰升一替一與流而爲川滯而爲陵禍不可攘福不
可徵其否兮有豫其泰兮有數成形兮未察靈像兮已固承明訓以發蒙兮審
性命之靡求將澄神而守一兮奚飄飄而遐遊斐陳辭以告退兮主悖惘而永
歎惟升降之不仍兮詠別易而會難願大饗以致好兮壼息駕於一殪會司儀
於有始兮延嘉賓於九乾陳鈞天之廣樂兮展萬舞之至歡枉矢鑠其在手兮
狼弧翲其斯彎睨翟犬於帝側兮殪熊羆於靈軒爾乃清道夙蹕載輪修祖班
命授號轙軥整旅兆司鬱以居路兮萬靈森而陳庭豐隆軒其警衆兮鉤陳帥
以屬兵堪輿竦而進時兮文昌肅以司行抗蚩尤之修旃兮建雄虹之采旌乘
雲車電鞭之扶輿委移兮駕應龍青虬之容裔陸離俯游光逸景倏爍徽霍兮

仰流旌垂旄焱攸攕纚前湛湛而攝進兮後傑傑而方馳且啓行於重陽兮奄
稅駕乎少儀跨列缺兮闚乾巛揮玉關兮出天門涉漢津兮望崐崙經赤霄兮
臨玄根觀品物兮終復魂形已消兮氣猶存眺懸舟之離離兮懷舊都之藹藹
仍繁榮而督引兮將遄降而速邁華雲依霏而翼衡兮日月炫晃而映蓋蹈煙
熅兮辭天衢心闟翕兮識故居路遂適兮情欣欣奄忽歸兮反常閭修中和兮
崇彝倫大道緜兮味琴書樂自然兮識窮達澹無思兮心恆娛舉賢良與夏侯
湛等十七人策爲下第拜中郎武帝詔曰省諸賢良答策雖所言殊塗皆明於
王義有益政道欲詳覽其對究觀賢士大夫用心因詔諸賢良方正直言會東
堂策問曰頃日食正陽水旱爲災將何所修以變大眚及法令有不宜於今爲
公私所患苦者皆何事凡平世在於得才得才者亦借耳目以聽察若有文武
器能有益於時務而未見申敘者各舉其人及有負俗謗議宜先洗濯者亦各
言之虞對曰臣聞古之聖明原始以要終體本以正末故憂法度之不當而不
憂人物之失所憂人物之失所而不憂災害之流行誠以法得於此則物理於

彼人和於下則災消於上其有日月之眚水旱之災則反聽內視求其所由遠觀諸物近驗諸身耳目聽察豈或有蔽其聰明者乎動心出令豈或有傾其常正者乎大官大職豈或有授非其人者乎賞罰黜陟豈或有不得其所者乎河濱山巖豈或有懷道釣築而未感於夢兆者乎方外遐裔豈或有命世傑出而未蒙膏澤者乎推此類也以求其故詢事考言以盡其實則天人之情可得而見咎徵之至可得而救也若推之於物則無忤求之於身則無尤萬物理順內外咸宜祝史正辭言不負誠而日月錯行夭癘不戒此則陰陽之事非吉凶所在也期運度數自然之分固非人事所能供御其亦振廩散滯貶食省用而已矣是故誠遇期運則雖陶唐殷湯有所不變苟非期運則宋衛之君諸侯之相猶能有感唯陛下審其所由以盡其理則天下幸甚臣生長蓽門不逮異物雖有賢才所未接識不敢瞽言妄舉無以疇答聖問擢爲太子舍人除聞喜令時天子留心正道又吳寇新平天下乂安上太康頌以美晉德其辭曰於休上古人之資始四隩咸宅萬國同軌有漢不競喪亂靡紀畿服外叛侯衛內圮天難

既降時惟鞠凶龍戰獸爭分裂遐邦僭岷蜀度逆海東權乃緣閒割據三江
明明上帝臨下有赫乃宣皇威致天之辟奮武遼隧罪人斯獲撫定朝鮮奄征
韓貊文既應期席卷梁益元憝委命九夷重譯邛冉哀牢是焉底績我皇之登
二國既平靡適不懷以育羣生吳乃負固放命南冥聲教未暨弗及王靈皇震
其威赫如雷霆截彼江沔荆舒以清邈矣聖皇參乾兩離陶化以正取亂以奇
耀武六旬輿徒不疲飲至數實干旄無虧洋洋四海率禮和樂穆穆宮廟歌雍
詠鑠光天之下莫匪帝略窮髮反景承正受朔龍馬騤騤風于華陽弓矢橐服
干戈戢藏嚴嚴南金業業餘皇雄劍班朝造舟為梁聖明有造實代天工天地
不違黎元時邕三務斯協用底厥庸既遠其迹將明其蹤喬山惟嶽望帝之封
猗歟聖帝胡不封哉以母憂解職久之召補尚書郎將作大匠陳勰掘地得古
尺尚書奏今尺長於古尺宜以古為正潘岳以為習用已久不宜復改虞駁曰
昔聖人有以見天下之賾而擬其形容象物制器以存時用故參天兩地以正
算數之紀依律計分以定長短之度其作之也有則故用之也有徵考步兩儀

則天地無所隱其情準正三辰則懸象無所容其謬施之金石則音韻和諧措之規矩則器用合宜一本不差而萬物皆正及其差也事皆反是今尺長於古尺幾於半寸樂府用之律呂不合史官用之歷象失占醫署用之孔穴乖錯此三者度量之所由生得失之所取徵皆絓閡而不得通故宜改今而從古也唐虞之制同律度量衡仲尼之訓謹權審度今兩尺並用不可謂之同知失而行不可謂之謹不同不謹是謂謬法非所以軌物垂則示人之極凡物有多而易改亦有少而難變亦有改而致煩有變而之簡度量是人所常用而長短非人所戀惜是多而易改者也正失於得反邪於正一時之變永世無二是變而之簡者也憲章成式不失舊物季末苟合之制異端雜亂之用當以時釐改貞夫一者也臣以爲宜如所奏又表論封禪見禮志虞以漢末喪亂譜傳多亡失雖其子孫不能言其先祖撰族姓昭穆十卷上疏進之以爲足以備物致用廣多聞之益以定品違法爲司徒所劾詔原之時太廟初建詔普增位一等後以主者承詔失旨改除之虞上表曰臣聞昔之聖明不愛千乘之國而惜桐葉之信

所以重至尊之命而達於萬國之誠也前乙巳赦書遠稱先帝遺惠餘澤普增位一等以酬四海欣戴之心驛書班下被于遠近莫不烏騰魚躍喜蒙德澤今一旦更以主者思文不審收既往之詔奪已澍之施臣之愚心竊以爲不可詔從之元康中遷吳王友時荀顗撰新禮使虞討論得失而後施行元皇后崩杜預奏諒闇之制乃自上古是以高宗無服喪之文而唯文稱不言漢文限三十六日魏氏以降既虞爲節皇太子與國爲體理宜釋服卒哭便除虞答預書曰唐稱遏密殷云諒闇各舉事以爲名非既葬有殊降周室以來謂之喪服喪服者以服表喪今帝者一日萬幾太子監撫之重以宜奪禮葬訖除服變制通理垂典將來何必附之於古使老儒致爭哉皇太孫尚薨有司奏御服齊衰朞詔令博士議虞曰太子生舉以成人之禮則殤理除矣太孫亦體君傳重由位成而服全非以年也從之虞又議玉輅兩社事見輿服志後歷祕書監衛尉卿從惠帝幸長安及東軍來迎百官奔散遂流離鄠杜之閒轉入南山中糧絕飢甚拾橡實而食之後得還洛歷光祿勳太常卿時懷帝親郊自元康以來不親郊

祀禮儀弛廢虞考正舊典法物粲然及洛京荒亂盜竊從橫人飢相食虞素清貧遂以餧卒虞撰文章志四卷注解三輔決錄又撰古文章類聚區分爲三十卷名曰流別集各爲之論辭理愜當爲世所重虞善觀玄象嘗謂友人曰今天下方亂避難之國其唯涼土乎性愛士人有表薦者恆爲其辭東平太叔廣樞機清辯廣談虞不能對虞筆廣不能答更相嗤笑紛然於世云

束晳

束晳字廣微陽平元城人漢太子太傅疏廣之後也王莽末廣曾孫孟達避難自東海徙居沙鹿山南因去疎之足遂改姓焉祖混隴西太守父龕馮翊太守並有名譽晳博學多聞與兄璆俱知名少游國學或問博士曹志曰當今好學者誰乎志曰陽平束廣微好學不倦人莫及也還鄉里察孝廉舉茂才皆不就璆娶石鑒從女棄之鑒以爲憾諷州郡公府不得辟故晳等久不得調太康中郡界大旱晳爲邑人請雨三日而雨注衆爲晳誠感爲作歌曰束先生通神明請天三日甘雨零我黍以育我稷以生何以疇之報束長生晳與衞恆厚善聞

恆遇禍自本郡赴喪嘗為勸農及䴵諸賦文頗鄙俗時人薄之而性沉退不慕
榮利作玄居釋以擬客難其辭曰束晳閑居門人並侍方下帷深譚隱机而咍
含毫散藻考撰同異在側者進而問之曰蓋聞道尚變通達者無窮世亂則救
其紛時泰則扶其隆振天維以贊百務熙帝載而鼓皇風生則率土樂其存死
則宇內哀其終是以君子屈己伸道不恥干時上國有不索何獲之言周易著
躍以求進之辭莘老負金鉉以陳烹割之說齊客當康衢而詠白水之詩今先
生耽道修藝嶷然山峙潛朗通微洽覽深識夜兼忘寐之勤晝騁鑽玄之思曠
年累稔不墮其志鱗翼成而愈伏術業優而不試乃欲闔匱辭價泥蟠深處永
戢琳琅之耀匿首窮魚之渚當唐年而慕長沮郡有道而反寧武識彼迷此愚
竊不取若乃士以援登進必待求附勢之黨橫擢則林藪之彥不抽丹墀步紈
袴之童東野遺白顛之叟盍亦因子都而事博陸憑鷁首以涉洪流蹈翠雲以
駭逸龍振光耀以驚沉鰌徒屈蟠於埳井眄天路而不游學既積而身困夫何
為乎祕丘且歲不我與時若奔駟有來無反難得易失先生不知盱豫之讖悔

遲而忘夫朋盍之義務疾亦豈能登海湄而仰東流之水臨虞泉而招西歸之日徒以曲畏爲梏儒學自桎因大道於環堵苦形骸於蓬室豈若託身權戚憑勢假力擇棲芳林飛不待翼夕宿七娥之房朝享五鼎之食匡三正則太階平贊五教而玉繩直孰若茹藿飧蔬終身自匿哉束子曰居吾將導爾以君子之道諭爾以出處之事爾其明受余訊謹聽余志昔元一既啓兩儀肇立離光夜隱望舒晝戢羽族翔林蟨蛁赴濕物從性之所安士樂志之所執或背豐榮以巖栖或排蘭闥而求入在野者龍逸在朝者鳳集雖其軌迹不同而道無貴賤必安其業交不相羨稷契奮庸以宣道巢由洗耳以避禪同垂不朽之稱俱入賢者之流參名比譽誰劣誰優何必貪與二八爲羣而恥爲七人之疇乎且道睽而通士不同趣吾竊綴處者之末行未敢聞子之高喻將忽蒲輪而不眄夫何權戚之云附哉昔周漢中衰時難自託福兆既開患端亦作朝遊巍峨之宮夕墜崢嶸之壑晝笑夜歎晨華暮落忠不足以衞己禍不可以預度是士諱登朝而競赴林藪或毀名自汙或不食其祿比從政於匣笥之龜譬官者於郊廟

之犢公孫泣涕而辭相楊雄抗論於赤族今大晉熙隆六合寧靜蜂蠆止毒熊羆輟猛五刑勿用八紘備整主無驕肆之怒臣無犛纓之請上下相安率禮從道朝養觸邪之獸庭有指佞之草禍戮可以忠逃寵祿可以順保且夫進無險懼而惟寂之務者率其性也兩可俱是而舍彼趣此者從其志也蓋無爲可以解天下之紛澹泊可以救國家之急當位者事有所窮陳策者言有不入翟璜不能迴西鄰之寇平勃不能正如意之立干木臥而秦師退四皓起而戚姬泣夫如是何舍何執何去何就謂山岑之林爲芳谷底之莽爲臭守分任性唯天所授烏不假甲於龜魚不假足於獸何必笑孤竹之貧而羨齊景之富恥布衣以肆志寧文裘而拖繡且能約其躬則儋石之穡以豐苟肆其欲則海陵之積不足存道德者則匹夫之身可榮忘大倫者則萬乘之主猶辱將研六籍以訓世守寂泊以鎮俗偶鄭老於海隅匹嚴叟於僻蜀且世以太虛爲輿玄罏爲肆神游莫競之林心存無營之室榮利不擾其覺殷憂不干其寐捐夸者之所貪收躁務之所棄薙聖籍之荒蕪總羣言之一至全素履於丘園背纓緌而長逸

請子課吾業於千載無聽吾言於今日也張華見而奇之石鑒卒王戎乃辟璆華召皙爲掾又爲司空下邳王晃所辟華爲司空復以爲賊曹屬時欲廣農皙上議曰伏見詔書以倉廩不實關右饑窮欲大興田農以蕃嘉穀此誠有虞戒大禹盡力之謂然農穰可致所由者三一曰天時不僭二曰地利無失三曰人力咸用若必春無霢霂之潤秋繁滂沱之患水旱失中雩禳有請雖使羲和平秩后稷親農理疆甽於原隰勤薡蓘於中田猶不足以致倉庾盈億之積也然地利可以計生人力可以課致詔書之旨亦將欲盡此理乎今天下千城人多游食廢業占空無田課之實較計九州數過萬計可申嚴此防令監司精察一人失課負及郡縣此人力之可致也又州司十郡土狹人繁三魏尤甚而猪羊馬牧布其境內宜悉破廢以供無業業少之人雖頗割徙在者猶多田諸苑牧不樂曠野貪在人閒故謂北土不宜畜牧此誠不然案古今之語以爲馬之所生實在冀北大賈牸羊取之清渤放豕之歌起於鉅鹿是其效也可悉徙諸牧以充其地使馬牛猪羊齕草於空虛之田游食之人受業於賦給之賜此地利

之可致者也昔騅駓在坰史克所以頌魯僖卻馬務田老氏所以稱有道豈利
之所以會哉又如汲郡之吳澤良田數千頃泞水停洿人不墾植聞其國人皆
謂通泄之功不足爲難舄鹵成原其利甚重而豪強大族惜其魚蒲之饒構說
官長終於不破此亦谷口之謠載在史篇謂宜復下郡縣以詳當今之計荆揚
兗豫汙泥之土渠塢之宜必多此類最是不待天時而豐年可獲者也以其雲
雨生於畚臿多稌生於決泄不必望朝隮而黃潦臻禜山川而霖雨息是故兩
周爭東西之流史起惜漳渠之浸明地利之重也宜詔四州刺史使謹按以聞
又昔魏氏徙三郡人在陽平頓丘界今者繁盛合五六千家二郡田地逼狹謂
可徙還西州以充邊土賜其十年之復以慰重遷之情一舉兩得外實內寬增
廣窮人之業以闢西郊之田此又農事之大益也轉佐著作郎撰晉書帝紀十
志遷轉博士著作如故初太康二年汲郡人不準盜發魏襄王墓或言安釐王
家得竹書數十車其紀年十三篇記夏以來至周幽王爲犬戎所滅以事接之
三家分仍述魏事至安釐王之二十年蓋魏國之史書大略與春秋皆多相應

其中經傳大異則云夏年多殷益干啓位啓殺之太甲殺伊尹文丁殺季歷自周受命至穆王百年非穆王壽百歲也幽王既亡有共伯和者攝行天子事非二相共和也其易經二篇與周易上下經同易繇陰陽卦二篇與周易略同繇辭則異卦下易經一篇似說卦而異公孫段二篇公孫段與邵陟論易國語三篇言楚晉事名三篇似禮記又似爾雅論語師春一篇書左傳諸卜筮師春似是造書者姓名也瑣語十一篇諸國卜夢妖怪相書也梁丘藏一篇先敘魏之世數次言丘藏金玉事繳書二篇論弋射法生封一篇帝王所封大曆二篇鄒子談天類也穆天子傳五篇言周穆王游行四海見帝臺西王母圖詩一篇畫贊之屬也又雜書十九篇周食田法周書論楚事周穆王美人盛姬死事大凡七十五篇七篇簡書折壞不識名題冢中又得銅劍一枚長二尺五寸漆書皆科斗字初發冢者燒策照取寶物及官收之多燼簡斷札文既殘缺不復詮次武帝以其書付祕書校綴次第尋考指歸而以今文寫之皙在著作得觀竹書隨疑分釋皆有義證遷尚書郎武帝嘗問摯虞三日曲水之義虞對曰漢章帝

時平原徐肇以三月初生三女至三日俱亡村人以爲怪乃招攜之水濱洗祓遂因水以汎觴其義起此帝曰必如所談便非好事皙進曰虞小生不足以知臣請言之昔周公城洛邑因流水以汎酒故逸詩云羽觴隨波又秦昭王以三日置酒河曲見金人奉水心之劍曰令君制有西夏乃霸諸侯因此立爲曲水二漢相緣皆爲盛集帝大悅賜皙金五十斤時有人於嵩高山下得竹簡一枚上兩行科斗書傳以相示莫有知者司空張華以問皙皙曰此漢明帝顯節陵中策文也檢驗果然時人伏其博識趙王倫爲相國請爲記室皙辭疾罷歸教授門徒年四十卒元城市里爲之廢業門生故人立碑墓側皙才學博通所著三魏人士傳七代通記晉書紀志遇亂亡失其五經通論發蒙記補亡詩文集數十篇行於世云

王接

王接字祖游河東猗氏人漢京兆尹尊十世孫也父蔚世修儒史之學魏中領軍曹義作至公論蔚善之而著至機論辭義甚美官至夏陽侯相接幼喪父哀

毀過禮鄉親皆歎曰王氏有子哉渤海劉原爲河東太守好奇以旌才爲務同郡馮收試經爲郎七十餘薦接於原曰夫驊騮不總轡則非造父之肆明月不流光則非隋侯之掌伏惟明府苞黃中之德耀重離之明求賢與能小無遺錯是以鄙老思獻所知竊見處士王接岐嶷儁異十三而孤居喪盡禮學過目而知義觸類而長斯玉鏡之妙味經世之徽猷也不患玄黎之不啓竊樂春英之及時原卽禮命接不受原乃呼見曰君欲慕肥遯之高邪對曰接薄祜少孤而無兄弟母老疾篤故無心爲吏及母終柴毀骨立居墓次積年備覽衆書多出異義性簡率不修俗操鄉里大族多不能善之唯裴頠雅知焉平陽太守柳澹散騎侍郎裴遐尚書僕射鄧攸皆與接友善後爲郡主簿迎太守溫宇宇奇之轉功曹史州辟部平陽從事時泰山羊亮爲平陽太守薦之於司隸校尉王堪出補都官從事永寧初舉秀才友人滎陽潘滔遺接書曰摯虞卞玄仁並謂足下應和鼎味可無以應秀才行接報書曰今世道交喪將遂剝亂而識智之士鉗口韜筆禍敗日深如火之燎原其可救乎非榮斯行欲極陳所見冀有覺悟

耳是歲三王義舉惠帝復阼以國有大慶天下秀才一皆不試接以爲恨除中郎補征虜將軍司馬蕩陰之役侍中嵇紹爲亂兵所害接議曰夫謀人之軍軍敗則死之謀人之國國危則亡之古之道也蕩陰之役百官奔北唯嵇紹守職以遇不道可謂臣矣又可稱痛矣今山東方欲大舉宜明高節以號令天下依春秋褒三累之義加紹致命之賞則遐邇向風莫敢不肅矣朝廷從之河間王顒欲還駕長安與關東乖異以接成都王佐難之表轉臨汾公相國及東海王越率諸侯討顒尙書令王堪統行臺上請接補尙書殿中郎未至而卒年三十九接學雖博通特精禮傳常謂左氏辭義贍富自是一家書不主爲經發公羊附經立傳經所不書傳不妄起於文爲儉通經爲長任城何休訓釋甚詳而黜周王魯大體乖硋且志通公羊而往往還爲公羊疾病接乃更注公羊春秋多有新義時祕書丞衞恆考正汲冢書未訖而遭難佐著作郎束晳述而成之事多證異義時東萊太守陳留王庭堅難之亦有證據晳又釋難而庭堅已亡散騎侍郎潘滔謂接曰卿才學理議足解二子之紛可試論之接遂詳其得失摯

虞謝衡皆博物多聞咸以爲允當又撰列女後傳七十二人雜論議詩賦碑頌駁難十餘萬言喪亂盡失長子悠期流寓江南緣父本意更注公羊又集列女後傳云

史臣曰皇甫謐素履幽貞閑居養疾留情筆削敦悅丘墳軒冕未足爲榮貧賤不以爲恥確乎不拔斯固有晉之高人者歟洎乎篤終立論薄葬昭儉既戒奢於季氏亦無取於王孫可謂達存亡之機矣摯虞束晳等並詳覽載籍多識舊章奏議可觀文詞雅贍可謂博聞之士也或攝官延閣裁成言事之書或莅政秩宗參定禋郊之禮虞既厄於從理晳乃年位不充天之報施何其爽也王接才調秀出見賞知音惜其夭枉未申驥足嗟夫

贊曰士安好逸栖心蓬篳屬意文雅忘懷榮秩遺制可稱養生乖術摯虞博聞廣徵絕羣財成禮度刊緝遺文魏篇式序漢冊斯分祖游後出亦播清芬

晉書卷五十一

晉書卷五十二

唐　太　宗　文　皇　帝　御　撰

列傳第二十二

郤詵

郤詵字廣基濟陰單父人也父晞尙書左丞詵博學多才瓌偉倜儻不拘細行州郡禮命並不應泰始中詔天下舉賢良直言之士太守文立舉詵應選詔曰蓋太上以德撫時易簡無文至于三代禮樂大備制度彌繁文質之變其理何由虞夏之際聖明係踵而損益不同周道既衰仲尼猶曰從周因革之宜又何殊也聖王既沒遺制猶存霸者迭興而翼輔之王道之缺其無補乎何陵遲之不反也豈霸德之淺歟期運不可致歟且夷吾之智而功止於霸何哉夫昔人之爲政革亂亡之弊建不刊之統移風易俗刑措不用豈非化之盛歟何修而嚮茲朕獲承祖宗之休烈于茲七載而人未服訓政道罔述以古況今何不相逮之遠也雖明之弗及猶思與羣賢慮之將何以辨所聞之疑昧獲至論於讜

言乎加自頃戎狄內侵災害屢作邊甿流離征夫苦役豈政刑之謬將有司非
其任歟各悉乃心究而論之上明古制下切當今朕之失德所宜振補其正議
無隱將敬聽之詵對曰伏惟陛下以聖德君臨猶垂意於博採故招賢正之士
而臣等薄陋不足以降大問也是以竊有自疑之心雖致身於闕庭亦僶俛矣
伏讀聖策乃知下問之旨篤焉臣聞上古推賢讓位教同德一故易簡而人化
三代世及季末相承故文繁而後整虞夏之相因而損益不同非帝王之道異
救弊之路殊也周當二代之流承彫僞之極盡禮樂之致窮制度之理其文詳
備仲尼因時宜而曰從周非殊論也臣聞聖王之化先禮樂五霸之興勤政刑
禮樂之化深政刑之用淺勤之則可以小安墮之則遂陵遲所由之路本近故
所補之功不侔也而齊桓失之葵丘夷吾淪于小器功止於霸不亦宜乎策曰
建不刊之統移風易俗使天下洽和何修而嚮茲臣以爲莫大於擇人而官之
也今之典刑匪無一統宰牧之才優劣異績或以之興或以之替此蓋人能弘
政非政弘人也舍人務政雖勤何益臣竊觀乎古今而考其美惡古人相與求

賢今人相與求爵古之官人君責之於上臣舉之於下得其人有賞失其人有罰安得不求賢乎今之官者父兄營之親戚助之有人事則通無人事則塞安得不求爵乎賢苟求達達在修道窮在失義故靜以待之也爵苟可求得在進取失在後時故動以要之也動則爭競爭競則朋黨朋黨則誣謗誣謗則臧否失實真僞相冒主聽用惑姦之所會也靜則貞固貞固則正直正直則信讓信讓則推賢推賢不伐相下無釁主聽用察德之所趣也故能使之靜雖日高枕而人自正不能禁動雖復夙夜俗不一也且人無愚智咸慕名官莫不飾正於外藏邪於內故邪正之人難得而知也任得其正則衆正益至若得其邪則衆邪亦集物繁其類誰能止之故國亡失世者未嘗不爲衆邪所積也方其初作必始於微微而不絕其終乃著天地不能頓爲寒暑人主亦不能頓爲隆替故寒暑漸於春秋隆替起於得失當今之世宦者無關梁邪門啓矣朝廷不責賢正路塞矣得失之源何以甚此所謂責賢使之相舉也所謂關梁使之相保也賢不舉則有咎保不信則有罰故古者諸侯必貢士不貢者削貢而不適亦削

夫士者難知也不適者薄過也不得不責彊其所不知也罰其所不適深其薄過非恕也且天子於諸侯有不純臣之義斯責之矣施刑之道寧縱不濫之矣今皆反是何也夫賢者天地之紀品物之宗其急之矣故寧濫以得之無縱以失之也今則不然世之悠悠者各自取辨耳故其材行並不可必於公則政事紛亂於私則污穢狼籍自頃長吏特多此累有亡命而被購懸者矣有縛束而絞戮者矣貪鄙竊位不知誰升之者獸兕出檻不知誰可咎者網漏吞舟何以過此人之於利如蹈水火焉前人雖敗後人復起如彼此無已誰止之者風流日競誰憂之者雖今聖思勞於夙夜所使爲政恆得此屬欲聖世化美俗平亦俟河之清耳若欲善之宜創舉賢之典峻關梁之防其制旣立則人慎其舉慎而不苟則賢者可知知賢而試則官得其人矣官得其人則事得其序事得其序則物得其宜物得其宜則生生豐植人用資給和樂興焉是故寡過而遠刑知恥以近禮此所以建不刊之統移風易俗刑措而不用也策曰自頃夷狄內侵災眚屢降將所任非其人乎何由而至此臣聞蠻夷猾夏則皐陶作士此欲

善其末則先其本也夫任賢則政惠使能則刑恕政惠則下仰其施刑恕則人懷其勇施以殖其財勇以結其心故人居則資贍而知方動則親上而志勇苟思其利而除其害以生道利之者雖死不貳以逸道勞之者雖勤不怨故其命可授其力可竭以戰則剋以攻則拔是以善者慕德而安服惡者畏懼而削迹止戈而武義實在文唯任賢然後無患耳若夫水旱之災自然理也故古者三十年耕必有十年之儲堯湯遭之而人不困有備故也自頃風雨雖頗不時考之萬國或境土相接而豐約不同或頃畝相連而成敗異流固非天之必害於人人實不能均其勞苦失之於人而求之於天則有司惰職而不勸百姓殆業而咎時非所以定人志致豐年也宜勤人事而已臣誠愚鄙不足以奉對聖朝猶進之于廷者將使取諸其懷而獻之乎臣懼不足也若收不知言以致知言臣則可矣是以辭鄙不隱也以對策上第拜議郎母憂去職詵母病苦無車及亡不欲車載柩家貧無以市馬乃於所住堂北壁外假葬開戶朝夕拜哭養雞種蒜竭其方術喪過三年得馬八匹輿柩至冢負土成墳未畢召爲征東參軍

徙尚書郎轉車騎從事中郎吏部尚書崔洪薦詵爲左丞及在職嘗以事劾洪洪怨詵詵以公正距之語在洪傳洪聞而慚服累遷雍州刺史武帝於東堂會送問詵曰卿自以爲何如詵對曰臣舉賢良對策爲天下第一猶桂林之一枝崐山之片玉帝笑侍中奏免詵官帝曰吾與之戲耳不足怪也詵在任威嚴明斷甚得四方聲譽卒於官子延登爲州別駕

阮种

阮种字德猷陳留尉氏人漢侍中胥卿八世孫也弱冠有殊操爲嵇康所重康著養生論所稱阮生卽种也察孝廉爲公府掾是時西虜內侵災眚屢見百姓饑饉詔三公卿尹常伯牧守各舉賢良方正直言之士於是大保何曾舉种賢良策曰在昔哲王承天之序光宅宇宙咸用規矩乾坤惠康品類休風流衍彌于千載朕應踐洪運統位七載於今矣惟德弗嗣不明于政宵與惕厲未燭厥猷子大夫韞韇道術儼然而進朕甚嘉焉其各悉乃心以闡喻朕志深陳王道之本勿有所隱朕虛心以覽焉种對曰夫天地設位聖人成能王道至深所以

行化至遠故能開物成務而功業不匱近無不聽遠無不服德逮羣生澤被區宇聲施無窮而典垂百代故經曰聖人久於其道而天下化成宜師蹤往代襲迹三五矯世更俗以從人望令率土遷義下知所適播醇美之化杜邪枉之路斯誠羣黎之所欣想盛德而幸望休風也又問政刑不宣禮樂不立對曰政刑之宣故由乎禮樂之用昔之明王唯此之務所以防遏暴慢感動心術制節生靈而陶化萬性也禮以體德樂以詠功樂本於和而禮歸於敬矣又問戎蠻猾夏對曰戎蠻猾夏侵敗王略雖古盛世猶有此虞故詩稱獫狁孔熾書歎蠻夷帥服自魏氏以來夷虜內附鮮有桀悍侵漁之患由是邊守遂怠鄣塞不設而令醜虜內居與百姓雜處邊吏擾習人又忘戰受方任者又非其材或以狙詐侵侮邊夷或干賞啗利妄加討戮夫以微羈而御悍馬又乃操以煩策其不制者固其理也是以羣醜蕩駭緣間而動雖三州覆敗牧守不反此非胡虜之甚勁蓋用之者過也臣聞王者之伐有征無戰懷遠以德不聞以兵夫兵凶器而戰危事也兵興則傷農衆集則廢積農傷則人匱積費則國虛昔漢武之世承

文帝之業資海內之富役其材臣以甘心匈奴競戰勝之功貪攻取之利良將勁卒屈於沙漠勝敗相若克不過當夭百姓之命填餓狼之口及其以衆制寡令匈奴遠迹收功祁連飲馬瀚海天下之耗以過太半矣夫虛中國以事夷狄誠非計之得者也是以盜賊蜂起山東不振暨宣元之時趙充國征西零馮奉世征南羌皆兵不血刃摧抑彊梟擒其首惡此則折衝厭難勝敗相辨中世之明效也又問咎徵作見對曰陰陽否泰六沴之災則人主修政以禦之思患而防之建皇極之首詳庶徵之用詩曰敬之敬之天惟顯思天聰明自我人聰明是以人主祖承天命日愼一日也故能應受多福而永世克祚此先王之所以退災消眚也又問經化之務對曰夫王道之本經國之務必先之以禮義而致人於廉恥禮義立則君子軌道而讓於善廉恥立則小人謹行而不淫於制度賞以勸其能威以懲其廢此先王所以保乂定功化洽黎元而勳業長世也故上有克讓之風則下有不爭之俗朝有矜節之士則野無貪冒之人夫廉恥之於政猶樹藝之有豐壤良歲之有膏澤其生物必油然茂矣若廉恥不存而惟

刑是御則風俗彫弊人失其性錐刀之末皆有爭心雖峻刑嚴辟猶不勝矣其於政也如農者之殖磽野旱年之望豐穡必不幾矣此三代所以享德長久風醇俗美皆數百年保天之祿而秦二世而弊者蓋其所由之塗殊也又問將使武成七德文濟九功何路而臻于茲凡厥庶事曷後曷先對曰夫文武經德所以成功丕業咸熙庶績者莫先於選建明哲授方任能令才當其官而功稱其職則萬幾咸理庶寮不曠書曰天工人其代之然則繼天理物寧國安家非賢無以成也夫賢才之畜於國由良工之須利器巧匠之待繩墨也器用利則斲削易而材不病繩墨設則曲直正而衆形得矣是以人主必勤求賢而佚以任之也賢臣之於主進則忠國愛人退則砥節潔志營職不干私義出心必由公塗明度量以呈其能審經制以效其功此昔之聖王所以恭己南面而化於陶鈞之上者以其所任之賢與所賢之信也方今海內之士皆傾望休光希心紫極唯明主之所趣舍若開四聽之聽廣疇咨之求抽羣英延俊乂考工授職呈能制官朝無素飡之士如此化流罔極樹功不朽矣時种與郤詵及東平王康

俱居上第卽除尚書郎然毀譽之徒或言對者因緣假託帝乃更延羣士庭以問之詔曰前者對策各指答所問未盡子大夫所欲言故復延見其具陳所懷又比年連有水旱災眚雖戰戰兢兢未能究天人之理當何修以應其變人遇水旱饑饉者何以救之中間多事未得寧靜思以省息煩務令百姓不失其所若人有所患苦者有宜損益使公私兩濟者委曲陳之又政在得人而知之至難唯有因人視聽耳若有文武隱逸之士各舉所知雖幽賤負俗勿有所限故虛心思聞事實勿務華辭莫有所諱也种對曰伏惟陛下以聖哲玄覽降卹黎蒸將濟元元同之三代旁求俊乂以輔至化此誠堯舜之用心也臣猥以頑魯之質應清明之舉前者對策不足以疇塞聖詔所陳不究臣誠蒙昧所以爲罪臣聞天生蒸庶樹君以司牧之人君道洽則彝倫攸敘五福來備若政有愆失刑理煩僻則庶徵不應而淫亢爲災此則天人之理而興廢之由也昔之聖王政道備而制先具軌人以務致之於本是以雖有水旱之眚而無饑饉之患也自頃陰陽隔幷水旱爲災亦由期運之致不然則亦有司之不帥不能宣承聖

德以贊揚大化故和氣未降而人事未敍也方今百姓凋弊公私無儲誠在於休役靜人勸嗇務分此其救也人之所患由於役煩網密而信道未孚也役煩則百姓失業網密則下背其誠信道未孚則人無固志此則損益之至務安危之大端也傳曰始與善善進則不善蔑由至孔子曰視其所以觀其所由人焉廋哉若夫文武隱逸之士幽賤負俗之才故非愚臣之所能識謹竭愚以對策奏帝親覽焉又擢爲第一轉中書郎進止有方正己率下朝廷咸憚其威容每爲駮議事皆施用遂爲楷則遷平原相時襄邑衞京自南陽太守遷于河內與种俱拜帝望而歎曰二千石皆若此朕何憂乎种爲政簡惠百姓稱之卒於郡

華譚

華譚字令思廣陵人也祖融吳左將軍錄尚書事父諝吳黃門郎譚期歲而孤母年十八便守節鞠養勤勞備至及長好學不倦爽慧有口辯爲鄉里所重揚州刺史周浚引爲從事史愛其才器待以賓友之禮太康中刺史嵇紹舉譚秀才將行別駕陳總餞之因問曰思賢之主以求才爲務進取之士以功名爲先

何仲舒不仕武帝之朝賈誼失分漢文之時此吳晉之滯論可辯此理而後別譚曰夫聖人在上物無不理百揆之職非賢不居故山林無匿景衡門不棲遲至承統之主或是中才或復凡人居聖人之器處兆庶之上是以其教日頹風俗漸弊又中才之君所資者偏物以類感必於其黨黨言雖非彼以為是以所授有顏冉之賢所用有廟廊之器居官者日冀元凱之功在上者日庶堯舜之義彼豈知其政漸毀哉朝雖有求賢之名而無知才之實言雖當彼以為誣策雖奇彼以為妄誣則毀己之言入妄則不忠之責生豈故為哉淺明不見深理近才不覩遠體也是以言不用計不施恐死亡之不暇何論功名之立哉故上官昵而屈原放宰嚭寵而伍員戮豈不哀哉若仲舒抑於孝武賈誼失於漢文蓋復是其輕者耳故白起有云非得賢之難用之難非用之難信之難得賢而不能用用而不能信功業豈可得而成哉譚至洛陽武帝親策之曰今四海一統萬里同風天下有道莫斯之盛然北有未羈之虜西有醜施之氏故謀夫未得高枕邊人未獲晏然將何以長弭斯患混清六合對曰臣聞聖人之臨天下

也祖乾綱以流化順谷風以與仁兼三才以御物開四聰以招賢故勞謙日昃
務在擇才宣明巖穴垂光隱滯俊乂龍躍帝道以光清德鳳翔王化克舉是以
皐陶見舉不仁者遠陸賈重漢遠夷折節今聖朝德音發於帷幄清風翔乎無
外戎旗南指江漢席卷干戈西征羌蠻慕化誠闡四門之秋與禮教之日也故
髦俊聞聲而響赴殊才望險而雲集虛高館以俟賢設重爵以待士急善過於
饑渴用人疾於應響杜佞諂之門廢鄭聲之樂混清六合實由乎此雖西北有
未羈之寇殊漠有不朝之虜征之則勞師得之則無益故班固云有其地不可
耕而食得其人不可臣而畜來則懲而禦之去則備而守之蓋安邊之術也又
策曰吳蜀恃險今既蕩平蜀人服化無攜貳之心而吳人趑雎屢作妖寇豈蜀
人敦樸易可化誘吳人輕銳難安易動乎今將欲綏靜新附何以爲先對曰臣
聞漢末分崩英雄鼎峙蜀棲岷隴吳據江表至大晉龍興應期受命文皇運籌
安樂順軌聖上潛謀歸命向化蜀染化日久風教遂成吳始初附未改其化非
爲蜀人敦慤而吳人易動也然殊俗遠境風土不同吳阻長江舊俗輕悍所安

之計當先籌其人士使雲翔閶闔進其賢才待以異禮明選牧伯致以威風輕其賦斂將順咸悅可以永保無窮長爲人臣者也又策曰聖人稱如有王者必世而後仁今天成地平大化無外雖匈奴未羈羌氏驕黠將修文德以綏之舞干戚以來之故兵戈載戢武夫寢息如此已可消鋒刃爲佃器罷尙方武庫之用未邪對曰夫唐堯歷載頌聲乃作文武相承禮樂大同清一八紘綏盪無外萬國順軌海內斐然雖復被髮之鄉徒跣之國皆習章甫而入朝要衣裳以磬折夫大舜之德猶有三苗之征以周之盛獫狁爲寇雖有文德又須武備備預不虞古之善教安不忘危聖人常誡無爲罷武庫之常職鑠鋒刃爲佃器自可倒戢干戈苞以獸皮將帥之士使爲諸侯於散樂休風未爲不泰也又策曰夫法令之設所以隨時制也時險則峻法以取平時泰則寬網以將化今天下太平四方無事百姓承德將就無爲而又至於律令應有所損益不對曰臣聞五帝殊禮三王異教故或禪讓以光政或干戈以攻取至於興禮樂以和人流清風以寧俗其歸一也今誠風教大同四海無虞人皆感化去邪從正夫以堯舜

之盛而猶設象刑殷周之隆而甫侯制律律令之存何妨於政若乃大道四達禮樂交通凡人修行黎庶勵節刑罰懸而不用律令存而無施適足以隆太平之雅化飛仁風乎無外矣又策曰昔帝舜以二八成功文王以多士興周夫制化在於得人而賢才難得今大統雖同宜搜才實州郡有貢薦之舉猶未獲出羣卓越之倫將時無其人有而致之未得其理也對曰臣聞興化立法非賢無以光其道平世理亂非才無以宣其業上自皇羲下及帝王莫不張皇綱以羅遠飛仁風以被物故得賢則教興失人則政廢今四海一統萬里同風州郡貢秀孝臺府簡良才以八紘之廣兆庶之衆豈當無卓越儁逸之才乎譬猶南海不少明月之寶大宛不乏千里之駒也異哲難見遠數難覩故堯舜大平之化二八由舜而甫顯殷湯革王之命伊尹負鼎而方用當今聖朝禮亡國之士接遐裔之人或貂蟬於帷幄或剖符於千里巡狩必有呂公之遇宵夢必有巖穴之感賢儁之出可企踵而待也時九州秀孝策無逮譚者譚素以才學爲東土所推同郡劉頌時爲廷尉見之歎息曰不悟鄉里乃有如此才也博士王濟於

衆中嘲之曰五府初開羣公辟命採英奇於仄陋拔賢儁於巖穴君吳楚之人亡國之餘有何秀異而應斯舉譚答曰秀異固產於方外不出於中域也是以明珠文貝生於江鬱之濱夜光之璞出乎荊藍之下故以人求之文王生於東夷大禹生於西羌子弗聞乎昔武王剋商遷殷頑民于洛邑諸君得非其苗裔乎濟又曰夫危而不持顛而不扶至於君臣失位國亡無主凡在冠帶將何所取哉答曰吁存亡有運興衰有期天之所廢人不能支徐偃修仁義而失國仲尼逐魯而逼齊段干偃息而成名諒否泰有時曷人力之所能濟甚禮之尋除郎中遷太子舍人本國中正以母憂去職服闋爲鄄城令過濮水作莊子贊以示功曹而廷掾張延爲作答教其文甚美譚異而薦之遂見升擢及譚爲廬江延已爲淮陵太守又舉寒族周訪爲孝廉訪果立功名時以譚爲知人以父墓毀去官尋除尚書郎永寧初出爲郟令于時兵亂之後境內饑饉譚傾心撫卹司徒王戎聞而善之出穀三百斛以助之譚甚有政績再遷廬江內史加綏遠將軍時石冰之黨陸珪等屯據諸縣譚遣司馬褚敦討平之又遣別軍擊冰

都督孟徐獲其驍率以功封都亭侯食邑千戶賜絹千匹陳敏之亂吳士多爲其所逼顧榮先受敏官而潛謀圖之譚不悟榮旨露檄遠近極言其非由此爲榮所怨又在郡政嚴而與上司多忤揚州刺史劉陶素與譚不善因法收譚下壽陽獄鎮東將軍周馥與譚素相親善理而出之及甘卓討馥百姓奔散謂譚已去遣人視之而更移近馥馥歎曰吾嘗謂華令思是臧子源之疇今果效矣甘卓嘗爲東海王越所捕下令敢有匿者誅之卓投譚而免及此役也卓遣人求之曰華侯安在吾甘揚威使也譚答不知遺絹二匹以遺之使反告卓卓曰此華侯也復求之譚已亡矣後爲紀瞻所薦而爲顧榮所止遏遂數年不得調建興初元帝命爲鎮東軍諮祭酒譚博學多通在府無事乃著書三十卷名曰辨道上牋進之帝親自覽焉轉丞相軍諮祭酒領郡大中正譚薦干寶范珧於朝乃上牋求退曰譚聞霸主遠聽以求才爲務僚屬量身以審己爲分故疎廣告老漢宣不違其志干木偃息文侯就式其廬譚無古人之賢竊有懷遠之慕自登清顯出入二載執筆無贊事之功拾遺無補闕之績過在納言闇於舉善

狂寇未賓復乏謀策年向七十志力日衰素飡無勞實宜辭退謹奉還所假左
丞相軍諮祭酒版不聽建武初授祕書監固讓不拜太興初拜前軍以疾復轉
祕書監自負宿名恆快快不得志時晉陵朱鳳吳郡吳震並學行清修老而未
調譚皆薦爲著作佐郎或問譚曰諺言人之相去如九牛毛寧有此理乎譚對
曰昔許由巢父讓天子之貴市道小人爭半錢之利此之相去何啻九牛毛也
聞者稱善戴若思弟邈則譚女壻也譚平生時常抑若思而進邈若思每銜之
迨用事恆毀譚於帝由是官塗不至譚每懷觖望嘗從容言於帝曰臣已老矣
將待死祕閣汲黯之言復存於今帝不懌久之加散騎常侍屢以疾辭及王敦
作逆譚疾甚不能入省坐免卒於家贈光祿大夫金章紫綬加散騎常侍謚曰
胡二子化茂化字長風爲征虜司馬討汲桑戰沒茂嗣爵

袁甫

淮南袁甫字公冑亦好學與譚齊名以詞辯稱嘗詣中領軍何勖自言能爲劇
縣勖曰唯欲宰縣不爲臺閣職何也甫曰人各有能有不能譬繒中之好莫過

錦錦不可以爲幍穀中之美莫過稻稻不可以爲蠶是以聖王使人必先以器
苟非周材何能悉長黃霸馳名於州郡而息譽於京邑廷尉之材不爲三公自
昔然也勖善之除松滋令轉淮南國大農郎中令石珩問甫曰卿名能辯豈知
壽陽已西何以恆旱壽陽已東何以恆水甫曰壽陽已東皆是吳人夫亡國之
音哀以思鼎足強邦一朝失職憤歎甚積積憂成陰陰積成雨雨久成水故其
域恆澇也壽陽已西皆是中國新平彊吳美寶皆入志盈心滿用長歡娛公羊
有言魯僖甚悅故致旱京師若能抑彊扶弱先疏後親則天下和平災害不生
矣觀者歎其敏捷年八十餘卒於家
史臣曰夫緝政釐俗拔羣才以成務振景觀光俟明主而宣績武皇之世天下
久安朝廷屬意於求賢薖軸有懷於干祿郤詵等並韞價州里裒然應召對揚
天問高步雲衢求之前哲亦足稱矣令思行己徇義志篤周甘仁者必勇抑斯
之謂雖才行夙章而待終秘閣積薪之恨豈獨古人乎
贊曰郤阮洽聞含章體政華生毓德褫巾應命鳥路曾飛龍津派泳素業可久

高芬斯慼

晉書卷五十二

晉書卷五十三

唐　太　宗　文　皇　帝　御　撰

列傳第二十三

愍懷太子　子彪　臧　尚

愍懷太子遹字熙祖惠帝長子母曰謝才人幼而聰慧武帝愛之恆在左右嘗與諸皇子共戲殿上惠帝來朝執諸皇子手次至太子帝曰是汝兒也惠帝乃止宮中嘗夜失火武帝登樓望之太子時年五歲牽帝裾入闇中帝問其故太子曰暮夜倉卒宜備非常不宜令照見人君也由是奇之嘗從帝觀豕牢言於帝曰豕甚肥何不殺以享士而使久費五穀帝嘉其意卽使烹之因撫其背謂廷尉傅祗曰此兒當興我家嘗對羣臣稱太子似宣帝於是令譽流於天下時望氣者言廣陵有天子氣故封爲廣陵王邑五萬戶以劉寔爲師孟珩爲友楊準馮蓀爲文學惠帝卽位立爲皇太子盛選德望以爲師傅以何劭爲太師王戎爲太傅楊濟爲太保裴楷爲少師張華爲少傅和嶠爲少保元康元年出就

東宮又詔曰遹尚幼蒙今出東宮惟當賴師傅羣賢之訓其游處左右宜得正人使共周旋能相長益者於是使太保衞瓘息庭司空泰息略太子太傅楊濟息毖太子少師裴楷息憲太子少傅張華息禕尚書令華廙息恆與太子游處以相輔導焉及長不好學惟與左右嬉戲不能尊敬保傅賈后素忌太子有令譽因此密勑黃門閹宦媚諛於太子曰殿下誠可及壯時極意所欲何爲恆自拘束每見喜怒之際輒歎曰殿下不知用威刑天下豈得畏服太子所幸蔣美人生男又言宜隆其賞賜多爲皇孫造玩弄之器太子從之於是慢弛益彰或有廢朝侍恆在後園游戲愛埤車小馬令左右馳騎斷其鞅勒使墮地爲樂或有犯忤者手自捶擊之性拘小忌不許繕壁修牆正瓦動屋而於宮中爲市使人屠酤手揣斤兩輕重不差其母本屠家女也故太子好之又令西園賣葵菜籃子雞麪之屬而收其利東宮舊制月請錢五十萬備於衆用太子恆探取二月以供嬖寵洗馬江統陳五事以諫之太子不納語在統傳中舍人杜錫以太子非賈后所生而后性凶暴深以爲憂每盡忠規勸太子修德進善遠於讒謗太

子怒使人以針著錫常所坐氈中而刺之太子性剛知賈謐恃后之貴不能假借之謐至東宮或捨之而於後庭游戲詹事裴權諫曰賈謐甚有寵於中宮而有不順之色若一旦交構大事去矣宜深自謙屈以防其變廣延賢士用自輔翼太子不能從初賈后母郭槐欲以韓壽女爲太子妃太子亦欲婚韓氏以自固而壽妻賈午及后皆不聽而爲太子聘王衍小女惠風太子聞衍長女美而賈后爲謐聘之心不能平頗以爲言謐嘗與太子圍棊爭道成都王穎見而訶謐謐意愈不平因此譖太子於后曰太子廣買田業多畜私財以結小人者爲賈后故也密聞其言云皇后萬歲後吾當魚肉之非但如是也若宮車晏駕彼居大位依楊氏故事誅臣等而廢后於金墉如反手耳不如早爲之所更立慈順者以自防衞后納其言又宣揚太子之短布諸遠近于時朝野咸知賈后有害太子意中護軍趙俊請太子廢后太子不聽九年六月有桑生于宮西廂日長尺餘數日而枯十二月賈后將廢太子詐稱上不和呼太子入朝既至后不見置于別室遣婢陳舞賜以酒棗逼飲醉之使黃門侍郎潘岳作書草若禱神

之文有如太子素意因醉而書之令小婢承福以紙筆及書草使太子書之文
曰陛下宜自了不自了吾當入了之中宮又宜速自了不了吾當手了之幷謝
妃共要剋期而兩發勿疑猶豫致後患茹毛飲血於三辰之下皇天許當掃除
患害立道文爲王蔣爲內主願成當三牲祠北君大赦天下要疏如律令太子
醉迷不覺遂依而寫之其字半不成既而補成之后以呈帝帝幸式乾殿召公
卿入使黃門令董猛以太子書及青紙詔曰遹書如此今賜死徧示諸公王莫
有言者惟張華裴頠證明太子賈后使董猛矯以長廣公主辭白帝曰事宜速
決而羣臣各有不同若有不從詔宜以軍法從事議至日西不決后懼事變乃
表免太子爲庶人詔許之於是使尚書和郁持節解結爲副及大將軍梁王肜
鎭東將軍淮南王允前將軍東武公澹趙王倫太保何劭詣東宮廢太子爲庶
人是日太子游玄圃聞有使者至改服出崇賢門再拜受詔步出承華門乘麤
犢車澹以兵仗送太子妃王氏三皇孫於金墉城考竟謝淑妃及太子保林蔣
俊明年正月賈后又使黃門自首欲與太子爲逆詔以黃門首辭班示公卿又

遣澹以千兵防送太子更幽于許昌宮之別坊令治書御史劉振持節守之先是有童謠曰東宮馬子莫聾空前至臘月纏汝髮又曰南風起兮吹白沙遙望魯國鬱嵯峨千歲髑髏生齒牙南風后名沙門太子小字也初太子之廢也妃父王衍表請離婚太子至許遺妃書曰鄙雖頑愚心念爲善欲盡忠孝之節無有惡逆之心雖非中宮所生奉事有如親母自爲太子以來勑見禁檢不得見母自宜城君亡不見存恤恆在空室中坐去年十二月道文疾病困篤父子之情實相憐愍于時表國家乞加徽號不見聽許疾病既篤爲之求請恩福無有惡心自道文病中宮三遣左右來視云天教呼汝到二十八日暮有短函來題言東宮發疏云言天教欲見汝即便作表求入二十九日早入見國家須臾遣至中宮中宮左右陳舞見語中宮旦來吐不快使住空屋中坐須臾中宮遣陳舞見語聞汝表陛下爲道文乞王不得王是成國耳中宮遙呼陳舞昨天教與太子酒棗便持三升酒大盤棗來見與使飲酒噉棗盡鄙素不飲酒即便遣舞啓說不堪三升之意中宮遙呼曰汝常陛下前持酒可喜何以不飲天與汝酒

當使道文差也便答中宮陛下會同一日見賜故不敢辭通曰不飲三升酒也
且實未食恐不堪又未見殿下飲此或至顛倒陳舞復傳語曰不孝那天與汝
酒飲不肯飲中有惡物邪遂可飲二升餘有一升求持還東宮飲盡逼迫不得
已更飲一升飲已體中荒迷不復自覺須臾有一小婢持封箱來云詔使寫此
文書鄙便驚起視之有一白紙一青紙催促云陛下停待又小婢承福持筆研
墨黃紙來使寫急疾不容復視實不覺紙上語輕重父母至親實不相疑事理
如此實為見誣想衆人見明也太子既廢非其罪衆情憤怨右衞督司馬雅宗
室之踈屬也與常從督許超並有寵於太子二人深傷之說趙王倫謀臣孫秀
曰國無適嗣社稷將危大臣之禍必起而公奉事中宮與賈后親密太子之廢
皆云豫知一旦事起禍必及矣何不先謀之秀言於趙王倫倫深納焉計既定
而秀說倫曰太子為人剛猛若得志之日必肆其情性矣明公素事賈后街談
巷議皆以公為賈氏之黨今雖欲建大功於太子太子雖將含忍宿忿必不能
加賞於公當謂公逼百姓之望翻覆以免罪耳若有瑕釁猶不免誅不若遷延

却期賈后必害太子然後廢賈后爲太子報讎猶足以爲功乃可以得志倫然之秀因使反間言殿中人欲廢賈后迎太子賈后聞之憂怖乃使太醫令程據合巴豆杏仁丸三月矯詔使黃門孫慮齎至許昌以害太子初太子恐見酖恆自煑食於前慮以告劉振振乃徙太子於小坊中絕不與食宮中猶於牆壁上過食與太子慮乃逼太子以藥太子不肯服因如廁慮以藥杵椎殺之太子大呼聲聞于外時年二十三將以庶人禮葬之賈后表曰遹不幸喪亡傷其迷悖又早短折悲痛之懷不能自已妾私心冀其刻肌刻骨更思孝道規爲稽顙正其名號此志不遂重以酸恨遹雖罪在莫大猶王者子孫便以匹庶送終情實憐愍特乞天恩賜以王禮妾誠闇淺不識禮義不勝至情冒昧陳聞詔以廣陵王禮葬之及賈庶人死乃誅劉振孫慮程據等冊復太子曰皇帝使使持節兼司空衞尉伊策故皇太子之靈曰嗚呼維爾少資岐嶷之質荷先帝殊異之寵大啓土宇奄有淮陵朕奉遵遺旨越建爾儲副以光顯我祖宗祗爾德行以從保傅事親孝敬禮無違者而朕昧于凶構致爾于非命之禍俾申生孝己復見

於今賴宰相賢明人神憤怨用啓朕心討厥有罪咸伏其辜何補於荼毒寃魂酷痛哉是用忉怛悼恨震動於五内今追復皇太子喪禮反葬京畿祠以太牢魂而有靈尚獲爾心帝爲太子服長子斬衰羣臣齊衰使尚書和郁率東宮官屬具吉凶之制迎太子喪於許昌喪之發也大風雷電幃蓋飛裂又爲哀策曰皇帝臨軒使洗馬劉務告于皇太子之殯曰咨爾遹幼稟英挺芬馨誕茂既茂髫亂高明逸秀昔爾聖祖嘉爾淑美顯詔仍崇名振同軌是用建爾儲副永統皇基如何凶戾潛構禍害如茲哀感和氣痛貫四時嗚呼哀哉爾之降廢實我不明牝亂沉裁釁結禍成爾之逝矣誰百其形昔之申生含枉莫訟今爾之負抱寃于東悠悠有識孰不哀慟壺關干主千秋悟己異世同規古今一理皇孫啓建降祚爾子雖悴前終庶榮後始窀穸既營將寧爾神華髦電逝戎車雷震芒芒羽蓋翼翼縉紳同悲等痛孰不酸辛庶光來葉永世不泯謚曰愍懷六月己卯葬于顯平陵帝感閻纘之言立思子臺故臣江統陸機並作誄頌焉太子三子虨臧尚並與父同幽金墉虨字道文永康元年正月薨四月追封南陽王

臧字敬文永康元年四月封臨淮王己巳詔曰咎徵數發姦回作變遹既逼廢非命而沒今立臧爲皇太孫還妃王氏以母之稱太孫太妃太子官屬卽轉爲太孫官屬趙王倫行太孫太傅五月倫與太孫俱之東宮太孫自西掖門出車服侍從皆愍懷之舊也到銅駞街宮人哭侍從者皆哽咽路人抆淚焉桑復生于西廂太孫廢乃枯永寧元年正月趙王倫篡位廢爲濮陽王與帝俱遷金墉尋被害太安初追諡曰哀

尚字敬仁永康元年四月封爲襄陽王永寧元年八月立爲皇太孫太安元年三月癸卯薨帝服齊衰朞諡曰沖太孫

史臣曰愍懷挺岐嶷之姿表夙成之質武皇鍾愛既深貽厥之謀天下歸心頗有後來之望及于繼明宸極守器春坊四教不勤三朝或闕豹姿未變鳳德已衰信惑姦邪疎斥正士好屠酤之賤役躭苑囿之佚游可謂靡不有初鮮克有終者也既而中宮凶忍久懷危害之心外戚諂諛競進讒邪之說坎牲之謀已搆飂犬之譖遂行一人乏探隱之聰百辟無爭臣之節遂使冤逾楚建酷甚戾

園雖復禮備哀榮情深憫慟亦何補於荼毒者哉

贊曰愍懷聰穎諒惟天挺皇祖鍾心庶僚引領震宮肇建儲德不恢掇蜂搆隙

歸胙生災既罹凶忍徒望歸來

晉書卷五十三

晉書卷五十三考證

愍懷太子傳先是有童謠曰東宮馬子莫聾空前至臘月纏汝閷○本書五行志聾空作嚨㖧前作比臘月作來年與此小異

不若遷延却期○却監本作刼綱目分注作緩今從閣本

晉書卷五十三考證

晉書卷五十四

唐 太 宗 文 皇 帝 御 撰

列傳第二十四

陸機 孫拯 弟雲 雲弟耽 從父兄喜

陸機字士衡吳郡人也祖遜吳丞相父抗吳大司馬機身長七尺其聲如雷少有異才文章冠世伏膺儒術非禮不動抗卒領父兵爲牙門將年二十而吳滅退居舊里閉門勤學積有十年以孫氏在吳而祖父世爲將相有大勳於江表深慨孫皓舉而棄之乃論權所以得皓所以亡又欲述其祖父功業遂作辯亡論二篇其上篇曰昔漢氏失御姦臣竊命禍基京畿毒徧宇內皇綱弛頓王室遂卑於是羣雄蜂駭義兵四合吳武烈皇帝慷慨下國電發荆南權略紛紜忠勇伯世威稜則夷羿震盪兵交則醜虜授馘遂掃清宗祊烝禋皇祖于時雲興之將帶州猋起之師跨邑哮闞之羣風驅熊羆之族霧合雖兵以義動同盟勠力然皆苞藏禍心阻兵怙亂或師無謀律喪威稔寇忠規武節未有如此其著

者也武烈既沒長沙桓王逸才命世弱冠秀發招覽遺老與之述業神兵東驅
奮寡犯衆攻無堅城之將戰無交鋒之虜誅叛柔服而江外底定飭法脩師則
威德翕赫賓禮名賢而張公爲之雄交御豪俊而周瑜爲之傑彼二君子皆弘
敏而多奇雅達而聰哲故同方者以類附等契者以氣集江東蓋多士矣將北
伐諸華誅鉏干紀旋皇輿於夷庚反帝坐於紫闥挾天子以令諸侯淸天步而
歸舊物戎車既次羣凶側目大業未就中世而殞用集我大皇帝以奇蹤襲逸
軌叡心因令圖從政咨於故實播憲稽乎遺風而加之以篤敬申之以節儉疇
諮俊茂好謀善斷束帛旅於丘園旌命交於塗巷故豪彥尋聲而響臻志士晞
光而景騖異人輻湊猛士如林於是張公爲師傅周瑜陸公魯肅呂蒙之疇入
爲腹心出爲股肱甘寧凌統程普賀齊朱桓朱然之徒奮其威韓當潘璋黃蓋
蔣欽周泰之屬宣其力風雅則諸葛瑾張承步騭以名聲光國政事則顧雍潘
濬呂範呂岱以器任幹職奇偉則虞翻陸績張惇以風義舉政奉使則趙咨沈
珩以敏達延譽術數則吳範趙達以禨祥協德董襲陳武殺身以衞主駱統劉

基疆諫以補過謀無遺計舉不失策故遂割據山川跨制荊吳而與天下爭衡矣魏氏嘗藉戰勝之威率百萬之師浮鄧塞之舟下漢陰之衆羽楫萬計龍躍順流銳師千旅武步原隰謨臣盈室武將連衡喟然有吞江滸之志壹宇宙之氣而周瑜驅我偏師黜之赤壁喪旗亂轍僅而獲免收迹遠遁漢王亦憑帝王之號帥巴漢之人乘危騁變結壘千里志報關羽之敗圖收湘西之地而我陸公亦挫之西陵覆師敗績困而後濟絕命永安續以濡須之寇臨川摧銳蓬蘢之戰孑輪不反由是二邦之將喪氣挫鋒勢衄財匱而吳莞然坐乘其弊故魏人請好漢氏乞盟遂躋天號鼎峙而立西界庸益之郊北裂淮漢之涘東苞百越之地南括羣蠻之表於是講八代之禮蒐三王之樂告類上帝拱揖羣后武臣毅卒循江而守長棘勁鎩望猋而奮庶尹盡規於上黎元展業于下化協殊裔風衍遐圻乃俾一介行人撫巡外域巨象逸駿擾於外閑明珠瑋寶耀於內府珍瑰重迹而至奇玩應響而赴輶軒騁於南荒衝輣息於朔野黎庶免干戈之患戎馬無晨服之虞而帝業固矣大皇既沒幼主蒞朝姦回肆虐景皇聿興

虔修遺憲政無大闕守文之良主也降及歸命之初典刑未滅故老猶存大司
馬陸公以文武熙朝左丞相陸凱以謇諤盡規而施績范慎以威重顯丁奉鍾
離斐以武毅稱孟宗丁固之徒爲公卿樓玄賀邵之屬掌機事元首雖病股肱
猶良爰逮末葉羣公既喪然後黔首有瓦解之患皇家有土崩之釁歷命應化
而微王師躡運而發卒散於陣衆奔于邑城池無藩籬之固山川無溝阜之勢
非有工輸雲梯之械智伯灌激之害楚子築室之圍燕人濟西之隊軍未浹辰
而社稷夷矣雖忠臣孤憤烈士死節將奚救哉夫曹劉之將非一世所選向時
之師無曩日之衆戰守之道抑有前符險阻之利俄然未改而成敗貿理古今
詭趣何哉彼此之化殊授任之才異也其下篇曰昔三方之王也魏人據中夏
漢氏有岷益吳制荊揚而奄有交廣曹氏雖功濟諸華虐亦深矣其人怨劉翁
因險以飾智功已薄矣其俗陋夫吳桓王基之以武太祖成之以德聰明叡達
懿度弘遠矣其求賢如弗及卹人如稚子接士盡盛德之容親仁罄丹府之愛
拔呂蒙於戎行試潘濬於係虜推誠信士不恤人之我欺量能授器不患權之

我偪執鞭鞠躬以重陸公之威悉委武衞以濟周瑜之師卑宮菲食豐功臣之賞披懷虛己納謨士之算故魯肅一面而自託士燮蒙險而效命高張公之德而省游田之娛賢諸葛之言而割情欲之歡感陸公之規而除刑法之煩奇劉基之議而作三爵之誓屏氣跼蹐以伺子明之疾分滋損甘以育凌統之孤登壇忼慨歸魯子之功削投怨言信子瑜之節是以忠臣競盡其謨志士咸得肆力洪規遠略固不厭夫區區者也故百官苟合庶務未遑初都建鄴羣臣請備禮秩天子辭而弗許曰天下其謂朕何宮室輿服蓋慊如也爰及中葉天人之分既定故百度之缺粗修雖醲化懿綱未齒乎上代抑其體國經邦之具亦足以爲政矣地方幾萬里帶甲將百萬其野沃其兵練其器利其財豐東負滄海西阻險塞長江制其區宇峻山帶其封域國家之利未見有弘於茲者也借使守之以道御之有術敦率遺典勤人謹政修定策守常險則可以長世永年未有危亡之患也或曰吳蜀脣齒之國也夫蜀滅吳亡理則然矣夫蜀蓋藩援之與國而非吳人之存亡也其郊境之接重山積險陸無長轂之徑川阨流迅水

有驚波之艱雖有銳師百萬啓行不過千夫軸艫千里前驅不過百艦故劉氏之伐陸公喻之長蛇其勢然也昔蜀之初亡朝臣異謀或欲積石以險其流或欲機械以禦其變天子總羣議以諮之大司馬陸公公以四瀆天地之所以節宣其氣固無可遏之理而機械則彼我所共彼若棄長技以就所屈即荆楚而爭舟檝之用是天贊我也將謹守峽口以待擒耳逮步闡之亂憑寶城以延彊寇資重幣以誘羣蠻于時大邦之衆雲翔電發懸旍江介築壘遵渚衿帶要害以止吳人之西巴漢舟師泝江東下陸公偏師三萬北據東坑深溝高壘按甲養威反虜踠迹待戮而不敢北窺生路彊寇敗績宵遁喪師太半分命銳師五千西禦水軍東西同捷獻俘萬計信哉賢人之謀豈欺我哉自是烽燧罕驚封域寡虞陸公沒而潛謀兆吳釁深而六師駭夫太康之役衆未盛乎曩日之師廣州之亂禍有愈乎向時之難而邦家顛覆宗廟爲墟嗚呼人之云亡邦國殄瘁不其然歟易曰湯武革命順乎天或曰亂不極則治不形言帝王之因天時也古人有言曰天時不如地利易曰王侯設險以守其國言爲國之恃險也又

曰地利不如人和在德不在險言守險之在人也吳之興也參而由焉孫卿所謂合其參者也及其亡也恃險而已又孫卿所謂舍其參者也夫四州之萌非無衆也大江以南非乏俊也山川之險易守也勁利之器易用也先政之策易修也功不與而禍遘何哉所以用之者失也故先王達經國之長規審存亡之至數謙己以安百姓敦惠以致人和寬沖以誘俊乂之謀慈和以結士庶之愛是以其安也則黎元與之同慶及其危也則兆庶與之同患安與衆同慶則其危不可得也危與下同患則其難不足卹也夫然故能保其社稷而固其土宇麥秀無悲殷之思黍離無愍周之感也至太康末與弟雲俱入洛造太常張華華素重其名如舊相識曰伐吳之役利獲二俊又嘗詣侍中王濟濟指羊酪謂機曰卿吳中何以敵此答云千里蓴羹未下鹽豉時人稱爲名對張華薦之諸公後太傅楊駿辟爲祭酒會駿誅累遷太子洗馬著作郎范陽盧志於衆中問機曰陸遜陸抗於君近遠機曰如君於盧毓盧珽志默然既起雲謂機曰殊邦遐遠容不相悉何至於此機曰我父祖名播四海寧不知邪議者以此定二陸

之優劣吳王晏出鎭淮南以機爲郎中令遷尙書中兵郎轉殿中郎趙王倫輔
政引爲相國參軍豫誅賈謐功賜爵關中侯倫將篡位以爲中書郎倫之誅也
齊王冏以機職在中書九錫文及禪詔疑機與焉遂收機等九人付廷尉賴成
都王穎吳王晏並救理之得減死徙邊遇赦而止初機有駿犬名曰黃耳甚愛
之既而羈寓京師久無家問笑語犬曰我家絕無書信汝能齎書取消息不犬
搖尾作聲機乃爲書以竹筩盛之而繫其頸犬尋路南走遂至其家得報還洛
其後因以爲常時中國多難顧榮戴若思等咸勸機還吳機負其才望而志匡
世難故不從冏既矜功自伐受爵不讓機惡之作豪士賦以刺焉其序曰夫立
德之基有常而建功之路不一何則修心以爲量者存乎我因物以成務者係
乎彼存乎我者隆殺止乎其域係乎彼者豐約惟所遭遇落葉俟微飈以隕而
風之力蓋寡孟嘗遭雍門以泣而琴之感以末何哉欲隕之葉無所假烈風將
墜之泣不足煩哀響也是故苟時啓於天理盡於人庸夫可以濟聖賢之功斗
筲可以定烈士之業故曰才不半古功已倍之蓋得之於時世也歷觀今古徼

一時之功而居伊周之位者有矣夫我之自我智士猶嬰其累物之相物昆蟲皆有此情夫以自我之量而挾非常之勳神器暉其顧眄萬物隨其俯仰心玩居常之安耳飽從諛之說豈識乎功在身外任出才表者哉且好榮惡辱有生之大期忌盈害上鬼神猶且不免人主操其常柄天下服其大節故曰天可讎乎而時有袨服荷戟立乎廟門之下援旗誓衆奮於阡陌之上況乎世主制命自下裁物者乎廣樹恩不足以敵怨勤興利不足以補害故曰代大匠斲者必傷手且夫政由甯氏忠臣所以慷慨祭則寡人人主所不久堪是以君奭快快不悅公旦之舉高平師師側目博陸之勢而成王不遣嫌吝於懷宣帝若負芒刺於背非其然者歟嗟乎光于四表德莫富焉王曰叔父親莫昵焉登帝天位功莫厚焉守節沒齒忠莫至焉而傾側顛沛僅而自全則伊生抱明允以嬰戮文子懷忠敬而齒劍固其所也因斯以言夫以篤聖穆親如彼之懿大德至忠如此之盛尚不能取信於人主之懷止謗於衆多之口過此以往惡覩其可安危之理斷可識矣又況乎饕大名以冒道家之忌運短才而易聖哲所難者哉

身危由於勢過而不知去勢以求安禍積起於寵盛而不知辭寵以招福見百姓之謀己則申宮禦守以崇不畜之威懼萬方之不服則嚴刑峻制以賈傷心之怨然後威窮乎震主而怨行乎上下衆心日隊危機將發而方偃仰瞪盱謂足以夸世笑古人之未工忘己事之已拙知曩勳之可矜闇成敗之有會是以事窮運盡必於顛仆風起塵合而禍至常酷也聖人忌功名之過己惡寵祿之踰量蓋爲此也夫惡欲之大端賢愚所共有而遊子殉高位於生前志士思垂名於身後受生之分惟此而已夫蓋世之業名莫盛焉率意無違欲莫順焉借使伊人頗覽天道知盡不可益盈難久持超然自引高揖而退則巍巍之盛仰邈前賢洋洋之風俯觀來籍而大欲不止於身至樂無愆乎舊節彌效而德彌廣身逾逸而名逾劭此之不爲而彼之必昧然後河海之迹堙爲窮流一匱之釁積成山嶽名編凶頑之條身厭荼毒之痛豈不謬哉故聊爲賦焉庶使百世少有悟云罔不之悟而竟以敗機又以聖王經國義在封建因採其遠指著五等論曰夫體國經野先王所慎創制垂基思隆後葉然而經略不同長世異術

五等之制始於黃唐郡縣之治創於秦漢得失成敗備在典謨是以其詳可得而言夫王者知帝業至重天下至廣廣不可以偏制重不可以獨任任重必於借力制廣終乎因人故設官分職所以輕其任也並建伍長所以弘其制也於是乎立其封疆之典裁其親疏之宜使萬國相維以成盤石之固宗庶雜居而定維城之業又有以見綏世之長御識人情之大方知其爲人不如厚己利物不如圖身安上在於悅下爲己存乎利人故易曰悅以使人人忘其勞孫卿曰不利而利之不如利而後利之利也是以分天下以厚樂則己得與之同憂饗天下以豐利而己得與之共害利博而恩篤樂遠則憂深故諸侯享食土之實萬國受傳世之祚夫然則南面之君各務其政九服之內知有定主上之子愛於是乎生下之禮信於是乎結世平足以敦風道衰足以禦暴故彊毅之國不能擅一時之勢雄俊之人無所寄霸王之志然後國安由萬邦之思化主尊賴羣后之圖身譬猶衆目營方則天網自昶四體辭難而心膂獲乂蓋三代所以直道四王所以垂業也夫盛衰隆獘理所固有教之廢興繫乎其人原法期於

必諒明道有時而闇故世及之制弊於彊禦厚下之典漏於末折侵弱之釁遘
自三季陵夷之禍終乎七雄昔成湯親照夏后之鑒公旦目涉商人之戒文質
相濟損益有物然五等之禮不革於時封畛之制有隆爾者豈玩二王之禍而
闇經世之算乎固知百世非可懸御善制不能無弊而侵弱之辱愈於殄祀土
崩之困痛於陵夷也是以經始獲其多福慮終取其少禍非謂侯伯無可亂之
符郡縣非興化之具故國憂賴其釋位主弱憑於翼戴及承微積弊王室遂卑
猶保名位祚垂後嗣皇統幽而不輟神器否而必存者豈非事勢使之然歟降
及亡秦棄道任術懲周之失自矜其得尋斧始於所庇制國昧於弱下國慶獨
饗其利主憂莫與共害雖速亡趨亂不必一道顛沛之釁實由孤立是蓋思五
等之小怨亡萬國之大德知陵夷之可患闇土崩之爲痛也周之不競有自來
矣國乏令主十有餘世然片言勤王諸侯必應一朝振矜遠國先叛故彊晉收
其請隧之圖暴楚頓其觀鼎之志豈劉項之能窺闚勝廣之敢號澤哉借使秦
人因循其制雖則無道有與共亡覆滅之禍豈在曩日漢矯秦枉大啓王侯境

士踰溢不遵舊典故賈生憂其危鼂錯痛其亂是以諸侯阻其國家之富憑其士庶之力勢足者反疾土狹者逆遲六臣犯其弱綱七子衝其漏網皇祖夷於黔徒西京病於東帝是蓋過正之災而非建侯之累也然呂氏之難朝士外顧宋昌策漢必稱諸侯逮至中葉忌其失節割削宗子有名無實天下曠然復襲亡秦之軌矣是以五侯作威不忌萬國新都襲漢易於拾遺也光武中興纂隆皇統而猶遵覆車之遺轍養喪家之宿疾僅及數世姦宄充斥卒有彊臣專朝則天下風靡一夫從衡而城池自夷豈不危哉在周之衰難興王室放命者七臣干位者三子嗣王委其九鼎凶族據其天邑征鼙震於闔宇鋒鏑流於絳闕然禍止畿甸害不覃及天下晏然以安待危是以宣王興於共和襄惠振於晉鄭豈若二漢階闥暫擾而四海已沸孽臣朝入九服夕亂哉遠惟王莽篡逆之事近覽董卓擅權之際億兆悼心愚智同痛然周以之存漢以之亡夫何故哉豈世乏曩時之臣士無匡合之志歟蓋遠績屈於時異雄心挫於卑勢耳故烈士扼腕終委寇讎之手忠人變節以助虐國之桀雖復時有鳩合同志以謀王

室然上非奥主下皆市人師旅無先定之班君臣無相保之志是以義兵雲合無救劫殺之禍衆望未改而已見大漢之滅矣或以諸侯世位不必常全昏主暴君有時比迹故五等所以多亂今之牧守皆官方庸能雖或失之其得固多故郡縣易以爲政夫德之休明黜陟日用長率連屬咸述其職而淫昏之君無所容過何則其不治哉故先代有以與矣苟或衰陵百度自悖鬻官之吏以貨準才則貪殘之萌皆羣后也安在其不亂哉故後王有以之廢矣且要而言之五等之君爲己思政郡縣之長爲吏圖物何以徵之蓋企及進取仕子之常志修己安人良士所希及夫進取之情銳而安人之譽遲是故侵百姓以利己者在位所不憚損實事以養名者官長所夙慕也君無卒歲之圖臣挾一時之志五等則不然知國爲己士衆皆我民民安己受其利國傷家嬰其病故前人欲以垂後後嗣思其堂構爲上無苟且之心羣下知膠固之義使其並賢居政則功有厚薄兩愚處亂則過有深淺然則八代之制幾可以一理貫秦漢之典殆可以一言蔽也時成都王穎推功不居勞謙下士機旣感全濟之恩又見朝廷

屢有變難謂穎必能康隆晉室遂委身焉穎以機參大將軍軍事表爲平原內史太安初穎與河閒王顒起兵討長沙王乂假機後將軍河北大都督督北中郎將王粹冠軍牽秀等諸軍二十餘萬人機以三世爲將道家所忌又羈旅入宦頓居羣士之右而王粹牽秀等皆有怨心固辭都督穎不許機鄉人孫惠亦勸機讓都督於粹機曰將謂吾爲首鼠避賊適所以速禍也遂行穎謂機曰若功成事定當爵爲郡公位以台司將軍勉之矣機曰昔齊桓任夷吾以建九合之功燕惠疑樂毅以失垂成之業今日之事在公不在機也穎左長史盧志心害機寵言於穎曰陸機自比管樂擬君闇主自古命將遣師未有臣陵其君而可以濟事者也穎默然機始臨戎而牙旗折意甚惡之列軍自朝歌至于河橋鼓聲聞數百里漢魏以來出師之盛未嘗有也長沙王乂奉天子與機戰於鹿苑機軍大敗赴七里澗而死者如積焉水爲之不流將軍賈稜皆死之初宦人孟玖弟超並爲穎所嬖寵超領萬人爲小都督未戰縱兵大掠機錄其主者超將鐵騎百餘人直入機麾下奪之顧謂機曰貉奴能作督不機司馬孫拯勸機

殺之機不能用超宣言於衆曰陸機將反又還書與玖言機持兩端軍不速決及戰超不受機節度輕兵獨進而沒玖疑機殺之遂譖機於穎言其有異志將軍王闡郝昌公師藩等皆玖所用與牽秀等共證之穎大怒使秀密收機其夕機夢黑幰繞車手決不開天明而秀兵至機釋戎服著白帢與秀相見神色自若謂秀曰自吳朝傾覆吾兄弟宗族蒙國重恩入侍帷幄出剖符竹成都命吾以重任辭不獲已今日受誅豈非命也因與穎牋詞甚悽惻既而歎曰華亭鶴唳豈可復聞乎遂遇害於軍中時年四十三二子蔚夏亦同被害機既死非其罪士卒痛之莫不流涕是日昏霧晝合大風折木平地尺雪議者以爲陸氏之冤機天才秀逸辭藻宏麗張華嘗謂之曰人之爲文常恨才少而子更患其多弟雲嘗與書曰君苗見兄文輒欲燒其筆硯後葛洪著書稱機文猶玄圃之積玉無非夜光焉五河之吐流泉源如一焉其弘麗妍贍英銳漂逸亦一代之絕乎其爲人所推服如此然好游權門與賈謐親善以進趣獲譏所著文章凡二百餘篇並行於世

孫拯者字顯世吳郡富春人也能屬文仕吳爲黃門郎孫晧世侍臣多得罪惟拯與顧榮以智全吳平後爲涿令有稱績機既爲孟玖等所誣收拯考掠兩踝骨見終不變辭門生費慈宰意二人詣獄明拯拯譬遣之曰吾義不可誣枉知故卿何宜復爾二人曰僕亦安得負君拯遂死獄中而慈意亦死

雲字士龍六歲能屬文性清正有才理少與兄機齊名雖文章不及機而持論過之號曰二陸幼時吳尚書廣陵閔鴻見而奇之曰此兒若非龍駒當是鳳雛後舉雲賢良時年十六吳平入洛機初詣張華華問雲何在機曰雲有笑疾未敢自見俄而雲至華爲人多姿制又好帛繩纏鬚雲見而大笑不能自已先是嘗著縗絰上船於水中顧見其影因大笑落水人救獲免雲與荀隱素未相識嘗會華坐華曰今日相遇可勿爲常談雲因抗手曰雲間陸士龍隱曰日下荀鳴鶴鳴鶴隱字也雲又曰既開青雲覩白雉何不張爾弓挾爾矢隱曰本謂是雲龍騤騤乃是山鹿野麋獸微弩強是以發遲華撫手大笑刺史周浚召爲從事謂人曰陸士龍當今之顏子也俄以公府掾爲太子舍人出補浚儀令縣居

都會之要名爲難理雲到官肅然下不能欺市無二價人有見殺者主名不立
雲錄其妻而無所問十許日遣出密令人隨後謂曰其去不出十里當有男子
候之與語便縛來旣而果然問之具服云與此妻通共殺其夫聞妻得出欲與
語憚近縣故遠相要候於是一縣稱其神明郡守害其能屢譴責之雲乃去官
百姓追思之圖畫形象配食縣社尋拜吳王晏郎中令晏於西園大營第室雲
上書曰臣竊見世祖武皇帝臨朝拱默訓世以儉卽位二十有六載宮室臺榭
無所新營屢發明詔厚戒豐奢國家纂承務在遵奉而世俗陵遲家競盈溢漸
漬波蕩遂已成風雖嚴詔屢宣而侈俗滋廣每觀詔書衆庶歎息清河王昔起
墓宅時手詔追述先帝節儉之教懇切之旨形于四海清河王毀壞成宅以奉
詔命海內聽望咸用欣然臣愚以先帝遺教日以陵替今與國家協崇大化追
闡前蹤者實在殿下先敦素朴而後可以訓正四方凡在崇麗一宜節之以制
然後上厭帝心下允時望臣以凡才特蒙拔擢亦思竭忠效節以報所受之施
是以不慮犯迕敢陳所懷如愚臣言有可采乞垂三省時晏信任部將使覆察

諸官錢帛雲又陳曰伏見令書以部曲將李咸馮南司馬吳定給使徐泰等覆校諸官市買錢帛簿臣愚以聖德龍興光有大國選衆官材庶工肄業中尉該大農誕皆清廉淑慎恪居所司其下衆官悉州閭一介疎闇之咎雖可日聞至於處義用情庶無大戾今咸南軍旅小人定泰士卒廝賤非有清慎素著忠公足稱大臣所闕猶謂未詳咸等督察然後得信既非開國勿用之義又傷殿下推誠曠蕩之量雖使咸等能盡節益國而功利百倍至於光輔國美猶未若開懷信士之無失況所益不過姑息之利而使小人用事大道陵替此臣所以慷慨也臣備位大臣職在獻可苟有管見敢不盡規愚以爲宜發明令罷此等覆察衆事一付治書則大信臨下人思盡節矣雲愛才好士多所貢達移書太常府薦同郡張贍曰蓋聞在昔聖王承天御世殷薦明德思和人神莫不崇典謨以教思與禮學以陶遠是以帝堯昭煥而道協人天西伯質文而周隆二代大晉建皇崇配天地區夏既混禮樂將庸君侯應歷運之會贊天人之期博延俊茂熙隆載典伏見衛將軍舍人同郡張贍茂德清粹器思深通初慕聖門棲心

重仞啓塗及階遂升樞奧抽靈匱於祕宮披金縢於玄夏思樂百氏博採其珍
辭邁翰林言敷其藻探微集逸思心洞神論道屬書篇章光觀舍奇宰府婆娑
公門棲靜隱寶淪虛藏器毀裳襲錦緇衣被玉曾泉改路懸車將邁考槃下位
歲聿屢遷搢紳之士具懷愾恨方今太清闢宇四門啓籥玄綱括地天網廣羅
慶雲興以招龍和風起而儀鳳誠巖穴耀穎之秋河津託乘之日也而贍沉淪
下位羣望悼心若得端委大學錯綜先典垂纓玉階論道紫宮誠帝室之瑰寶
清廟之偉器廣樂九奏必登昊天之庭韶夏六變必饗上帝之祀矣入爲尚書
郎侍御史太子中舍人中書侍郎成都王穎表爲清河內史穎將討齊王冏以
雲爲前鋒都督會冏誅轉大將軍右司馬穎晚節政衰雲屢以正言忤旨孟玖
欲用其父爲邯鄲令左長史盧志等並阿意從之而雲固執不許曰此縣皆公
府掾資豈有黃門父居之邪玖深忿怨張昌爲亂穎上雲爲使持節大都督前
鋒將軍以討昌會伐長沙王乃止機之敗也幷收雲穎官屬江統蔡克棗嵩等
上疏曰統等聞人主聖明臣下盡規苟有所懷不敢不獻昨聞教以陸機後失

軍期師徒敗績以法加刑莫不謂當誠足以肅齊三軍威示遠近所謂一人受戮天下知誡者也且聞重教以機圖爲反逆應加族誅未知本末者莫不疑惑夫爵人於朝與衆共之刑人於市與衆棄之惟刑之恤古人所慎今明公興舉義兵以除國難四海同心雲合響應罪人之命縣於漏刻泰平之期不旦則夕矣機兄弟並蒙拔擢俱受重任不當背罔極之恩而向垂亡之寇去泰山之安而赴累卵之危也直以機計慮淺近不能董攝羣帥致果殺敵進退之間事有疑似故令聖鑒未察其實耳刑誅事大言機有反逆之徵宜令王粹牽秀檢校其事令事驗顯然暴之萬姓然後加雲等之誅未足爲晚今此舉措實爲太重得則足令天下情服失則必使四方心離不可不令審諦不可不令詳慎統等區區非爲陸雲請一身之命實慮此舉有得失之機敢竭愚戇以備誹謗穎不納統等重請穎遲迴者三日盧志又曰昔趙王殺中護軍趙浚赦其子驤驤詣明公而擊趙卽前事也蔡克入至穎前叩頭流血曰雲爲孟玖所怨遠近莫不聞今果見殺罪無彰驗將令羣心疑惑竊爲明公惜之僚屬隨克入者數十人

流涕固請穎惻然有宥雲色孟玖扶穎入催令殺雲時年四十二有二女無男門生故吏迎喪葬清河修墓立碑四時祠祭所著文章三百四十九篇又撰新書十篇並行於世初雲嘗行逗宿故人家夜暗迷路莫知所從忽望草中有火光於是趣之至一家便寄宿見一年少美風姿共談老子辭致深遠向曉辭去行十許里至故人家云此數十里中無人居雲意始悟却尋昨宿處乃王弼冢雲本無玄學自此談老殊進雲弟耽爲平東祭酒亦有清譽與雲同遇害大將軍參軍孫惠與淮南內史朱誕書曰不意三陸相攜闇朝一旦湮滅道業淪喪痛酷之深荼毒難言國喪儁望悲豈一人其爲州里所痛悼如此後東海王越討穎移檄天下亦以機雲兄弟枉害罪狀穎云

喜字恭仲父瑁吳吏部尚書喜仕吳累遷吏部尚書少有聲名好學有才思嘗爲自敘其略曰劉向省新語而作新序桓譚詠新序而作新論余不自量感子雲之法言而作言道覩賈子之美才而作訪論觀子政洪範而作古今歷覽蔣子通萬機而作審機讀幽通思玄四愁而作娛賓九思真所謂忍愧者也其書

近百篇吳平又作西州清論傳於世借稱諸葛孔明以行其書也有較論格品篇曰或問子薛瑩最是國士之第一者乎答曰以理推之在乎四五之間問者愕然請問答曰夫孫晧無道肆其暴虐若龍蛇其身沉默其體潛而勿用趣不可測此第一人也避尊居卑祿代耕養玄靜守約沖退澹然此第二人也侃然體國思治心不辭貴以方見憚執政不懼此第三人也斟酌時宜在亂猶顯意不忘忠時獻微益此第四人也溫恭修慎不爲謟首無所云補從容保寵此第五人也過此已往不足復數故第二已上多淪沒而遠悔吝第三已下有聲位而近咎累是以深識君子晦其明而履柔順也問者曰始聞高論終年啓寤矣太康中下詔曰僞尚書陸喜等十五人南士歸稱並以貞潔不容晧朝或忠而獲罪或退身修志放在草野主者可皆隨本位就下拜除敕所在以禮發遣須到隨才授用乃以喜爲散騎常侍尋卒子育爲尚書郎弋陽太守

制曰古人云雖楚有才晉實用之觀夫陸機陸雲實荊衡之杞梓挺珪璋於秀實馳英華於早年風鑒澄爽神情俊邁文藻宏麗獨步當時言論慷慨冠乎終

古高詞迥映如朗月之懸光疊意廻舒若重巖之積秀千條析理則電拆霜開一緒連文則珠流璧合其詞深而雅其義博而顯故足遠超枚馬高躡王劉百代文宗一人而已然其祖考重光羽楫吳運文武奕葉將相連華而機以廊廟蘊才瑚璉標器宜其承俊乂之慶奉佐時之業申能展用保譽流功屬吳祚傾基金陵畢氣君移國滅家喪臣遷矯翮南辭翻棲火樹飛鱗北逝卒委湯池遂使穴碎雙龍巢傾兩鳳激浪之心未騁遽骨修鱗凌雲之意將騰先灰勁翮望其翔躍焉可得哉夫賢之立身以功名爲本士之居世以富貴爲先然則榮利人之所貪禍辱人之所惡故安居保名則君子處焉冒危履貴則哲士去焉是知蘭植中塗必無經時之翠桂生幽壑終保彌年之丹非蘭怨而桂親豈塗害而壑利而生滅有殊者隱顯之勢異也故曰衒美非所罕有常安韜奇擇居故能全性觀機雲之行己也智不逮言矣覩其文章之誠何知易而行難自以智足安時才堪佐命庶保名位無忝前基不知世屬未通運鍾方否進不能闢昏匡亂退不能屏跡全身而奮力危邦竭心庸主忠抱實而不諒謗緣虛而見疑

生在己而難長死因人而易足上蔡之犬不誡於前華亭之鶴方悔於後卒令覆宗絕祀良可悲夫然則三世爲將釁鍾來葉誅降不祥殃及後昆是知西陵結其凶端河橋收其禍末其天意也豈人事乎

晉書卷五十四

晉書卷五十四考證

陸機傳丁奉鍾離斐以武毅稱○鍾離斐文選作黎斐注黎斐與丁奉解壽春之圍者

晉書卷五十四考證

晉書卷五十五

唐 太 宗 文 皇 帝 御 撰

列傳第二十五

夏侯湛 弟淳 淳子承

夏侯湛字孝若譙國譙人也祖威魏兗州刺史父莊淮南太守湛幼有盛才文章宏富善構新詞而美容觀與潘岳友善每行止同輿接茵京都謂之連璧少爲太尉掾泰始中舉賢良對策中第拜郎中累年不調乃作抵疑以自廣其辭曰當路子有疑夏侯湛者而謂之曰吾聞有其才而不遇者時也有其時而不遇者命也吾子童幼而岐嶷弱冠而著德少而流聲長而垂名拔萃始立而登宰相之明揮翼初儀而受卿尹之舉盪典籍之華談先王之語入閶闔躡丹墀染彤管吐洪煇干當世之務觸人主之威有效矣而官不過散郎舉不過賢良鳳棲五期龍蟠六年英耀秃落羽儀摧殘而獨雍容藝文蕩駘儒林志不輟著述之業口不釋雅頌之音徒費精而耗力勞神而苦心此術亦以薄矣而終莫

之辯宜吾子之陸沉也且以言乎才則吾子優矣以言乎時則子之所與二三公者義則骨肉之固交則明道之觀也富於德貴於官其所發明雖叩牛操築之客傭賃抱關之隸負俗懷譏之士猶將登爲大夫顯爲卿尹於何有寶吐唾之音愛錙銖之力向若垂一鱗迴一翼令吾子攀其飛騰之勢挂其羽翼之末猶奮迅於雲霄之際騰驤於四極之外今迺金口玉音漠然沉默使吾子棲遲窮巷守此困極心有窮志貌有饑色吝江河之流不以濯舟船之畔惜東壁之光不以寓貧婦之目抑非二三公之蔽賢也實吾子之拙惑也夏侯子曰噫湛也幸有過人必知之矣吾子所以褒飾之太矣斟酌之喻非小醜之所堪也然過承古人之誨抑因子大夫之忝在弊室也敢布其腹心豈能隱几以覽其概乎客曰敢祇以聽夏侯子曰吾聞先大夫孔聖之言德之不修學之不講聞義不能徙不善不能改是吾憂也四德具而名位不至者非吾任也是以君子求諸己小人求諸人僕也承門戶之業受過庭之訓是以得接冠帶之末充乎士大夫之列頗闚六經之文覽百家之學弱年而入公朝蒙蔽而當顯舉進不能

拔羣出萃卻不能抗排當世志則乍顯乍昧文則乍幽乍蔚知之者則謂之欲逍遙以養生不知之者則謂之欲遑遑以求達此皆未是僕之所匱也僕又聞世有道則士無所執其節黜陟明則下不在量其力是以當舉而不辭入朝而酬問僕東野之鄙人頑直之陋生也不識當世之便不達朝廷之情不能倚靡容悅出入崎傾逐巧點妍嘔喁辯佞隨羣班之次伏簡墨之後當此之時若失水之魚喪家之狗行不勝衣言不出口安能干當世之務觸人主之威適足以露狂簡而增塵垢縱使心有至言言有偏直此委巷之誠非朝廷之欲也今天子以茂德臨天下以八方六合爲四境海內無虞萬國玄靜九夷之從王化猶洪聲之收清響黎苗之樂函夏若遊形之招惠景鄉曲之徒一介之士曾諷急就習甲子者皆奮筆揚文議制論道出草苗起林藪御青瑣入金墉者無日不有充三臺之寺盈中書之閣有司不能竟其文當年不能編其籍此執政之所厭聞也若乃羣公百辟卿士常伯被朱佩紫耀金帶白坐而論道者又充路盈寢黃幄玉階之內飽其尺牘矣若僕之言皆糞土之說消磨灰爛垢辱招穢適

可充衞士之爨盈掃除之器譬投盈寸之膠而欲使江海易色燒一羽之毛而欲令大爐增勢若燎原之煙彌天之雲噓之不益其熱噏之不減其氣今子見僕入朝蹔對便欲坐望高位吐言數百謂陵嶒一世何吾子之失評也僕固脂車以須放秣馬以待却反耕於枳落歸志乎渦瀨從容乎農夫優游乎卒歲矣古者天子晝土以封羣后羣后受國以臨其邦懸大賞以樂其成列九伐以討其違興衰相形安危相傾故在位者以求賢爲務受任者以進才爲急今也則九州爲一家萬國爲百郡政有常道法有恆訓因循而禮樂自定揖讓而天下大順夫道學之貴游閭邑之搢紳皆高門之子世臣之胤弘風長譽推成而進悠悠者皆天下之彥也諷詁訓傳詩書講儒墨說玄虛僕皆不如也二三公之餝僕於凡庸之肆顯僕於細猥之中則爲功也重矣時而清談則爲親也周矣且古之君子不知士則不明不安是以居逸而思危對食而肴乾今也則否居位者以善身爲靜以寡交爲愼以弱斷爲重以怯言爲信不知士者無公誹不得士者不私愧彼在位者皆稷契咎益伊呂周召之倫叔豹仲熊之儔稽古則

踰黃唐經緯則越虞夏蔑昆吾之功嗤桓文之勳抵拟管仲蹉雹晏嬰遠升鼎湖近超太平方將保重嗇神獨善其身玄白沖虛仡爾養真雖力挾太山將不舉一羽揚波萬里將不濯一鱗咳唾成珠玉揮袂出風雲豈肯蹴踖鄙事取才進人此又吾子之失言也子獨不聞夫神人乎噏風飲露不食五穀登太清遊山嶽靡芝之草弄白玉不因而獨備無假而自足不與人路同嗜欲不與世務齊榮辱故能入無窮之門享不死之年以此言之何待進賢客曰聖人有言曰邦有道貧且賤焉恥也今子值有道之世當太平之會不攘袂奮氣發謀出奇使鳴鶴受和好爵見縻抑乃沉身郎署約志勤卑不亦羸哉且伊尹之干成湯甯戚之迕桓公或投己鼎俎或庸身飯牛明廢興之機歌白水之流德入殷王義感齊侯故伊尹起庖廚而登阿衡甯戚出車下而階大夫外無微介內無請謁矯身擢手徑躡名位吾子亦何不慕賢以自厲希古以慷慨乎夏侯子曰嗚呼是何言歟富與貴是人之所欲非僕之所惡也夫干將之劍陸斷狗馬水截蛟龍而鈆刀不能入泥騏驥騄駬之乘一日而致千里而駑蹇不能邁畝百鍊之

鑑別鬚眉之數而壁土不見泰山鴻鵠一舉橫四海之區出青雲之外而尺鷃不陵桑榆此利鈍之覺優劣之決也夫欲進其身者不過千萬乘而僕以上朝堂答世問不過顯所知僕以竭心思盡才學意無雅正可準論無片言可採是以頓於鄙劣而莫之能起也以此言之僕何爲其不自銜哉子不嫌僕德之不劭而疑其位之不到是猶反鏡而索照登木而下釣僕未以此爲不肖也若乃伊尹負鼎以干湯呂尙隱遊以徼文傅說操築以寤主甯戚擊角以要君此非僕所能也莊周駘蕩以放言君平賣卜以自賢接輿陽狂以蔽身梅福棄家以求仙此又非僕之所安也若乃季札抗節於延陵楊雄覃思於太玄伯玉和柔於人懷柳惠三黜於士官僕雖不敏竊頗彷彿其清塵後選補太子舍人轉尙書郎出爲野王令以卹隱爲急而緩於公調政清務閑優游多暇乃作昆弟誥其辭曰惟正月才生魄湛若曰咨爾昆弟淳琬瑫謨總贍古人有言孝乎惟孝友于兄弟死喪之戚兄弟孔懷又曰周之有至德也莫如兄弟於戲古之載于訓籍傳于詩書者厥乃不思不可不行爾其專乃心一乃聽祗礪乃性以聽我

之格言淳等拜手稽首湛若曰嗚呼惟我皇乃祖滕公肇釐厥德厥功以左右漢祖弘濟于嗣君用垂祚于後世世增敷前軌濟其好行美德明允相繼冠冕胥及以逮于皇曾祖愍侯寅亮魏祖用康乂厥世遂啓土宇以大綜厥勳于家我皇祖穆侯崇厥基以允釐顯志用恢闡我令業維我后府君侯祗服哲命欽明文思以熙柔我家道丕隆我先緒欽若稽古訓用敷訓典籍乃綜其微言嗚呼自三墳五典八索九丘圖緯六藝及百家衆流罔不探賾索隱鉤深致遠洪範九疇彝倫攸敘乃命世立言越用繼尼父之大業斯文在茲且九齡而我王母薛妃登遐我后孝思罔極惟以奉于穆侯之繼室蔡姬以致其子道蔡姬登遐隘于穆侯之命厥禮乃不得成用不祔于祖姑惟乃用騁其永慕厥乃以疾辭位用遜于厥家布衣席稾以終于三載厥乃古訓無文我后丕孝其心用假于厥制以穆于世父使君侯惟伯后聰明叡智奕世載德用慈友于我后我惟烝烝是虔罔不克承厥誨用增茂我敦篤以播休美于一世厥乃可不遵惟我用夙夜匪懈日鑽其道而仰之彌高鑽之彌堅我用欲罷不敢豈唯予躬是懼

實令跡是奉厥乃晝分而食夜分而寢豈唯令跡是畏實爾猶是儀嗚呼予其敬哉俞予聞之周之有至德有婦人焉我母氏羊姬宣慈愷悌明粹篤誠以撫訓羣子厥乃我齓齒則受厥教于書學未遑惟寧敦詩書禮樂孳孳弗倦我有識惟與汝服厥誨惟仁義惟孝友是尚憂深思遠祗以防于微翳義形於色厚愛平恕以濟其寬裕用緝和我七子訓諧我五妹惟我兄弟姊妹束修慎行用不辱于冠帶實母氏是憑予其爲政蕞爾惟母氏仁之不行是戚予其望色思寬獄之不情教之不泰是訓予其納戒思詳嗚呼惟母氏信著于不言行感于神明若夫恭事于蔡姬敦穆于九族乃高于古之人古之人厥乃千里承師矧我惟父惟母世德之餘烈服膺之弗可及景仰之弗可階汝其念哉俾羣弟天祚于我家俾爾咸休明是履淳英哉文明柔順琬乃沉毅篤固惟瑫厥清粹平理謨茂哉儁哲寅亮總其弘肅節雅瞻乃純鑠惠和惟我蒙蔽極否于義訓嗟爾六弟汝其滋義洗心以補予之尤予乃亦不敢忘汝之闕嗚呼小子瞻汝其見予之長於仁未見予之長於義也瞻曰俞以如何湛若曰我之羣于總角以

逮于弱冠曁于今之二毛受學于先載納誨于嚴父慈母予其敬忌于厥身而匡予之纖介翼予之小疵使予有過未曾不知予知之迪改惟沖子是賴予親于心愛于中敬于貌厥乃口無擇言柔惠且直廉而不劌肅而不厲厥其成予哉用集我父母之訓庶明厲翼邇可遠在茲瞻拜手稽首曰俞湛曰都在修身在愛人瞻曰吁惟聖其難之湛曰都厥不行惟難厥行惟易淳曰俞明而昧崇而卑沖而恆顯而賢同而疑厲而柔和而矜湛曰俞乃言厥有道淳曰俞祗服訓湛曰來琬汝亦昌言琬曰俞身不及於人不敢墮於勤厥故惟新湛曰俞瑫亦昌言瑫曰俞滋敬于己不滋敬于己惟敬乃恃無忘有恥湛曰俞謨亦昌言謨曰俞無忘於不可不虞形貌以心訪心於虞湛曰俞總亦昌言總曰俞若憂厥憂以休湛曰俞瞻亦昌言瞻曰俞復外惟內取諸內不忘諸外湛曰俞休哉淳等拜手稽首湛亦拜手稽首乃歌曰明德復哉家道休哉世祚悠哉百祿周哉又作歌曰訊德恭哉訓翼從哉內外康哉皆拜曰欽哉居邑累年朝野多歎其屈除中書侍郎出補南陽相遷太子僕未就命而武帝崩惠帝卽位以爲散

騎常侍元康初卒年四十九著論三十餘篇別爲一家之言初湛作周詩成以示潘岳岳曰此文非徒溫雅乃別見孝悌之性岳因此遂作家風詩湛族爲盛門性頗豪侈侯服玉食窮滋極珍及將沒遺命小棺薄斂不修封樹論者謂湛雖生不砥礪名節死則儉約令終是深達存亡之理

淳字孝沖亦有文藻與湛俱知名官至弋陽太守遭中原傾覆子姪多沒胡寇唯息承渡江

承字文子參安東軍事稍遷南平太守太興末王敦舉兵內向承與梁州刺史甘卓巴東監軍柳純宜都太守譚該等並露檄遠近列敦罪狀會甘卓懷疑不進王師敗績敦悉誅滅異己者收承欲殺之承外兄王廙苦請得免尋爲散騎常侍

潘岳 從子尼

潘岳字安仁滎陽中牟人也祖瑾安平太守父芘琅邪內史岳少以才穎見稱鄉邑號爲奇童謂終賈之儔也早辟司空太尉府舉秀才泰始中武帝躬耕藉

田岳作賦以美其事曰伊晉之四年正月丁未皇帝親率羣后耤于千畝之甸禮也於是乃使甸師清畿野廬埽路封人壝宮掌舍設枑青壇蔚其嶽立兮翠幕黕以雲布結崇基之靈阯兮啓四塗之廣阼沃野墳膴膏壤平砥清洛濁渠引流激水遐阡繩直邇陌如矢葱犗服于縹軛兮紺轅綴於黛耜儼儲駕於廛左兮俟萬乘之躬履百寮先置位以職分自上下下具惟命臣襲春服之萋萋兮接游車之轔轔微風生於輕幰兮纖埃起乎朱輪森奉璋以階列兮望皇軒而肅震若湛露之晞朝陽兮衆星之拱北辰也於是前驅魚麗屬車鱗萃閶闔洞啓參塗方駟常伯陪乘太僕執轡后妃獻穜稑之種司農撰播殖之器挈壺掌升降之節宮正設門閭之蹕天子乃御玉輦蔭華蓋衝牙錚鎗綃紈綷縩金根照耀以炯晃兮龍驥騰驤而沛艾表朱玄於離坎兮飛青縞於震兌中黃曄以發輝兮方綵紛其繁會五路鳴鑾九旗揚旆瓊鈒入蘂雲罕晻藹簫管嘲哳以啾嘈兮鼓鞞硡磤以砰磕筍簴嶷以軒翥兮洪鐘越乎區外震震填填塵霧連天以幸乎耤田蟬冕熲以灼灼兮碧色肅其芊芊似夜光之剖荊璞兮若茂

松之倚山顛也於是我皇乃降靈壇撫御耦游場染屨洪縻在手三推而舍庶人終畝貴賤以班或五或九于斯時也居靡都鄙人無華裔長幼雜遝以交集士女頒斌而咸戾被褐振裾垂髫總髻躡踵側肩掎裳連襼黃塵爲之四合陽光爲之潛翳動容發音而觀者莫不抃舞乎康衢謳吟乎聖世情欣樂乎昏作兮慮盡力乎樹藝靡推督而常勤兮莫之課而自厲躬先勞而悅使兮豈嚴刑而猛制哉有邑老田父或進而稱曰蓋損益隨時理有常然高以下爲基人以食爲天正其末者端其本善其後者慎其先夫九土之宜弗任四業之務不壹野有菜蔬之色朝乏代耕之秩無儲蓄以虞災徒望歲以自必三代之衰皆此物也今聖上昧旦丕顯夕惕若慄圖匱於豐防險於逸欽哉欽哉惟穀之恤展三時之弘務致倉廩於盈溢固堯舜之用心而存救之要術也若乃廟祧有事祝宗諏日簠簋普淖則此之自實縮鬯蕭茅又於是乎出黍稷馨香旨酒嘉栗宜其時和年登而神降之吉也古人有言曰聖人之德無以加於孝乎夫孝者天之性人之所由靈也昔者明王以孝治天下其或繼之者尠哉希矣逮我皇

晉實光斯道儀刑孚于萬國愛敬盡於祖考故躬稼以供粢盛所以致孝也勸穡以足百姓所以固本也能本而孝盛德大業至矣哉此一役也二美顯焉不亦遠乎不亦重乎敢作頌曰思樂甸畿薄採其芳大君戾止言藉其農其農三推萬國以祗耨我公田遂及我私我簠斯盛我簋斯齊我倉如陵我庾如坻念茲在茲永言孝思人力普存祝史正辭神祇攸歆逸豫無期一人有慶兆民賴之岳才名冠世爲衆所疾遂栖遲十年出爲河陽令負其才而鬱鬱不得志時尚書僕射山濤領吏部王濟裴楷等並爲帝所親遇岳內非之乃題閣道爲謠曰閣道東有大牛王濟鞅裴楷鞧和嶠刺促不得休轉懷令時以逆旅逐末廢農奸淫亡命多所依湊敗亂法度勑當除之十里一官樆使老小貧戶守之又差吏掌主依客舍收錢岳議曰謹案逆旅久矣其所由來行者賴以頓止居者薄收其直交易貿遷各得其所官無役賦因人成利惠加百姓而公無末費語曰許由辭帝堯之命而舍於逆旅外傳曰晉陽處父過甯舍於逆旅魏武皇帝亦以爲宜其詩曰逆旅整設以通商賈然則自堯到今未有不得客舍之法唯

商鞅尤之固非聖世所言也方今四海會同九服納貢八方翼翼公私滿路近畿輻湊客舍亦稠冬有溫爐夏有涼蔭芻秣成行器用取給疲牛必投乘涼近進發梢寫鞍皆有所憩又諸劫盜皆起於迥絕止乎人衆十里蕭條則奸宄生心連陌接館則寇情震懾且聞聲有救已發有追不救有罪不追有戮禁暴捕亡恆有司存凡此皆客舍之益而官樆之所乏也又行者貪路告糴炊爨皆以昏晨盛夏晝熱又兼星夜既限早閉不及樆門或避晚關迸逐路隅祇是慢藏誨盜之原苟以客舍多敗法教官守棘樆獨復何人彼河橋孟津解券輸錢高第督察數入校出品郎兩岸相檢猶懼或失之故懸以祿利許以功報今賤吏疲人獨專樆稅管開閉之權籍不校之勢此道路之蠹奸利所殖也率歷代之舊俗獲行留之懽心使客舍洒掃以待征旅擇家而息豈非衆庶顒顒之望請曹列上朝廷從之岳頻宰二邑勤於政績調補尚書度支郎遷廷尉評以公事免楊駿輔政高選吏佐引岳爲太傅主簿駿誅除名初譙人公孫宏少孤貧客田於河陽善鼓琴頗屬文岳之爲河陽令愛其才藝待之甚厚至是宏爲楚王

瑋長史專殺生之政時駿綱紀皆當從坐同署主簿朱振已就戮岳其夕取急在外宏言之瑋謂之假吏故得免未幾選爲長安令作西征賦述所經人物山水文清旨詣辭多不錄徵補博士未召以母疾輒去官免尋爲著作郎轉散騎侍郎岳性輕躁趨世利與石崇等諂事賈謐每候其出與崇輒望塵而拜構愍懷之文岳之辭也謐二十四友岳爲其首謐晉書限斷亦岳之辭也其母數誚之曰爾當知足而乾沒不已乎而岳終不能改既仕宦不達乃作閑居賦曰岳讀汲黯傳至司馬安四至九卿而良史書之題以巧宦之目未嘗不慨然廢書而歎也曰嗟乎巧誠有之拙亦宜然顧常以爲士之生也非至聖無軌微妙玄通者則必立功立事效當年之用是以資忠履信以進德修辭立誠以居業僕少竊鄉曲之譽忝司空太尉之命所奉之主卽太宰魯武公其人也舉秀才爲郎逮事世祖武皇帝爲河陽懷令尚書郎廷尉評今天子諒闇之際領太傅主簿府誅除名爲民俄而復官除長安令遷博士未召拜親疾輒去官免自弱冠涉于知命之年八徙官而一進階再免一除名一不拜職遷者三而已矣雖通

塞有遇抑亦拙之效也昔通人和長輿之論余也固曰拙於用多稱多者吾豈敢言拙則信而有徵方今俊乂在官百工惟時拙者可以絕意乎寵榮之事矣太夫人在堂有羸老之疾尙何能違膝下色養而屑屑從斗筲之役於是覽止足之分庶浮雲之志築室種樹逍遙自得池沼足以漁釣舂稅足以代耕灌園鬻蔬供朝夕之膳牧羊酤酪俟伏臘之費孝乎惟孝友于兄弟此亦拙者之爲政也乃作閑居賦以歌事遂情焉其辭曰遨墳素之長圃步先哲之高衢雖無顏之云厚猶內愧於甯蘧有道余不仕無道吾不愚何巧智之不足而拙艱之有餘也於是退而閑居于洛之涘身齊逸民名綴下士背京泝伊面郊後市浮梁黝以逕度靈臺傑其高峙闚天文之祕奧覩人事之終始其西則有元戎禁營玄幕綠徽谿子巨黍異絭同歸礮石雷駭激矢蝱飛以先啓行耀我皇威其東則有明堂辟雍清穆敞閑環林縈映圓海回泉聿追孝以嚴父宗文考以配天祇聖敬以明順養更老以崇年若乃背冬涉春陰謝陽施天子有事于柴燎以郊祖而展義張鈞天之廣樂備千乘之萬騎服振振以齊玄管啾啾而並吹

煌煌乎隱隱乎茲禮容之壯觀而王制之巨麗也兩學齊列雙宇如一右延國

胄左納良逸祁祁生徒濟濟儒術或升之堂或入之室教無常師而道在則是

故髦士投紱名王懷璽訓若風行應猶草靡此里仁所以爲美孟母所以三徙

也爰定我居築室穿池長楊映沼芳枳樹籬遊鱗瀺灂菡萏敷披竹木蓊藹靈

果參差張公大谷之梨梁侯烏椑之柿周文弱枝之棗房陵朱仲之李靡不畢

植三桃表櫻胡之別二奈耀丹白之色石榴蒲桃之珍磊落蔓延乎其側梅杏

郁棣之屬繁榮藻麗之飾華實照爛言所不能極也菜則蔥韭蒜芋青筍紫薑

堇薺甘旨蓼荾芬芳蘘荷依陰時藿向陽綠葵含露白薤負霜於是凜秋暑退

熙春寒往微雨新晴六合清朗太夫人乃御板輿升輕軒遠覽王畿近周家園

體以行和藥以勞宣常膳載加舊痾有痊於是席長筵列孫子柳垂蔭車結軌

陸摘紫房水挂赬鯉或宴于林或禊于汜昆弟班白兒童稚齒稱萬壽以獻觴

咸一懼而一喜壽觴舉慈顏和浮杯樂飲絲竹駢羅頓足起舞抗音高歌人生

安樂孰知其他退求己而自省信用薄而才劣奉周任之格言敢陳力而就列

幾陋身之不保而奚擬乎明哲仰衆妙而絶思終優游以養拙初芘爲琅邪內史孫秀爲小史給岳而狡黠自喜岳惡其爲人數撻辱之秀常銜忿及趙王倫輔政秀爲中書令岳於省內謂秀曰孫令猶憶疇昔周旋不答曰中心藏之何日忘之岳於是自知不免俄而秀遂誣岳及石崇歐陽建謀奉淮南王允齊王冏爲亂誅之夷三族岳將詣市與母別曰負阿母初被收俱不相知石崇已送在市岳後至崇謂之曰安仁卿亦復爾邪岳曰可謂白首同所歸岳金谷詩云投分寄石友白首同所歸乃成其讖岳母及兄侍御史釋弟燕令豹司徒掾據據弟詵兄弟之子已出之女無長幼一時被害唯釋子伯武逃難得免而豹女與其母相抱號呼不可解會詔原之岳美姿儀辭藻絶麗尤善爲哀誄之文少時常挾彈出洛陽道婦人遇之者皆連手縈繞投之以果遂滿載以歸時張載甚醜每行小兒以瓦石擲之委頓而反岳從子尼

尼字正叔祖勗漢東海相父滿平原內史並以學行稱尼少有清才與岳俱以文章見知性靜退不競唯以勤學著述爲事著安身論以明所守其辭曰蓋崇

德莫大乎安身安身莫尚乎存正存正莫重乎無私無私莫深乎寡欲是以君子安其身而後動易其心而後語定其交而後求篤其志而後行然則動者吉凶之端也語者榮辱之主也求者利病之幾也行者安危之決也故君子不妄動也動必適其道不徒語也語必經於理不苟求也求必造於義不虛行也行必由於正夫然用能免或繫之凶享自天之祐故身不安則殆言不從則悖交不審則惑行不篤則危四者行乎中則患憂接於外矣憂患之接必生於自私而興於有欲自私者不能成其私有欲者不能濟其欲理之至也欲苟不濟能無爭乎私苟不從能無伐乎人人自私家家有欲衆欲並爭羣私交伐爭則亂之萌也伐則怨之府也怨亂既構危害及之得不懼乎然棄本要末之徒知進忘退之士莫不飾才銳智抽鋒擢穎傾側乎勢利之交馳騁乎當塗之務朝有彈冠之朋野有結綬之友黨與熾於前榮名扇其後握權則赴者鱗集失寵則散者瓦解求利則託刎頸之懽爭路則構刻骨之隙於是浮僞波騰曲辯雲沸寒暑殊聲朝夕異價駑蹇希奔放之跡鉛刀競一割之用至於愛惡相攻與奪

交戰誹謗噂沓毀譽縱橫君子務能小人伐技風頽於上俗弊於下禍結而恨爭也不彊患至而悔伐之未辯大者傾國喪家次則覆身滅祀其故何邪豈不始於私欲而終於爭伐哉君子則不然知自私之害公也故後外其身知有欲之傷德也故遠絕榮利知爭競之遘災也故犯而不校知好伐之招怨也故有功而不德安身而不爲私故身正則私全慎言而不適欲故言濟而欲從定交而不求益故交立而益厚謹行而不求名故行成而名美止則立乎無私之域行則由乎不爭之塗必將通天下之理而濟萬物之性天下猶我故與天下同其欲己猶萬物故與萬物同其利夫能保其安者非謂崇生生之厚而耽逸豫之樂也不忘危而已有期進者非謂窮貴寵之榮而藉名位之重也不忘退而已存其治者非謂嚴刑政之威而明司察之禁也不忘亂而已故寢蓬室隱陋巷披短褐茹藜藿環堵而居易衣而出苟存乎道非不安也雖坐華殿載文軒服黼黻御方丈重門而處成列而行不得與之齊榮用天時分地利甘布衣安藪澤沾體塗足耕而後食苟崇乎德非不進也雖居高位饗重祿執權衡握機

祕功蓋當時勢侔人主不得與之比逸遺意慮沒才智忘肝膽棄形器貌若無能志若不及苟正乎心非不治也雖繁計策廣術藝審刑名峻法制文辯流離議論絕世不得與之爭功故安也者安乎道者也進也者進乎德者也治也者治乎心者也未有安身而不能保國家進德而不能處富貴治心而不能治萬物者也然思危所以求安慮退所以能進懼亂所以保治戒亡所以獲存也若乃弱志虛心曠神遠致徙倚乎不拔之根浮遊乎無垠之外不自貴於物而物宗焉不自重於人而人敬焉可親而不可慢也可尊而不可遠也親之如不足天下莫之能狎也舉之如易勝而當世莫之能困也達則濟其道而不榮也窮則善其身而不悶也用則立於上而非爭也舍則藏於下而非讓也夫榮之所不能動者則辱之所不能加也利之所不能勸者則害之所不能嬰也譽之所不能益者則毀之所不能損也今之學者誠能釋自私之心塞有欲之求杜交爭之原去矜伐之態動則行乎至通之路靜則入乎大順之門泰則翔乎寥廓之宇否則淪乎渾冥之泉邪氣不能干其度外物不能擾其神哀樂不能盪其

守死生不能易其真而以造化爲工匠天地爲陶鈞名位爲糟粕勢利爲埃塵
治其內而不飾其外求諸己而不假諸人忠肅以奉上愛敬以事親可以御一
體可以牧萬民可以處富貴可以安賤貧經盛衰而不改則庶幾能安身矣初
應州辟後以父老辭位致養太康中舉秀才爲太常博士歷高陸令淮南王允
鎮東參軍元康初拜太子舍人上釋奠頌其辭曰元康元年冬十二月上以皇
太子富於春秋而人道之始莫先於孝悌初命講孝經於崇正殿實應天縱生
知之量微言奧義發自聖問業終而體達至二年春閏月將有事於上庠釋奠
于先師禮也越二十四日景申侍祠者既齊輿駕次于太學太傅在前少傅在
後恂恂乎弘保訓之道宮臣畢從三率備衛濟濟乎肅翼贊之敬乃埽壇爲殿
懸幕爲宮夫子位于西序顏回侍于北墉宗伯掌禮司儀辨位二學儒官搢紳
先生之徒垂纓佩玉規行矩步者皆端委而陪於堂下以待執事之命設樽篚
於兩楹之間陳罍洗於阼階之左几筵既布鍾懸既列我后乃躬拜俯之勤資
在三之義謙光之美彌劭闕里之教克崇穆穆焉邕邕焉真先王之徽典不刊

之美業允不可替已於是牲饋之事既終享獻之禮已畢釋玄衣御春服弛齋禁反故式天子乃命內外羣司百辟卿士蕃王三事至于學徒國子咸來觀禮我后皆延而與之燕金石簫管之音八佾六代之舞鏗鏘闛閣般辟俛仰可以徵神滌欲移風易俗者罔不畢奏抑淫哇屏鄭衞遠佞邪釋巧辯是日也人無愚智路無遠邇離鄉越國扶老攜幼不期而俱萃皆延頸以視傾耳以聽希道慕業洗心革志想洙泗之風歌來蘇之惠然後知居室之善著應乎千里之外不言之化洋溢于九有之內於熙乎若典固皇代之壯觀萬載之一會也尼昔忝禮官嘗聞俎豆今厠末列親覩盛美瀸漬徽猷沐浴芳潤不知手舞口詠竊作頌一篇義近辭陋不足測盛德之形容光聖明之遐度其辭曰三元迭運五德代徵黃精既亢素靈乃暉有皇承天造我晉畿祚以大寶登以龍飛宣基誕命景熙遐緒三分自文受終惟武席卷要蠻蕩定荒阻道濟羣生化流率土後帝承哉丕隆曾構奄有萬方光宅宇宙篤生上嗣繼期挺秀聖敬日躋濬哲閎茂留精儒術敦閱古訓遵道讓齒降心下問鋪以金聲光以玉潤如日之升如

乾之運乃延台保乃命學臣聖容穆穆侍講誾誾抽演微言啓發道真探幽窮賾温故知新講業既終精義既研崇聖重師卜日告奠陳其三牢引其四縣既戒既式乃盥乃薦恂恂孔聖百王攸希亹亹顔生好學無違曰皇儲后體神合機兆吉先見知來洞微濟濟二宮藹藹庶寮俊乂鱗萃髦士盈朝如彼和肆莫匪瓊瑶如彼儀鳳樂我雲韶瓊瑶誰剖四門洞開雲韶奚樂神人允諧蟬冕耀庭細珮振階德以謙光仁以恩懷我酒惟清我肴惟馨舞以六代歌以九成莘莘胄子祁祁學生洗心自百觀國之榮學猶蒔苗化若偃草博我以文弘我以道萬邦蟬蜺矧乃俊造鑚蚌瑩珠剖石摛藻絲匪玄黄水罔方圓引之斯流染之斯鮮若金受範若埴在甄上好如雲下效如川昔在周與王化之始曰文曰武時惟世子今我皇儲濟聖通理緝熙重光於穆不已於穆伊何思文哲后媚茲一人寶副元首孝洽家邦光照九有純嘏自晉永世昌阜微微下臣過充近侍猥躡風雲鸞龍是廁身澡芳流目玩盛事竭誠作頌祗詠聖志出爲宛令在任寛而不縱恤隱勤政厲公平而遺人事入補尚書郎俄轉著作郎爲乘輿箴

其辭曰易稱有天地然後有人倫有父子然後有君臣傳曰大者天地其次君臣然君臣父子之道天地人倫之本未有以先之者也故天生蒸人而樹之君使司牧之將以導羣生之性而理萬物之情豈以寵一人之身極無量之欲如斯而已哉夫古之爲君者無欲而至公故有茅茨土階之儉而後之爲君有欲而自利故有瑤臺瓊室之侈無欲者天下共推之有欲者天下共爭之推之之極雖禪代猶脫屣爭之之極雖劫殺而不避故曰天下非一人之天下乃天下之天下安可求而得辭而已者乎夫修諸己而化諸人出乎邇而見乎遠者言行之謂也故人主所患莫甚於不知其過而所美莫美於好聞其過若有君於此而曰予必無過唯其言而莫之違斯孔子所謂其庶幾乎一言而喪國者也蓋君子之過如日月之蝕過也人皆見之更也人皆仰之雖以堯舜湯武之盛必有誹謗之木敢諫之鼓盤杅之銘無諱之史所以閑其邪僻而納諸正道其自維持如此之備故箴規之與將以救過補闕然猶依違諷喻使言之者無罪聞之者足以自誡先儒既援古義舉內外之殊而高祖亦序六官論成敗之要

義正辭約又盡善矣自虞人箴以至于百官非唯規其所司誠欲人主斟酌其得失焉春秋傳曰命百官箴王闕則亦天子之事也尼以爲王者膺受命之期當神器之運總萬幾而撫四海簡羣才而審所授孜孜於得人汲汲於聞過雖廷爭面折猶將祈請而求焉至於箴規諫之順者曷爲獨闕之哉是以不量其學陋思淺因負擔之餘嘗試撰而述之不敢斥至尊之號故以乘輿目篇蓋帝王之事至大而古今之變至衆文繁而義詭意局而辭野將欲希企前賢髣髴崇軌譬猶丘垤之望華岱恆星之繫日月也其不逮明矣頌曰元元遂初芒芒太始清濁同流玄黃錯跱上下弗形尊卑靡紀赫胥悠哉大庭尚矣皇極啓建兩儀既分彝倫永序萬邦已紛國事明王家奉嚴君各有攸尊德用不勤羲農已降暨于夏殷或禪或傳乃質乃文太上無名下知有之仁義不存而人歸孝慈無爲無執何欲何思忠信之薄禮刑實滋既譽既畏以侮以欺作誓作盟而人始叛疑煌煌四海藹藹萬乘匪懵焉憑左輔右弼前疑後丞一日萬幾業業兢兢夫出其言善則千里是應而莫余違亦喪邦有徵樞機之動式以廢興殷

監不遠若之何勿懲且厚味腊毒豐屋生災辛作璇室而夏輿瑤臺糟丘酒池象飾玉杯厥肴伊何龍肝豹胎惟此哲婦職爲亂階殷用喪師夏亦不恢是以帝堯在位茅茨不翦周文日昃昧旦丕顯夫德輶如毛而或舉之者鮮故湯有慙德武未盡善下世道衰末俗化淺耽樂逸遊荒淫沉湎不式古訓而好是佞辯不遵王路而覆車是踐成敗之効載在先典匪唯陵夷厥世用殄故曰樹君如之何將人是司牧視之猶傷而知其寒燠故能撫之斯柔而敦之斯睦無遠不懷靡思不服夫豈厭縱一人而玩其耳目內迷聲色外荒馳逐不修政事而終於顛覆昔唐氏授舜舜亦命禹受終納祖丕承天序放桀惟湯剋殷伊武故禪代非一姓社稷無常主四嶽三塗九州之阻彭蠡洞庭殷商之旅虞夏之隆非由尺土而紂之百剋卒於絕緒故王者無親唯在擇人傾蓋惟舊白首乃新望由釣夫伊起有莘負鼎鼓刀而謀合聖神夫豈借官左右而取介近臣蓋有國有家者莫云我聰或此面從莫謂我智聽受未易甘言美疢尠不爲累由夷逃寵遠於脫屣奈何人主位極則侈知人則哲惟帝所難唐朝既泰四族作奸

周室既隆而管蔡不虔匪我二聖孰弭斯患若九德咸受俊乂在官君非臣莫治臣非君莫安故書美康哉而易貴金蘭有皇司國敢告納言及趙王倫篡位孫秀專政忠良之士皆罹禍酷尼遂疾篤取假拜埽墳墓聞齊王冏起義乃赴許昌冏引爲參軍與謀時務兼管書記事平封安昌公歷黃門侍郎散騎常侍侍中祕書監永興末爲中書令時三王戰爭皇家多故尼職居顯要從容而已雖憂虞不及而備嘗艱難永嘉中還太常卿洛陽將沒攜家屬東出城皋欲還鄉里道遇賊不得前病卒於塢壁年六十餘

張載 弟協 協弟亢

張載字孟陽安平人也父收蜀郡太守載性閑雅博學有文章太康初至蜀省父道經劍閣載以蜀人恃險好亂因著銘以作誡曰巖巖梁山積石峨峨遠屬荆衡近綴岷嶓南通邛僰北達褒斜狹過彭碣高踰嵩華惟蜀之門作固作鎮是曰劍閣壁立千仞窮地之險極路之峻世濁則逆道清斯順閉由往漢開自有晉秦得百二幷吞諸侯齊得十二田生獻籌矧茲狹隘土之外區一人荷戟

萬夫趑趄形勝之地非親勿居昔在武侯中流而喜河山之固見屈吳起洞庭孟門二國不祀與實由德險亦難恃自古及今天命不易憑阻作昏鮮不敗績公孫既沒劉氏銜璧覆車之軌無或重跡勒銘山河敢告梁益益州刺史張敏見而奇之乃表上其文武帝遣使鐫之於劍閣山焉載又爲權論曰夫賢人君子將立天下之功成天下之名非遇其時曷由致之哉故嘗試論之殷湯無鳴條之事則伊尹有莘之匹夫也周武無牧野之陣則呂牙渭濱之釣翁也若茲之類不可勝紀蓋聲發響應形動影從時平則才伏世亂則奇用豈不信歟設使秦莽修三王之法時致隆平則漢祖泗上之健吏光武舂陵之俠客耳況乎附麗者哉故當其有事也則足非千里不入於輿刃非斬鴻不韜於鞘是以駑蹇望風而退頑鈍未試而廢及其無事也則牛驥共牢利鈍齊列而無長塗犀革以決之此離朱與瞽者同眡之說也處守平之世而欲建殊常之勳居太平之際而吐違俗之謀此猶卻步而登山鬻章甫於越也漢文帝見李廣而歎曰惜子不遇當高祖時萬戶侯豈足道哉故智無所運其籌勇無所奮其氣則勇

怯一也才無所騁其能辯無所展其說則頑慧均也是以吳榜越船不能無水而浮青虬赤螭不能無雲而飛故和璧之在荊山隋珠之潛重川非遇其人焉有連城之價照車之名乎青骹繁霜縶於籠中何以效其撮東郭於韝下也白猨玄豹藏於蘊檻何以知其接垂條於千仞也孱夫與烏獲訟力非龍文赤鼎無以明之蓋聶政與荊卿爭勇非彊秦之威孰能辨之故餓夫庸隸抱關屠釣之倫一旦而都卿相之位建金石之號者或有懷顏孟之術抱伊管之略沒世而不齒者此言有事之世易爲功無爲之時難爲名也若斯湮滅而不稱曾不足以多說況夫庸庸之徒少有不得意者則自以爲枉伏莫不飾小辯立小善以偶時結朋黨聚虛譽以驅俗進之無補於時退之無損於化而世主相與雷同齊口吹而呴之豈不哀哉今士循常習故規行矩步積階級累閥閱碌碌然以取世資若夫魁梧儁傑卓躒倜儻之徒直將伏死嶔岑之下安能與步驟共爭道里乎至如軒冕黻班之士苟不能匡化輔政佐時益世而徒俯仰取容要榮求利厚自封之資豐私家之積此沐猴而冠耳尚焉足道哉載又爲濛汜賦

司隸校尉傅玄見而嗟歎以車迎之言談盡日爲之延譽遂知名起家佐著作郎出補肥鄉令復爲著作郎轉太子中舍人遷樂安相弘農太守長沙王乂請爲記室督拜中書侍郎復領著作載見世方亂無復進仕意遂稱疾篤告歸卒於家

協字景陽少有儁才與載齊名辟公府掾轉祕書郎補華陰令征北大將軍從事中郎遷中書侍郎轉河閒內史在郡清簡寡欲于時天下已亂所在寇盜協遂棄絕人事屏居草澤守道不競以屬詠自娛擬諸文士作七命其辭曰沖漠公子含華隱曜嘉遯龍蟠超世高蹈遊心於浩然玩志乎衆妙絕景乎大荒之遐阻吞響乎幽山之窮奧於是徇華大夫聞而造焉乃整雲輅驂飛黃越奔沙輾流霜陵扶搖之風躡堅冰之津旌拂霄崿軌出蒼垠天清泠而無霞野曠朗而無塵臨重岫而攬轡顧石室而迴輪遂適沖漠公子之所居其居也崢嶸幽藹蕭瑟虛玄溟海渾濩涌其後嶰谷𡽫嶆張其前尋竹竦莖蔭其壑百籟羣鳴籠其山衡飇發而回日飛礫起而灑天於是登絕巘遡長風陳辯惑之辭命公

子於巖中曰蓋聞聖人不卷道而背時智士不遺身而匿跡生必耀華名於玉牒沒則勒鴻伐於金冊今公子違世陸沉避地獨竄有生之懽滅資父之義廢愁洽百年苦溢千載何異促鱗之遊汀濘短羽之栖翳薈今將榮子以天人之大寶悅子以縱性之至娛窮地而遊中天而居傾四海之歡殫九州之腴鑽屈轂之瓠解疏屬之拘子欲之乎公子曰大夫不遺來萃荒外雖在不敏敬聽嘉話大夫曰寒山之桐出自太冥含黃鍾以吐幹據蒼岑而孤生旣乃瓊巘層陵金岸崥崹右當風谷左臨雲谿上無陵虛之巢下無跖實之蹊搖刖峻挺茗邈嶕嶢晞三春之溢露遡九秋之鳴飇雰雪寫其根霏霜封其條木旣繁而後綠草未素而先雕於是構雲梯陟崢嶸剪藜賓之陽柯剖大呂之陰莖營匠斲其樸伶倫均其聲器舉樂奏促調高張音朗號鐘韻淸繞梁追逸響於八風採奇律於歸昌啓中黃之妙宮發蓐收之變商若乃龍火西頹暄氣初收飛霜迎節高風送秋羇旅懷土之徒流宕百罹之儔撫促柱則酸鼻揮危弦則涕流若乃追淸哇赴嚴節奏淥水吐白雪激楚迴流風結悲蓂莢之朝落悼望舒之夕缺

犖婺爲之辟摽孀老爲之嗚咽王子拂纓而傾耳六馬嘘天而仰秣此蓋音曲之至妙子豈能從我而聽之乎公子曰余病未能也大夫曰蘭宮祕宇雕堂綺櫳雲屏爛旰瓊壁青葱應門八襲璇臺九重表以百常之闕闤以萬雉之墉爾乃嶢榭迎風秀出中天翠觀岑青彤閣霞連長翼臨雲飛陛陵山望玉繩而結極承倒景而開軒頳素煥爛枌栱嵯峨陰虬負檐陽馬承阿錯以瑤英鏤以金華方疏含秀圓井吐葩重殿疊起交綺對幌幽堂晝密明室夜朗焦冥飛而風生尺蠖動而成響若乃目厭常玩體倦帷幄攜公子而雙遊時娛觀於林麓登翠阜臨丹谷華草錦繁飛采星燭陽葉春青陰條秋綠華實代新承意恣觀仰折神虈俯採朝蘭㤜惠風於蘅薄眷椒塗於瑤壇爾乃浮三翼戲中沚潛鰓駭驚翰起沉絲結飛矰理挂歸翮於赤霄之表出華鱗於紫潭之裏然後縱櫂隨風弭楫乘波吹孤竹撫雲和川客唱淮南之曲榜人奏採菱之歌歌曰乘鷁舟兮爲水嬉臨芳洲兮拔靈芝樂以忘戚遊以卒時窮夜爲日畢歲爲期此蓋宴居之浩麗子豈能從我而處之乎公子曰余病未能也大夫曰若乃白商素節

月既授衣天凝地閉風厲霜飛柔條夕勁密葉晨稀將因氣以效殺臨金郊而
講師爾乃列輕武整戎剛建雲髦啓雄芒駕紅陽之飛燕驂唐公之驌驦屯羽
隊於外林縱飛翼於中荒爾乃張脩罠布飛羅凌黃岑挂青巒畫長壑以爲限
帶流谿以爲關既乃內無疏蹊外無漏跡叩鉦散校舉麾贊獲轂金機馳鳴鏑
翦剛豪落勁翮連騎競騖駢武齊轍翕忽揮霍雲迴風烈聲動響飛形移影發
舉戈林聳揮鋒電滅仰傾雲巢俯殫地穴乃有圓文之豣班題之縱鼓鬣風生
怒目電睒口歕霜刃足撥飛鋒飆林蹶石扣拔幽叢於是飛黃奮銳賁育逞伎
蹙封狶撌馮豕拉甝虪挫解貀鉤爪摧踞牙擺瀾漫狼籍傾榛倒壑隕嶺挂山
僵踣掩澤藪爲毛林隰爲丹薄於是徹圍頓網卷旆收鳶虞人數獸林衡計鮮
論最犒勤息馬韜弦肴駟連鑣酒駕方軒千鐘電釂萬燧星繁陵阜沾流膏谿
谷厭芳烟歡極樂殫迴節而旋此亦畋遊之壯觀子豈能從我而爲之乎公子
曰余病未能也大夫曰楚之陽劍歐冶所營邪谿之鋌赤山之精銷踰羊頭鏷
鉞鍛成乃鍊乃鑠萬辟千灌豐隆奮椎飛廉扇炭神器化成陽文陰漫既乃流

綺星連浮彩豔發光如散電質如耀雪霜鍔水凝冰刃露潔形冠豪曹名珍巨闕指鄭則三軍白首麾晉則千里流血豈徒水截蛟龍陸灑奔駟斷浮翮以爲工絕重甲而稱利云爾而已哉若其靈寶則舒辟無方奇鋒異模形震薛燭光駭風胡價兼三鄉聲貴二都或馳名傾秦或夜飛去吳是以功冠萬載威曜無窮揮之者無前擁之者身雄可以從服九國橫制八戎爪牙景附函夏承風此蓋希世之神兵子豈能從我而服之乎公子曰余病未能也大夫曰天驥之駿逸態超越稟氣靈川受精皎月眸矚黑照玄綵紺發沫如揮紅汗如振血秦青不能識其衆尺方堙不能覩其若滅爾乃巾雲軒踐朝霧赴春衢整秋御虬蛹螭騰麟超龍翥埒山載奔視林載赴氣盛怒發星飛電駭志陵九州勢越四海影不及形塵不暇起浮箭未移再踐千里爾乃踰天根越地隔適汗漫之所不遊躡章亥之所未跡陽烏爲之頓羽夸父爲之投策斯蓋天下之儁乘子豈能從我而御之乎公子曰余病未能也大夫曰大梁之黍瓊山之禾唐稷播其根農帝嘗其華爾乃六禽殊珍四膳異肴窮海之錯極陸之毛伊公爨鼎庖丁揮

刀味重九沸和兼芍藥晨鳧露鵠霜鵽黃雀圓案星亂方丈華錯封熊之蹯翰音之跖燕髀猩脣髦殘象白靈川之龜萊黃之鮐丹穴之鷚玄豹之胎燀以秋橙酤以春梅接以商王之箸承以帝辛之杯范公之鱗出自九谿赬尾丹腮紫翼青鬐爾乃命支離飛霜鍔紅肌綺散素膚雪落婁子之毫不能廁其細秋蟬之翼不足擬其薄繁肴既闋亦有嘉羞商山之果漢皋之榛析龍眼之房剖椰子之殼芳旨萬選承意代奏乃有荊南烏程豫北竹葉浮蟻星沸飛華萍接玄石嘗其味儀氏進其法傾罍一朝可以流湎千日單醪投川可使三軍告捷斯人神之所欣羨觀聽之所煒曄也子豈能強起而御之乎公子曰耽爽口之饌甘腊毒之味服腐腸之藥御亡國之器雖子大夫之所榮顧亦吾人之所畏余病未能也大夫曰蓋有晉之融皇風也金華啓徽大人有作繼明代照配天光宅其基德也隆於姬公之處岐其垂仁也富乎有殷之在亳南箕之風不能暢其化離畢之雲無以豐其澤皇道昭煥帝載緝熙導氣以樂宣德以詩教清乎雲官之世政穆乎鳥紀之時王猷四塞函夏謐靜丹冥投鋒青徼釋警却馬於

糞車之轅銘德於昆吾之鼎羣萌反素時人載郁耕父推畔漁豎讓陸樵夫恥危冠之飾輿臺笑短後之服六合時雍巍巍蕩蕩玄髫巷歌黄髮擊壤解羲皇之繩錯陶唐之象若乃華裔之夷流荒之貊語不傳於輶軒地未被乎正朔莫不駿奔稽顙委質重譯于時昆蚑感惠無思不服苑戲九尾之禽囿棲三足之烏鳴鳳在林夥於黄帝之園有龍遊川盈於孔甲之沼萬物烟熅天地交泰義懷靡内化感無外林無被褐山無韋帶皆象刻於百工兆發乎靈蔡搢紳濟濟軒冕藹藹功與造化爭流德與二儀比大言未終公子蹶然而興曰鄙夫固陋守玆狂狷蓋理有毀之而爭寶之訟解言有怒之而齊王之疾痊向子誘我以聾耳之樂栖我以蔀家之屋田遊馳蕩利刃駿足既老氏之攸戒非吾人之所欲故靡得而應子至聞皇風載韙時聖道醇舉實爲秋摛藻爲春下有可封之人上有大哉之君余雖不敏請從後塵世以爲工永嘉初復徵爲黄門侍郎託疾不就終於家

亢字季陽才藻不逮二昆亦有屬綴又解音樂伎術時人謂載協亢陸機雲曰

二陸三張中興初過江拜散騎侍郎祕書監荀崧舉亢領佐著作郎出補烏程令入爲散騎常侍復領佐著作述歷贊一篇見律歷志

史臣曰孝若掞蔚春華時標麗藻覩其抵疑詮理本窮通於自天作誥敷文流英聲於孝悌旨深致遠殊有大雅之風烈焉安仁思緒雲騫詞鋒景煥前史儔於賈誼先達方之士衡賈論政範源王化之幽賾潘著哀詞貫人靈之情性機文喻海韞蓬山而育蕪岳藻如江濯美錦而增絢混三家以通校爲二賢之亞匹矣然其挾彈盈果拜塵趍貴蔑棄倚門之訓乾沒不逞之間斯才也而有斯行也天之所賦何其駁歟正叔含咀藝文履危居正安其身而後動契其心而後言著論究人道之綱裁箴懸乘輿之鑒可謂玉質而金相者矣孟陽鏤石之文見奇於張敏濛汜之詠取重於傅玄爲名流之所挹亦當代之文宗矣景陽擒光王府棣蕚相輝洎乎二陸入洛三張減價考覈遺文非徒語也

贊曰湛稱弄翰縟彩彫煥才高位卑往哲攸歎岳實含章藻思抑揚趍權冒勢終亦罹殃尼標雅性夙聞詞令載協飛芳棣華增映

晉書卷五十五

晉書卷五十五考證

潘岳傳從子尼○尼監本誤產今按本傳改正

徒望歲以自必○必本集作畢文選注畢卒也所謂卒歲之計也

尋爲著作郎轉散騎侍郎○汲古閣本此句下尚有遷給事黃門侍郎七字

鑽蚌瑩珠○蚌本書音義作蛖字書不載蛖字今從監本

晉書卷五十五考證

晉書卷五十六

唐　太　宗　文　皇　帝　御　撰

列傳第二十六

江統　子虨　惇

江統字應元陳留圉人也祖蕤以義行稱爲譙郡太守封亢父男父祚南安太守統靜默有遠志時人爲之語曰嶷然稀言江應元與鄉人蔡克俱知名襲父爵除山陰令時關隴屢爲氐羌所擾孟觀西討自擒氐帥齊萬年統深惟四夷亂華宜杜其萌乃作徙戎論其辭曰夫夷蠻戎狄謂之四海九服之制地在要荒春秋之義內諸夏而外夷狄以其言語不通贄幣不同法俗詭異種類乖殊或居絕域之外山河之表崎嶇川谷阻險之地與中國壤斷土隔不相侵涉賦役不及正朔不加故曰天子有道守在四夷禹平九土而西戎卽敘其性氣貪婪凶悍不仁四夷之中戎狄爲甚弱則畏服彊則侵叛雖有賢聖之世大德之君咸未能以通化率導而以恩德柔懷也當其彊也以殷之高宗而憊於鬼方

有周文王而患昆夷獫狁高祖困於白登孝文軍於霸上及其弱也周公來九譯之貢中宗納單于之朝以元成之微而猶四夷賓服此其已然之效也故匈奴求守邊塞而侯應陳其不可單于屈膝未央望之議以不臣是以有道之君牧夷狄也惟以待之有備禦之有常雖稽顙執贄而邊城不弛固守為寇賊彊暴而兵甲不加遠征期令境內獲安疆場不侵而已及至周室失統諸侯專征以大兼小轉相殘滅封疆不固而利害異心戎狄乘間得入中國或招誘安撫以為己用故申繒之禍顛覆宗周襄公要秦遽與姜戎當春秋時義渠大荔居秦晉之域陸渾陰戎處伊洛之間鄋瞞之屬害及濟東侵入齊宋陵虐邢衛南夷與北狄交侵中國不絕若綫齊桓攘之存亡繼絕北伐山戎以開燕路故仲尼稱管仲之力加左衽之功逮至春秋之末戰國方盛楚吞蠻氏晉翦陸渾趙武胡服開榆中之地秦雄咸陽滅義渠之等始皇之并天下也南兼百越北走匈奴五嶺長城戎卒億計雖師役煩殷寇賊橫暴然一世之功戎虜奔卻當時中國無復四夷也漢興而都長安關中之郡號曰三輔禹貢雍州宗周豐鎬之

舊也及至王莽之敗赤眉因之西都荒毁百姓流亡建武中以馬援領隴西太守討叛羌徙其餘種於關中居馮翊河東空地而與華人雜處數歲之後族類蕃息既恃其肥彊且苦漢人侵之永初之元騎都尉王弘使西域發調羌氐以爲行衞於是羣羌奔駭互相扇動二州之戎一時俱發覆沒將守屠破城邑鄧騭之征棄甲委兵輿尸喪師前後相繼諸戎遂熾至於南入蜀漢東掠趙魏唐突軹關侵及河內及遣北軍中候朱寵將五營士於孟津距羌十年之中夷夏俱斃任尚馬賢僅乃克之此所以爲害深重累年不定者雖由御者之無方將非其才亦豈不以寇發心腹害起肘腋疢篤難療瘡大遲愈之故哉自此之後餘燼不盡小有際會輒復侵叛馬賢狃忕終於覆敗段熲臨衝自西徂東雍州之戎常爲國患中世之寇惟此爲大漢末之亂關中殘滅魏興之初與蜀分隔疆埸之戎一彼一此魏武皇帝令將軍夏侯妙才討叛氐阿貴千萬等後因拔棄漢中遂徙武都之種於秦川欲以弱寇彊國扞御蜀虜此蓋權宜之計一時之勢非所以爲萬世之利也今者當之已受其弊矣夫關中土沃物豐厥田上

上加以涇渭之流溉其舄鹵鄭國白渠灌浸相通黍稷之饒畝號一鍾百姓謠詠其殷實帝王之都每以爲居未聞戎狄宜在此土也非我族類其心必異戎狄志態不與華同而因其衰弊遷之畿服士庶翫習侮其輕弱使其怨恨之氣毒於骨髓至於蕃育衆盛則坐生其心以貪悍之性挾憤怒之情候隙乘便輒爲橫逆而居封域之內無障塞之隔掩不備之人收散野之積故能爲禍滋蔓暴害不測此必然之勢已驗之事也當今之宜宜及兵威方盛衆事未罷徙馮翊北地新平安定界內諸羌著先零罕开析支之地徙扶風始平京兆之氐出還隴右著陰平武都之地廩其道路之糧令足自致各附本種反其舊土使屬國撫夷就安集之戎晉不雜並得其所上合往古即敘之義下爲盛世永久之規縱有猾夏之心風塵之警則絕遠中國隔閡山河雖爲寇暴所害不廣是以充國子明能以數萬之衆制羣羌之命有征無戰全軍獨剋雖有謀謨深計廟勝遠圖豈不以華夷異處戎夏區別要塞易守之故得成其功也哉難者曰方今關中之禍暴兵二載征戍之勞老師十萬水旱之害荐饑累荒疫癘之災札

瘥夭昏凶逆既戮悔惡初附且款且畏咸懷危懼百姓愁苦異人同慮望寧息之有期若枯旱之思雨露誠宜鎮之以安豫而子方欲作役起徒與功造事使疲悴之衆徙自猜之寇以無穀之人遷乏食之虜恐勢盡力屈緒業不卒羌戎離散心不可一前害未及弭而後變復横出矣答曰羌戎狡猾擅相號署攻城野戰傷害牧守連兵聚衆載離寒暑矣而今異類瓦解同種土崩老幼繫虜丁壯降散禽離獸迸不能相一子以此等爲尚挾餘資悔惡反善懷我德惠而來柔附乎將勢窮道盡智力俱困懼我兵誅以至於此乎曰無有餘力勢窮道盡故也然則我能制其短長之命而令其進退由己矣夫樂其業者不易事安其居者無遷志方其自疑危懼畏怖促遽故可制以兵威使之左右無違也迨其死亡散流離逷未鳩與關中之人戶皆爲讎故可遐遷遠處令其心不懷土也夫聖賢之謀事也爲之於未有理之於未亂道不著而平德不顯而成其次則能轉禍爲福因敗爲功值困必濟遇否能通今子遭弊事之終而不圖更制之始愛易轍之勤而得覆車之軌何哉且關中之人百餘萬口率其少多戎狄居

半處之與還必須口實若有窮乏糝粒不繼者故當傾關中之穀以全其生生之計必無擠於溝壑而不爲侵掠之害也今我遷之傳食而至附其種族自使相贍而秦地之人得其半穀此爲濟行者以廩糧遺居者以積倉寬關中之逼去盜賊之原除旦夕之損建終年之益若憚暫舉之小勞而忘永逸之弘策惜日月之煩苦而遺累世之寇敵非所謂能開物成務創業垂統崇基拓跡謀及子孫者也并州之胡本實匈奴桀惡之寇也漢宣之世凍餒殘破國內五裂後合爲二呼韓邪遂衰弱孤危不能自存依阻塞下委質柔服建武中南單于復來降附遂令入塞居於漠南數世之後亦輒叛戾故何熙梁慬戎車屢征中平中以黃巾賊起發調其兵部衆不從而殺羌渠由是於彌扶羅求助於漢以討其賊仍值世喪亂遂乘釁而作鹵掠趙魏寇至河南建安中又使右賢王去卑誘質呼廚泉聽其部落散居六郡咸熙之際以一部太彊分爲三率泰始之初又增爲四於是劉猛內叛連結外虜近者郝散之變發於穀遠今五部之衆戶至數萬人口之盛過於西戎然其天性驍勇弓馬便利倍於氐羌若有不虞風

塵之慮則幷州之域可爲寒心滎陽句驪本居遼東塞外正始中幽州刺史毌丘儉伐其叛者徙其餘種始徙之時戶落百數子孫孳息今以千計數世之後必至殷熾今百姓失職猶或亡叛犬馬肥充則有噬齧況於夷狄能不爲變但顧其微弱勢力不成耳夫爲邦者患不在貧而在不均憂不在寡而在不安以四海之廣士庶之富豈須夷虜在內然後取足哉此等皆可申諭發遣還其本域慰彼羈旅懷土之思釋我華夏纖介之憂惠此中國以綏四方德施永世於計爲長帝不能用未及十年而夷狄亂華時服其深識遷中郎選司以統叔父春爲宜春令統因上疏曰故事父祖與官職同名皆得改選而未有身與官職同名不在改選之例臣以爲父祖改選者蓋爲臣子開地不爲父祖之身也而身名所加亦施於臣子佐吏係屬朝夕從事官位之號發言所稱若指實而語則違經禮諱尊之義若詭辭避迴則爲廢官擅犯憲制今以四海之廣職位之衆名號繁多士人殷富至使有受寵皇朝出身宰牧而令佐吏不得表其官稱子孫不得言其位號所以上嚴君父下爲臣子體例不通若易私名以避官職

則違春秋不奪人親之義臣以爲身名與官職同者宜與觸父祖名爲比體例既全於義爲弘朝廷從之轉太子洗馬在東宮累年甚被親禮太子頗闕朝覲又奢費過度多諸禁忌統上書諫曰臣聞古之爲臣者進思盡忠退思補過獻可替否拾遺補闕是以人主得以舉無失行言無口過德音發聞揚名後世臣等不逮無能云補思竭愚誠謹陳五事如左惟蒙一省再省少垂察納其一曰六行之義以孝爲首虞舜之德以孝爲稱故太子以朝夕視君膳爲職左右就養無方文王之爲世子可謂篤於事親者也故能擅三代之美爲百王之宗自頃聖體屢有疾患數闕朝侍遠近觀聽者不能深知其故以致疑惑伏願殿下雖有微苦可堪扶輿則宜自力易曰君子終日乾乾蓋自勉強不息之謂也其二曰古之人君雖有聰明之姿叡喆之質必須輔弼之助相導之功故虞舜以五臣興周文以四友隆及成王之爲太子也則周召爲保傅史佚昭文章故能聞道早備登崇大業刑措不用流聲洋溢伏惟殿下天授逸才聰鑒特達臣謂猶宜時發聖令宣揚德音諮詢保傅訪逮侍臣覲見賓客得令接盡壅否之情

沛然交泰殿下之美煥然光明如此則高朗之風扇於前人弘範令軌永爲後
式其三曰古之聖王莫不以儉爲德故堯稱采椽茅茨禹稱卑宮惡服漢文身
衣弋綈足履革舄以身先物政致太平存爲明主沒見宗祀及諸侯修之者魯
僖以躬儉節用聲列雅頌蚡冒以篳路藍縷用張楚國大夫修之者文子相魯
妾不衣帛晏嬰相齊鹿裘不補亦能匡君濟俗與國隆家庶人修之者顏回以
簞食瓢飲揚其仁聲原憲以蓬戶繩樞邁其清德此皆聖主明君賢臣智士之
所履行也故能懸名日月永世不朽蓋儉之福也及到末世以奢失之者帝主
則有瑤臺瓊室玉杯象箸肴膳之珍則熊蟠豹胎酒池肉林諸侯爲之者至於
丹楹刻桷餼徵百牢大夫有瓊弁玉纓庶人有擊鐘鼎食亦罔不亡國喪宗破
家失身醜名彰聞以爲後戒竊聞後園鏤飾金銀刻磨犀象畫室之巧課試日
精臣等以爲今四海之廣萬物之富以今方古不足爲侈也然上之所好下必
從之是故居上者必慎其所好也昔漢光武皇帝時有獻千里馬及寶劍者馬
以駕鼓車劍以賜騎士世祖武皇帝有上雉頭裘者即詔有司焚之都街高世

之主不尚尤物故能正天下之俗刑四方之風臣等以爲晝室之功可且減省後園雜作一皆罷遣肅然清靜優游道德則日新之美光于四海矣其四曰以天下而供一人以百里而供諸侯故王侯食籍而衣稅公卿大夫受爵而資祿莫有不贍者也是以士農工商四業不離交易而退以通有無者庶人之業也周禮三市旦則百族晝則商賈夕則販夫販婦買賤賣貴販鬻菜果收千百之盈以救旦夕之命故爲庶人之貧賤者也樊遲匹夫請學爲圃仲尼不答魯大夫臧文仲使妾織蒲又譏其不仁公儀子相魯則拔其園葵言食祿者不與貧賤之人爭利也秦漢以來風俗轉薄公侯之尊莫不殖園圃之田而收市井之利漸冉相放莫以爲恥乘以古道誠可愧也今西園賣葵菜藍子雞麪之屬虧敗國體貶損令問其五曰竊見禁土令不得繕修牆壁動正屋瓦臣以爲此既違典彝舊義且以拘攣小忌而廢弘廓大道宜可蠲除於事爲宜朝廷善之及太子廢徙許昌賈后諷有司不聽宮臣追送統與宮臣冒禁至伊水拜辭道左悲泣流漣都官從事悉收統等付河南洛陽獄付郡者河南尹樂廣悉散遣之

繫洛陽者猶未釋都官從事孫琰說賈謐曰所以廢徙太子以爲惡故耳東宮故臣冒罪拜辭涕泣路次不顧重辟乃更彰太子之德不如釋之謐語洛陽令曹攄由是皆免及太子薨改葬統作誄敘哀爲世所重後爲博士尚書郎參大司馬齊王冏軍事冏驕荒將敗統切諫文多不載遷廷尉正每州郡疑獄斷處從輕成都王穎請爲記室多所箴諫申論陸雲兄弟辭甚切至以母憂去職服闋爲司徒左長史東海王越爲兗州牧以統爲別駕委以州事與統書曰昔王子師爲豫州未下車辟荀慈明下車辟孔文舉貴州人士有堪應此者不統舉高平郄鑒爲賢良陳留阮脩爲直言濟北程收爲方正時以爲知人尋遷黃門侍郎散騎常侍領國子博士永嘉四年避難奔于成臯病卒凡所造賦頌表奏皆傳於後二子虨惇

虨字思玄本州辟舉秀才平南將軍溫嶠以爲參軍復爲州別駕辟司空郄鑒掾除長山令鑒又請爲司馬轉黃門郎車騎將軍庾冰鎮江州請爲長史冰薨庾翼以爲諮議參軍俄而復補長史翼薨大將于瓚作難虨討平之除尚書吏

部郎仍遷御史中丞侍中吏部尚書永和中代桓景爲護軍將軍出補會稽內史加右軍將軍代王彪之爲尚書僕射哀帝卽位疑周貴人名號所宜彪議見禮志帝欲於殿庭立鴻祀又欲躬自藉田彪並以爲禮廢日久儀注不存中興以來所不行謂宜停之爲僕射積年簡文帝爲相每訪政事彪多所補益轉護軍將軍領國子祭酒卒官子敳歷琅邪內史驃騎諮議敳子恆元熙中爲西中郎長史恆弟夷尚書

惇字思悛孝友淳粹高節邁俗性好學儒玄並綜每以爲君子立行應依禮而動雖隱顯殊途未有不傍禮教者也若乃放達不羈以肆縱爲貴者非但動違禮法亦道之所棄也乃著通道崇檢論世咸稱之蘇峻之亂避地東陽山太尉郄鑒檄爲兗州治中又辟大尉掾康帝爲司徒亦辟焉征西將軍庾亮請爲羽林將軍徵拜博士著作郎皆不就邑里宗其道有事必諮而後行東陽太守阮裕長山令王濛皆一時名士並與惇游處深相欽重養志二十餘年永和九年卒時年四十九友朋相與刊石立頌以表德美云

孫楚 子衆 洵 纂 纂子統 統弟綽

孫楚字子荊太原中都人也祖資魏驃騎將軍父宏南陽太守楚才藻卓絕爽邁不羣多所陵傲缺鄉曲之譽年四十餘始參鎮東軍事文帝遣符劭孫郁使吳將軍石苞令楚作書遺孫皓曰蓋見機而作周易所貴小不事大春秋所誅此乃吉凶之萌兆榮辱所由生也是故許鄭以銜璧全國曹譚以無禮取滅載籍既記其成敗古今又著其愚智不復廣引譬類崇飾浮辭苟以夸大爲名更喪忠告之實今粗論事要以相覺悟昔炎精幽昧歷數將終桓靈失德災釁並興豺狼抗爪牙之毒生靈罹塗炭之難由是九州絕貫王綱解紐四海蕭條非復漢有太祖承運神武應期征討暴亂剋寧區夏協建靈符天命既集遂廓洪基奄有魏域土則神州中嶽器則九鼎猶存世載淑美重光相襲故知四隩之攸同帝者之壯觀也昔公孫氏承藉父兄世居東裔擁帶燕胡憑陵險遠講武游盤不供職貢內傲帝命外通南國乘桴滄海交酬貨賄葛越布于朔土貂馬延于吳會自以控弦十萬奔走之力信能右折燕齊左震扶桑輮轢沙漠南面

稱王宣王薄伐猛銳長驅師次遼陽而城池不守枹鼓暫鳴而元凶折首於是遠近疆埸列郡大荒收離聚散大安其居衆庶悅服殊俗款附自茲以降九野清泰東夷獻其樂器肅愼貢其楛矢曠世不羈應化而至巍巍蕩蕩想所具聞也吳之先祖起自荊楚遭時擾攘潛播江表劉備震懼亦逃巴岷遂因山陵積石之固三江五湖浩汗無涯假氣遊魂迄茲四紀兩邦合從東西唱和互相扇動拒捍中國自謂三分鼎足之勢可與太山共相終始也相國晉王輔相帝室文武桓桓志厲秋霜廟勝之算應變無窮獨見之鑒與衆絕慮主上欽明委以萬幾長轡遠御妙略潛授偏師同心上下用力淩威奮伐罙入其阻幷敵一向奪其膽氣小戰江由則成都自潰曜兵劍閣則姜維面縛開地六千領郡三十兵不踰時梁益肅清使竊號之雄稽顙絳闕球琳重錦充於府庫夫韓幷魏徙號滅虞亡此皆前鑒後事之表又南中呂興深覩天命蟬蛻內附願爲臣妾外失輔車脣齒之援內有羽毛零落之漸而徘徊危國冀延日月此由魏武侯卻指山河自以爲彊殊不知物有興亡則所美非其地也方今百僚濟濟儁乂盈

朝武臣猛將折衝萬里國富兵彊六軍精練思復翰飛飲馬南海自頃國家整脩器械興造舟楫簡習水戰樓船萬艘千里相望剡木已來舟車之用未有如今之殷盛者也驍勇百萬畜力待時役不再舉今日之師也然主相眷眷未便電發者猶以爲愛人治國道家所尙崇城遂卑文王退舍故先開大信喻以存亡殷勤之指往使所究也若能審識安危自求多福蹶然改容祇承往錫追慕南越嬰齊入侍北面稱臣伏聽告策則世祚江表永爲魏藩豐功顯報隆於今日矣若有侮慢未順王命然後謀力雲合指麾從風雍梁二州順流而東青徐戰士列江而西荊揚兗豫爭驅入衝征東甲卒武步秣陵爾乃王輿整駕六戎徐征羽校燭日旌旗星流龍游曜路歌吹盈耳士卒奔邁其會如林烟塵俱起震天駭地渴賞之士鋒鏑爭先忽然一旦身首橫分宗祀淪覆取戒萬世引領南望良助寒心夫療膏肓之疾者必進苦口之藥決狐疑之慮者亦告逆耳之言如其猶豫迷而不反恐俞跗見其已死扁鵲知其無功矣勉思良圖惟所去就劭等至吳不敢爲通楚後遷佐著作郎復參石苞驃騎軍事楚旣負其材氣

頗侮易於苞初至長揖曰天子命我參卿軍事因此而嫌隙遂構苞奏楚與吳人孫世山共訕毀時政楚亦抗表自理紛紜經年事未判又與鄉人郭奕忿爭武帝雖不顯明其罪然以少賤受責遂湮廢積年初參軍不敬府主楚既輕苞遂制施敬自楚始也征西將軍扶風王駿與楚舊好起爲參軍轉梁令遷衞將軍司馬時龍見武庫井中羣臣將上賀楚上言曰頃聞武庫井中有二龍羣臣或有謂之禎祥而稱賀者或有謂之非祥無所賀者可謂楚既失之而齊亦未爲得也夫龍或俯鱗潛于重泉或仰攀雲漢游乎蒼昊而今蟠于坎井同於蛙蝦者豈獨管庫之士或有隱伏厮役之賢沒於行伍故龍見光景有所感悟願陛下赦小過舉賢才垂夢於傅巖望想於渭濱修學官起淹滯申命公卿舉獨行君子可惇風厲俗者又舉亮拔秀異之才可以撥煩理難矯世抗言者無繫世族必先逸賤夫戰勝攻取之勢幷兼混一之威五伯之事韓白之功耳至於制禮作樂闡揚道化甫是士人出筋力之秋也伏願陛下擇狂夫之言惠帝初爲馮翊太守太康三年卒初楚與同郡王濟友善濟爲本州大中正訪問銓邑

人品狀至楚濟曰此人非卿所能目吾自爲之乃狀楚曰天才英博亮拔不羣

楚少時欲隱居謂濟曰當欲枕石漱流誤云漱石枕流濟曰流非可枕石非可漱楚曰所以枕流欲洗其耳所以漱石欲厲其齒楚少所推服惟雅敬濟初楚除婦服作詩以示濟濟曰未知文生於情情生於文覽之悽然增伉儷之重三子衆洵纂衆及洵俱未仕而早終惟纂子統綽並知名

統字承公幼與綽及從弟威過江誕任不羈而善屬文時以爲有楚風征北將軍褚裒聞其名命爲參軍辭不就家于會稽性好山水乃求爲鄞令轉在吳寧居職不留心碎務縱意游肆名山勝川靡不窮究後爲餘姚令卒子騰嗣以博學著稱位至廷尉騰弟登少善名理注老子行於世仕至尚書郎早終

綽字興公博學善屬文少與高陽許詢俱有高尚之志居于會稽游放山水十有餘年乃作遂初賦以致其意嘗鄙山濤而謂人曰山濤吾所不解吏非吏隱非隱若以元禮門爲龍津則當點額暴鱗矣所居齋前種一株松恆自守護鄰人謂之曰樹子非不楚楚可憐但恐永無棟梁日耳綽答曰楓柳雖復合抱亦

何所施邪綽與詢一時名流或愛詢高邁則鄙於綽或愛綽才藻而無取於詢
沙門支遁試問綽君何如許答曰高情遠致弟子早已伏膺然一詠一吟許將
北面矣絕重張衡左思之賦每云三都二京五經之鼓吹也嘗作天台山賦辭
致甚工初成以示友人范榮期云卿試擲地當作金石聲也榮期曰恐此金石
非中宮商然每至佳句輒云應是我輩語除著作佐郎襲爵長樂侯綽性通率
好譏調嘗與習鑿齒共行綽在前顧謂鑿齒曰沙之汰之瓦石在後鑿齒曰簸
之颺之糠粃在前征西將軍庾亮請爲參軍補章安令徵拜太學博士遷尚書
郎揚州刺史殷浩以爲建威長史會稽內史王羲之引爲右軍長史轉永嘉太
守遷散騎常侍領著作郎時大司馬桓溫欲經緯中國以河南粗平將移都洛
陽朝廷畏溫不敢爲異而北土蕭條人情疑懼雖並知不可莫敢先諫綽乃上
疏曰伏見征西大將軍臣溫表便當躬率三軍討除二寇蕩滌河渭清灑舊京
然後神旂電舒朝服濟江反皇居於中土正玉衡於天極斯超世之宏圖千載
之盛事然臣之所懷竊有未安以爲帝王之興莫不藉地利人和以建功業貴

能以義平暴因而撫之懷愍不建淪胥秦京遂令胡戎交侵神州絕綱土崩之釁誠由道喪然中夏蕩蕩一時橫流百郡千城曾無完郛者何哉亦以地不可守投奔有所故也天祚未革中宗龍飛非惟信順協於天人而已實賴萬里長江畫而守之耳易稱王公設險以守其國險之時義大矣哉斯已然之明效也今作勝談自當任道而遺險校實量分不得不保小以固存自喪亂已來六十餘年蒼生殄滅百不遺一河洛丘墟函夏蕭條井堙木刊阡陌夷滅生理茫茫永無依歸播流江表已經數世存者長子老孫亡者丘隴成行雖北風之思感其素心目前之哀實爲交切若遷都旋軫之日中興五陵卽復緬成遐域泰山之安既難以理保烝烝之思豈不纏於聖心哉溫今此舉誠欲大覽始終爲國遠圖向無山陵之急亦未首決大謀獨任天下之至難也今發憤忘食忠慨亮到凡在有心孰不致感而百姓震駭同懷危懼者豈不以反舊之樂賒而趣死之憂促哉何者植根於江外數十年矣一朝拔之頓驅踧於空荒之地提挈萬里踰險浮深離墳墓棄生業富者無三年之糧貧者無一飡之飯田宅不可復

售舟車無從而得捨安樂之國適習亂之鄉出必安之地就累卵之危將頓仆道塗飄溺江川僅有達者夫國以人爲本疾寇所以爲人衆喪而寇除亦安所取裁此仁者所宜哀矜國家所宜深慮也自古今帝王之都豈有常所時隆則宅中而圖大勢屈則遵養以待會使德不可勝家有三年之積然後始可謀太平之事耳今天時人事有未至者矣一朝欲一宇宙無乃頓而難舉乎臣之愚計以爲且可更遣一將有威名資實者先鎭洛陽於陵所築二壘以奉衛山陵埽平梁許清一河南運漕之路既通然後盡力於開墾廣田積穀漸爲徙者之資如此賊見亡徵勢必遠竄如其迷逆不化復欲送死者南北諸軍風馳電赴若身手之救痛痒率然之應首尾山陵既固中夏小康陛下且端委紫極增修德政躬行漢文簡樸之至去小惠節游費審官人練甲兵以養士滅寇爲先十年行之無使隳廢則貧者殖其財怯者充其勇人知天德赴死如歸以此致政猶運諸掌握何故捨百勝之長理舉天下而一擲哉陛下春秋方富温克壯其猷君臣相與弘養德業括囊元吉豈不快乎今温唱高議聖朝互同臣以輕微

獨獻管見出言之難實在今日而臣區區必聞天聽者切以無諱之朝狂瞽進說芻蕘之謀聖賢所察所以不勝至憂觸冒干陳若陛下垂神溫少留思豈非屈於一人而允億兆之願哉如以干忤罪大欲加顯戮使丹誠上達退受刑誅雖沒泉壤尸且不朽桓溫見綽表不悅曰致意興公何不尋君遂初賦知人家國事邪尋轉廷尉卿領著作綽少以文才垂稱于時文士綽爲其冠溫王郗庾諸公之薨必須綽爲碑文然後刊石焉年五十八卒子嗣有綽風文章相亞位至中軍參軍早亡

史臣曰江統風檢操行良有可稱陳留多士斯爲其冠徙戎之論實是經國遠圖然運距中衰陵替有漸假其言見用恐速禍招怨無救於將顛也逮愍懷廢徙冒禁拜辭所謂命輕鴻毛義貴熊掌虨位隆端右竭誠獻替惇遺忽榮利聿修天爵雖出處異塗俱難兄弟矣孫楚體英絢之姿超然出類見知武子誠無媿色覽其貽皓之書諒曩代之佳筆也而負才誕傲蔑苞忿奕違遜讓之道肆陵憤之氣十年沉廢蓋自取矣統綽棣華秀發名顯中興可謂無忝爾祖統竟

淪跡下邑窮觀勝地會其心焉綽獻直論辭都不懾元子有匪躬之節豈徒文

雅而已哉

贊曰應元蹈義子荆越俗江寡悔尤孫貽擯辱彪統昆弟江左馳聲彬彬藻思

綽冠羣英

晉書卷五十六

晉書卷五十六考證

江統傳濟北程收爲方正○收一本作牧本書成都王穎傳以黃門郎程牧爲

左司馬未知即其人否

征西將軍庾亮請爲羽林將軍○羽林將軍監本作儒林參軍今從宋本

晉書卷五十六考證

晉書卷五十七

唐　太　宗　文　皇　帝　御　撰

列傳第二十七

羅憲 兄子尚

羅憲字令則襄陽人也父蒙蜀廣漢太守憲年十三能屬文早知名師事譙周周門人稱爲子貢性方亮嚴整待士無倦輕財好施不營產業仕蜀爲太子舍人宣信校尉再使於吳吳人稱焉時黃皓預政衆多附之憲獨介然皓恚之左遷巴東太守時大將軍閻宇都督巴東拜憲領軍爲宇副貳魏之伐蜀召宇西還憲守永安城及成都敗城中擾動邊江長吏皆棄城走憲斬亂者一人百姓乃安知劉禪降乃率所統臨于都亭三日吳聞蜀敗遣將軍盛憲西上外託救援內欲襲憲憲曰本朝傾覆吳爲脣齒不恤我難而邀其利吾寧當爲降虜乎乃歸順於是繕甲完聚厲以節義士皆用命及鍾會鄧艾死百城無主吳又使步協西征憲大破其軍孫休怒又遣陸抗助協憲距守經年救援不至城中疾

疫太半或勸南出牂牁北奔上庸可以保全憲曰夫爲人主百姓所仰旣不能
存急而棄之君子不爲也畢命於此矣會荆州刺史胡烈等救之抗退加陵江
將軍監巴東軍事使持節領武陵太守泰始初入朝詔曰憲忠烈果毅有才策
器幹可給鼓吹又賜山玄玉佩劍泰始六年卒贈使持節安南將軍武陵太守
追封西鄂侯謚曰烈初憲侍讌華林園詔問蜀大臣子弟後問先輩宜時敘用
者憲薦蜀人常忌杜軫等皆西國之良器武帝並召而任之子襲歷給事中陵
江將軍統其父部曲至廣漢太守兄子尚
尚字敬之一名仲父式牂牁太守尚少孤依叔父憲善屬文荆州刺史王戎以
尚及劉喬爲參軍並委任之太康末爲梁州刺史及趙廞反于蜀尚表曰廞非
雄才必無所成計日聽其敗耳乃假尚節爲平西將軍益州刺史西戎校尉性
貪少斷蜀人言曰尚之所愛非邪則佞尚之所憎非忠則正富擬魯衛家成市
里貪如豺狼無復極已又曰蜀賊尚可羅尚殺我平西將軍反更爲禍時李特
亦起於蜀攻蜀殺趙廞又攻尚於成都尚退保江陽初尚乞師方嶽荆州刺史

宗岱率建平太守孫阜救之次于江州岱阜兵威諸爲寇所逼者人有奮志尚乃使兵曹從事任銳僞降因出密宣告於外剋日俱擊遂大破之斬李特傳首洛陽特子雄僭號都於郫城尙遣將軍隗伯攻之不剋俄而尚卒雄遂據有蜀土

滕脩

滕脩字顯先南陽西鄂人也仕吳爲將帥封西鄂侯孫晧時代熊睦爲廣州刺史甚有威惠徵爲執金吾廣州部曲督郭馬等爲亂晧以脩宿有威惠爲嶺表所伏以爲使持節都督廣州軍事鎭南將軍廣州牧以討之未剋而王師伐吳脩率衆赴難至巴丘而晧已降乃縞素流涕而還與廣州刺史閭豐蒼梧太守王毅各送印綬詔以脩爲安南將軍廣州牧持節都督如故封武當侯加鼓吹委以南方事脩在南積年爲邊夷所附太康九年卒請葬京師帝嘉其意賜墓田一頃諡曰聲脩之子竝上表曰亡父脩羈紲吳壤爲所驅馳幸逢開通沐浴至化得從俘虜握戎馬之要未覲聖顏委南藩之重實由勳勞少聞天聽故也

年衰疾篤屢乞骸骨未蒙垂哀奄至薨隕臣承遺意輿櫬還都瞻望雲闕實懷痛裂竊聞博士諡脩曰聲直彰流播不稱行績不勝愚情冒昧聞訴帝乃賜諡曰忠並子含初爲庾冰輕車長史討蘇峻有功封夏陽縣開國侯邑千六百戶授平南將軍廣州刺史在任積年甚有威惠卒諡曰戴含弟子邈交州刺史脩曾孫恬之龍驤將軍魏郡太守戍黎陽爲翟遼所執死之

馬隆

馬隆字孝興東平平陸人少而智勇好立名節魏兗州刺史令狐愚坐事伏誅舉州無敢收者隆以武吏託稱愚客以私財殯葬服喪三年列植松柏禮畢乃還一州以爲美談署武猛從事泰始中將興伐吳之役下詔曰吳會未平宜得猛士以濟武功雖舊有薦舉之法未足以盡殊才其普告州郡有壯勇秀異才力傑出者皆以名聞將簡其尤異擢而用之苟有其人勿限所取兗州舉隆才堪良將稍遷司馬督初涼州刺史楊欣失羌戎之和隆陳其必敗俄而欣爲虜所沒河西斷絕帝每有西顧之憂臨朝而歎曰誰能爲我討此虜通涼州者乎

朝臣莫對隆進曰陛下若能任臣臣能平之帝曰必能滅賊何爲不任顧卿方
略何如耳隆曰陛下若能任臣當聽臣自任帝曰云何隆曰臣請募勇士三千
人無問所從來率之鼓行而西稟陛下威德醜虜何足滅哉帝許之乃以隆爲
武威太守公卿僉曰六軍既衆州郡兵多但當用之不宜橫設賞募以亂常典
隆小將妄說不可從也帝弗納隆募限腰引弩三十六鈞弓四鈞立標簡試自
旦至中得三千五百人隆曰足矣因請自至武庫選杖武庫令與隆忿爭御史
中丞奏劾隆隆曰臣當亡命戰場以報所受武庫令乃以魏時朽杖見給不可
復用非陛下使臣滅賊意也帝從之又給其三年軍資隆於是西渡温水虜樹
機能等以衆萬計或乘險以遏隆前或設伏以截隆後隆依八陣圖作偏箱車
地廣則鹿角車營路狹則爲木屋施於車上且戰且前弓矢所及應弦而倒奇
謀間發出敵不意或夾道累磁石賊負鐵鎧行不得前隆卒悉被犀甲無所留
礙賊咸以爲神轉戰千里殺傷以千數自隆之西音問斷絕朝廷憂之或謂已
沒後隆使夜到帝撫掌歡笑詰朝召羣臣謂曰若從諸卿言是無秦涼也乃詔

曰隆以偏師寡衆奮不顧難冒險能濟其假節宣威將軍加赤幢曲蓋鼓吹隆到武威虜大人猝跋韓且萬能等率萬餘落歸降前後誅殺及降附者以萬計又率善戎沒骨能等與樹機能大戰斬之涼州遂平朝議將加隆將士勳賞有司奏隆將士皆先加顯爵不應更授衛將軍楊珧駁曰前精募將士少加爵命者此適所以爲誘引今隆全軍獨剋西土獲安不得便以前授塞此後功宜皆聽許以明要信乃從珧議賜爵加秩各有差太康初朝廷以西平荒毀宜時興復以隆爲平虜護軍西平太守將所領精兵又給牙門一軍屯據西平時南虜成奚每爲邊患隆至帥軍討之虜據險距守隆令軍士皆負農器將若田者虜以隆無征討意御衆稍怠隆因其無備進兵擊破之畢隆之政不敢爲寇太熙初封奉高縣侯加授護東羌校尉積十餘年威信振於隴右時洛陽太守馮翊嚴舒與楊駿通親密圖代隆毀隆年老謬耄不宜服戎於是徵隆以舒代鎮氐羌聚結百姓驚懼朝廷恐關隴復擾乃免舒遣隆復職竟卒於官子咸嗣亦驍勇成都王穎攻長沙王乂以咸爲鷹揚將軍率兵屯河橋中渚爲乂將王瑚所

敗沒於陣

胡奮

胡奮字玄威安定臨涇人也魏車騎將軍陰密侯遵之子也奮性開朗有籌略少好武事宣帝之伐遼東也以白衣侍從左右甚見接待還爲校尉稍遷徐州刺史封夏陽子匈奴中部帥劉猛叛使驍騎路蕃討之以奮爲監軍假節頓軍硜北爲蕃後繼擊猛破之猛帳下將李恪斬猛而降以功累遷征南將軍假節都督荆州諸軍事遷護軍加散騎常侍奮家世將門晚乃好學有刀筆之用所在有聲績居邊特有威惠泰始末武帝怠政事而耽於色大採擇公卿女以充六宮奮女選入爲貴人奮唯有一子爲南陽王友早亡及聞女爲貴人哭曰老奴不死唯有二兒男入九地之下女上九天之上奮既舊臣兼有椒房之助甚見寵待遷左僕射加鎭軍大將軍開府儀同三司時楊駿以后父驕傲自得奮謂駿曰卿恃女更益豪邪歷觀前代與天家婚未有不滅門者但早晚事耳觀卿舉措適所以速禍駿曰卿女不在天家乎奮曰我女與卿女作婢耳何能損

益時人皆爲之懼駿雖銜之而不能害後卒於官贈車騎將軍謚曰壯舊兄弟六人兄廣弟烈並知名廣字宣祖位至散騎常侍少府廣子喜字林甫亦以開濟爲稱仕至涼州刺史建武將軍假節護羌校尉烈字武玄爲將伐蜀鍾會之反也烈與諸將皆被閉烈子世元時年十八爲士卒先攻殺會名馳遠近烈爲秦州刺史及涼州叛烈屯於萬斛堆爲虜所圍無援遇害

陶璜

陶璜字世英丹陽秣陵人也父基吳交州刺史璜仕吳歷顯位孫皓時交阯太守孫諝貪暴爲百姓所患會察戰鄧荀至擅調孔雀三千頭遣送秣陵既苦遠役咸思爲亂郡吏呂興殺諝及荀以郡內附武帝拜興安南將軍交阯太守尋爲其功曹李統所殺帝更以建寧爨谷爲交阯太守谷又死更遣巴西馬融代之融病卒南中監軍霍弋又遣犍爲楊稷代融與將軍毛炅九真太守董元牙門孟幹孟通李松王業爨能等自蜀出交阯破吳軍于古城斬大都督脩則交州刺史劉俊吳遣虞汜爲監軍薛珝爲威南將軍大都督璜爲蒼梧太守距稷

戰于分水璜敗退保合浦亡其二將珝怒謂璜曰若自表討賊而喪二帥其責安在璜曰下官不得行意諸軍不相順故致敗耳珝怒欲引軍還璜夜以數百兵襲董元獲其寶物船載而歸珝乃謝之以璜領交州爲前部督璜從海道出於不意徑至交阯元距之諸將將戰璜疑斷牆內有伏兵列長戟於其後兵纔接元僞退璜追之伏兵果出長戟逆之大破元等以前所得寶船上錦物數千匹遺扶嚴賊帥梁奇奇將萬餘人助璜元有勇將解系同在城內璜誘其弟象使爲書與系又使象乘璜軺車鼓吹導從而行元等曰象尚若此系必有去志乃就殺之珝璜遂陷交阯吳因用璜爲交州刺史璜有謀策周窮好施能得人心滕脩數討南賊不能制璜曰南岸仰吾鹽鐵斷勿與市皆壞爲田器如此二年可一戰而滅也脩從之果破賊初霍弋之遣稷晃等與之誓曰若賊圍城未百日而降者家屬誅若過百日救兵不至吾受其罪稷等守未百日糧盡乞降璜不許給其糧使守諸將並諫璜曰霍弋已死不能救稷等必矣可須其日滿然後受降使彼得無罪我受有義內訓百姓外懷鄰國不亦可乎稷等期訖糧

盡救兵不至乃納之脩則既爲毛炅所殺則子允隨璜南征城既降允求復讎璜不許炅密謀襲璜事覺收炅呵曰晉賊炅厲聲曰吳狗何等爲賊允剖其腹曰復能作賊不炅猶罵曰吾志殺汝孫皓汝父何死狗也璜既擒稷等並送之稷至合浦發病死孟幹爨能李松等至建鄴皓將殺之或勸皓幹等忠於所事宜宥之以勸邊將皓從其言將徙之臨海幹等志欲北歸慮東徙轉遠以吳人愛蜀側竹弩言能作之皓留付作部後幹逃至京都松能爲皓所殺幹陳伐吳之計帝乃厚加賞賜以爲日南太守先是以楊稷爲交州刺史毛炅爲交阯太守印綬未至而敗即贈稷交州炅及松能子並關內侯九真郡功曹李祚保郡內附璜遣將攻之不剋祚舅黎晃隨軍勸祚令降祚答曰舅自吳將祚自晉臣唯力是視耳踰時乃拔皓以璜爲使持節都督交州諸軍事前將軍交州牧武平九德新昌土地阻險夷獠勁悍歷世不賓璜征討開置三郡及九真屬國三十餘縣徵璜爲武昌都督以合浦太中脩允代之交土人請留璜以千數於是遣還皓既降晉手書遣璜息融勅璜歸順璜流涕數日遣使送印綬詣洛陽帝

詔復其本職封宛陵侯改爲冠軍將軍吳既平晉減州郡兵璜上言曰交土荒裔斗絕一方或重譯而言連帶山海又南郡去州海行千有餘里外距林邑纔七百里夷帥范熊世爲逋寇自稱爲王數攻百姓且連接扶南種類猥多朋黨相倚負險不賓往隸吳時數作寇逆攻破郡縣殺害長吏臣以尫駑昔爲故國所採偏戍在南十有餘年雖前後征討翦其魁桀深山僻穴尚有逋竄又臣所統之卒本七千餘人南土溫溼多有氣毒加累年征討死亡減耗其見在者二千四百二十人今四海混同無思不服當卷甲消刃禮樂是務而此州之人識義者寡厭其安樂好爲禍亂又廣州南岸周旋六千餘里不賓屬者乃五萬餘戶及桂林不羈之輩復當萬戶至於服從官役纔五千餘家二州脣齒唯兵是鎮又寧州興古接據上流去交阯郡千六百里水陸並通互相維衞州兵未宜約損以示單虛夫風塵之變出於非常臣亡國之餘議不足採聖恩廣厚猥垂飾擢蠲其罪釁改授方任去辱卽寵拭目更視晝念投命以報所受臨履所見謹冒瞽陳又以合浦郡土地磽确無有田農百姓唯以採珠爲業商賈去來以

珠貨米而吳時珠禁甚嚴慮百姓私散好珠禁絕來去人以飢困又所調猥多限每不充今請上珠三分輸二次者輸一麤者蠲除自十月訖二月非採上珠之時聽商旅往來如舊並從之在南三十年威恩著于殊俗及卒舉州號哭如喪慈親朝廷乃以員外散騎常侍吾彥代璜彥卒又以員外散騎常侍顧祕代彥祕卒州人逼祕子參領州事參尋卒參弟壽求領州州人不聽固求之遂領州壽乃殺長史胡肇等又將殺帳下督梁碩碩走得免起兵討壽禽之付壽母令鴆殺之碩乃迎璜子蒼梧太守威領刺史在職甚得百姓心三年卒威弟淑子綏後並爲交州自基至綏四世爲交州者五人璜弟濬吳鎮南大將軍荊州牧濬弟抗太子中庶子濬子湮字恭之湮弟猷字恭豫並有名湮至臨海太守黃門侍郎猷宣城內史王導右軍長史湮子馥于湖令爲韓晃所殺追贈廬江太守抗子回自有傳

吾彥

吾彥字士則吳郡吳人也出自寒微有文武才幹身長八尺手格猛獸膂力絕

羣仕吳爲通江吏時將軍薛珝杖節南征軍容甚盛彥觀之慨然而歎有善相者劉札謂之曰以君之相後當至此不足慕也初爲小將給吳大司馬陸抗抗奇其勇略將拔用之患衆情不允乃會諸將密使人陽狂拔刀跳躍而來坐上諸將皆懼而走唯彥不動舉几禦之衆服其勇乃擢用焉稍遷建平太守時王濬將伐吳造船於蜀彥覺之請增兵爲備皓不從彥乃輒爲鐵鎖橫斷江路及師臨境緣江諸城皆望風降附或見攻而拔唯彥堅守大衆攻之不能克乃退舍禮之吳亡彥始歸降武帝以爲金城太守帝嘗從容問薛瑩曰孫皓所以亡國者何也瑩對曰歸命侯臣皓之君吳昵近小人刑罰妄加大臣大將無所親信人人憂恐各不自安敗亡之釁由此而作矣其後帝又問彥對曰吳主英俊宰輔賢明帝笑曰君明臣賢何爲亡國彥曰天祿永終歷數有屬所以爲陛下擒此蓋天時豈人事也張華時在坐謂彥曰君爲吳將積有歲年蔑爾無聞竊所惑矣彥厲聲曰陛下知我而卿不聞乎帝甚嘉之轉在敦煌威恩甚著遷鴈門太守時順陽王暢驕縱前後內史皆誣之以罪及彥爲順陽內史彥清身率

下威刑嚴肅衆皆畏懼暢不能誣乃更薦之冀其去職遷員外散騎常侍帝嘗問彥陸喜陸抗二人誰多也彥對曰道德名望抗不及喜立功立事喜不及抗會交州刺史陶璜卒以彥爲南中都督交州刺史重餉陸機兄弟機將受之雲曰彥本微賤爲先公所拔而答詔不善安可受之機乃止因此每毀之長沙孝廉尹虞謂機等曰自古由賤而興者乃有帝王何但公卿若何元幹侯孝明唐儒宗張義允等並起自寒微皆內侍外鎮人無譏者卿以士則答詔小有不善毀之無已吾恐南人皆將去卿卿便獨坐也於是機等意始解毀言漸息矣初陶璜之死也九真戍兵作亂逐其太守九真賊帥趙祉圍郡城彥悉討平之在鎮二十餘年威恩宣著南州寧靖自表求代徵爲大長秋卒於官

張光

張光字景武江夏鍾武人也身長八尺明眉目美音聲少爲郡吏家世有部曲以牙門將伐吳有功遷江夏西部都尉轉北地都尉初趙王倫爲關中都督氐羌反叛太守張損戰沒郡縣吏士少有全者光以百餘人戍馬蘭山北賊圍之

百餘日光撫厲將士屢出奇兵擊賊破之光以兵少路遠自分敗沒會梁王肜遣司馬索靖將兵迎光舉軍悲泣遂還長安肜表光處絕圍之地有耿恭之忠宜加甄賞以明獎勸於是擢授新平太守加鼓吹屬雍州刺史劉沈被密詔討河間王顒光起兵助沈沈時委任秦州刺史皇甫重重自以關西大族心每輕光謀多不用及二州軍潰爲顒所擒顒謂光曰前起兵欲作何策光正色答曰但劉雍州不用鄙計故令大王得有今日也顒壯之引與歡宴彌日表爲右衛司馬陳敏作亂除光順陽太守加陵江將軍率步騎五千詣荆州討之刺史劉弘雅敬重光稱爲南楚之秀時江夏太守陶侃與敏大將錢端相距於長岐將戰襄陽太守皮初爲步軍使光設伏以待之武陵太守苗光爲水軍藏舟艦於沔水皮初等與賊交戰光發伏兵應之水陸同奮賊衆大敗弘表光有殊勳遷材官將軍梁州刺史先是秦州人鄧定等二千餘家饑餓流入漢中保于城固漸爲抄盜梁州刺史張殷遣巴西太守張燕討之定窘急僞乞降于燕幷餽燕金銀燕喜爲之緩師定密結李雄雄遣衆救定燕退定遂進逼漢中太守杜正

沖東奔魏興殷亦棄官而遁光不得赴州止於魏興乃結諸郡守共謀進取燕唱言曰漢中荒敗迫近大賊剋復之事當俟英雄正沖曰張燕受賊金銀不時進討阻兵緩寇致喪漢中實燕之罪也光於是發怒呵燕令出斬之以徇綏撫荒殘百姓悅服光於是卻鎮漢中時逆賊王如餘黨李運楊武等自襄陽將三千餘家入漢中光遣參軍晉邈率衆於黃金距之邈受運重賂勸光納運光從邈言使居城固既而邈以運多珍貨又欲奪之復言於光曰運之徒屬不事佃農但營器杖意在難測可掩而取之光又信焉遣邈衆討運不尅光乞師於氐王楊茂搜茂搜遣子難敵助之難敵求貨於光光不與楊武乃厚賂難敵謂之曰流人寶物悉在光處今伐我不如伐光難敵大喜聲言助光內與運同光弗之知也遣息援率衆助邈運與難敵夾攻邈等援爲流矢所中死賊遂大盛光嬰城固守自夏迄冬憤激成疾佐吏及百姓咸勸光退據魏興光按劍曰吾受國厚恩不能翦除寇賊今得自死便如登仙何得退還也聲絕而卒時年五十五百姓悲泣遠近傷惜之有二子炅邁炅少辟太宰掾邁多才略有父風州人

推邁權領州事與賊戰沒別駕范曠及督護王喬奉光妻息率其遺衆還據魏興其後義陽太守任愔爲梁州光妻子歸本郡南陽太守應詹白都督王敦稱光在梁州能與微繼絶威振巴漢值中原傾覆征鎮太守外無救助內闕資儲以寡敵衆經年抗禦厲節不撓宜應追論顯贈以慰存亡敦不能從

趙誘

趙誘字元孫淮南人也世以將顯州辟主簿值刺史郗隆被齊王冏檄使起兵討趙王倫隆欲承檄舉義而諸子姪並在洛陽欲坐觀成敗恐爲冏所討進退有疑會羣吏計議誘說隆曰趙王篡逆海內所病今義兵飆起其敗必矣今爲明使君計莫若自將精兵徑赴許昌上策也不然且可留後遣猛將將兵會盟亦中策也若遣小軍隨形助勝下策耳隆曰我受二帝恩無所偏助正欲保州而已誘與治中留寶主簿張褒等諫隆若無所助變難將生州亦不可保也隆猶豫不決遂爲其下所害誘還家杜門不出左將軍王敦以爲參軍加廣武將軍與甘卓周訪共討華軼破之又擊杜弢於西湘太興初復與卓攻弢滅之累

功賜爵平阿縣侯代陶侃爲武昌太守時杜曾迎第五猗於荊州作亂敦遣誘
與襄陽太守朱軌共距之猗既愍帝所遣加有時望爲荊楚所歸誘等苦戰皆
沒敦甚悼惜之表贈征虜將軍秦州刺史諡曰敬子龔與誘俱死元帝爲晉王
下令贈新昌太守龔弟胤字伯舒王敦使周訪擊杜曾胤請從行訪憚曾之彊
欲先以胤餌曾使其衆疲而後擊之胤多梟首級王導引爲從事中郎南頓王
宗反胤殺宗於是王導庾亮並倚杖之轉冠軍將軍遷西豫州刺史卒於官
史臣曰忠爲令德貞曰事君徇國家而竭身歷夷險而一節羅憲滕脩濯纓入
仕指巴東而受脈出嶺嶠而揚麾屬鼎命淪胥本朝失守居巴丘而流涕集都
亭而大臨古之忠烈罕輩于茲孝與之智勇玄威之武藝滅醜虜於河西制凶
酋於硜北審楊欣之必敗譏楊駿之速禍陶璜吾彥逸足齊驅毛炅屈其深謀
陸抗奇其茂略薪楢之任清規自遠鼙鼓之臣厥聲彌劭景武南楚秀士元孫
累葉將門赴死喻於登仙效誠陳於上策竟而俱斃貞則斯存
贊曰憲居玉壘才博流譽脩赴石門惠政攸著孝與玄威操履無違愚憤畢禮

楊門致譏璜謀超絕彥材雄傑濳師襲董覲兵歎薛惟趙與張神略多方作尉北地立功西湘

晉書卷五十七

晉書卷五十七考證

陶璜傳會察戰鄧荀至擅調孔雀三千頭○吳志孫休傳使察戰到交阯調孔爵大豬注察戰吳官名號今楊都有察戰巷

晉書卷五十七考證

晉書卷五十八

唐 太 宗 文 皇 帝 御 撰

列傳第二十八

周處 子玘 玘子勰 玘弟札 札兄子莚

周處字子隱義興陽羨人也父魴吳鄱陽太守處少孤未弱冠膂力絕人好馳騁田獵不修細行縱情肆欲州曲患之處自知爲人所惡乃慨然有改勵之志謂父老曰今時和歲豐何苦而不樂耶父老歎曰三害未除何樂之有處曰何謂也答曰南山白額猛獸長橋下蛟并子爲三矣處曰若此爲患吾能除之父老曰子若除之則一郡之大慶非徒去害而已處乃入山射殺猛獸因投水搏蛟蛟或沉或浮行數十里而處與之俱經三日三夜人謂死皆相慶賀處果殺蛟而反聞鄉里相慶始知人患己之甚乃入吳尋二陸時機不在見雲具以情告曰欲自修而年已蹉跎恐將無及雲曰古人貴朝聞夕改君前塗尚可且患志之不立何憂名之不彰處遂勵志好學有文思志存義烈言必忠信克己期

年州府交辟仕吳爲東觀左丞孫晧末爲無難督及吳平王渾登建鄴宮釃酒既酣謂吳人曰諸君亡國之餘得無慼乎處對曰漢末分崩三國鼎立魏滅於前吳亡於後亡國之慼豈惟一人渾有愧色入洛稍遷新平太守撫和戎狄叛羌歸附雍土美之轉廣漢太守郡多滯訟有經三十年而不決者處詳其枉直一朝決遣以母老罷歸尋除楚內史未之官徵拜散騎常侍處曰古人辭大不辭小乃先之楚而郡既經喪亂新舊雜居風俗未一處敦以教義又檢尸骸無主及白骨在野收葬之然始就徵遠近稱歎及居近侍多所規諷遷御史中丞凡所糾劾不避寵戚梁王肜違法處深文按之及氐人齊萬年反朝臣惡處彊直皆曰處吳之名將子也忠烈果毅乃使隸夏侯駿西征伏波將軍孫秀知其將死謂之曰卿有老母可以此辭也處曰忠孝之道安得兩全既辭親事君父母復安得而子乎今日是我死所也萬年聞之曰周府君昔臨新平我知其爲人才兼文武若專斷而來不可當也如受制於人此成擒耳既而梁王肜爲征西大將軍都督關中諸軍事處知肜不平必當陷己自以人臣盡節不宜辭憚

乃悲慨就路志不生還中書令陳準知肜將逞宿憾乃言於朝曰駿及梁王皆是貴戚非將帥之才進不求名退不畏咎周處吳人忠勇果勁有怨無援將必喪身宜詔孟觀以精兵萬人爲處前鋒必能殄寇不然肜當使處先驅其敗必也朝廷不從時賊屯梁山有衆七萬而駿逼處以五千兵擊之處曰軍無後繼必至覆敗雖在亡身爲國取恥肜復命處進討乃與振威將軍盧播雍州刺史解系攻萬年於六陌將戰處軍人未食肜促令速進而絕其後繼處知必敗賦詩曰去去世事已策馬觀西戎藜藿甘粱黍期之克令終言畢而戰自旦及暮斬首萬計弦絕矢盡播系不救左右勸退處按劍曰此是吾效節授命之日何退之爲且古者良將受命凶門以出蓋有進無退也今諸軍負信勢必不振我爲大臣以身殉國不亦可乎遂力戰而沒追贈平西將軍賜錢百萬葬地一頃京城地五十畝爲第又賜王家近田五頃詔曰處母年老加以遠人朕每愍念給其醫藥酒米賜以終年處著默語三十篇及風土記幷撰集吳書時潘岳奉詔作關中詩曰周殉師令身膏齊斧人之云亡貞節克舉又西戎校尉閻纘亦

上詩云周全其節令聞不已身雖云沒書名良史及元帝爲晉王將加處策謚
太常賀循議曰處履德清方才量高出歷守四郡安人立政入司百僚貞節不
撓在戎致身見危授命此皆忠賢之茂實烈士之遠節按謚法執德不回曰孝
遂以謚焉有三子玘靖札靖早卒玘札並知名
玘字宣佩彊毅沉斷有父風而文學不及閑門潔己不妄交游士友咸望風敬
憚焉故名重一方弱冠州郡命不就刺史初到召爲別駕從事虛己備禮方始
應命累薦名宰府舉秀才除議郎太安初妖賊張昌丘沉等聚衆於江夏百姓
從之如歸惠帝使監軍華宏討之敗于障山昌等浸盛殺平南將軍羊伊鎮南
大將軍新野王歆等所在覆沒昌別率封雲攻徐州石冰攻揚州刺史陳徽出
奔冰遂略有揚土玘密欲討冰潛結前南平內史王矩共推吳興太守顧祕都
督揚州九郡軍事及江東人士同起義兵斬冰所置吳興太守區山及諸長史
冰遣其將羌毒領數萬人距玘玘臨陣斬毒時右將軍陳敏自廣陵率衆助玘
斬冰別率趙驤於蕪湖因與玘俱前攻冰於建康冰北走投封雲雲司馬張統

斬雲冰以降徐揚並平玘不言功賞散衆還家陳敏反于揚州以玘爲安豐太守加四品將軍玘稱疾不行密遣使告鎮東將軍劉準令發兵臨江己爲內應翦髮爲信準在壽春遣督護衡彥率衆而東時敏弟昶爲廣武將軍歷陽內史以吳興錢廣爲司馬玘密諷廣殺昶玘與顧榮甘卓等以兵攻敏敏衆奔潰單馬北走獲之於江乘界斬之於建康夷三族東海王越聞其名召爲參軍詔補尚書郎散騎郎並不行元帝初鎮江左以玘爲倉曹屬初吳興人錢璯亦起義兵討陳敏越命爲建武將軍使率其屬會于京都璯至廣陵聞劉聰逼洛陽畏愞不敢進帝促以軍期璯乃謀反時王敦還尚書當應徵與璯俱西璯陰欲殺敦藉以舉事敦聞之奔告帝璯遂殺度支校尉陳豐焚燒邸閣自號西平大將軍八州都督劫孫皓子充立爲吳王既而殺之來寇玘縣帝遣將軍郭逸都尉宋典等討之並以兵少未敢前玘復率合鄉里義衆與逸等俱進討璯斬之傳首於建康玘三定江南開復王略帝嘉其勳以玘行建威將軍吳興太守封烏程縣侯吳興寇亂之後百姓饑饉盜賊公行玘甚有威惠百姓敬愛之期年之

閉境內寧謐帝以玘頻興義兵勳誠並茂乃以陽羨及長城之西鄉丹陽之永世別爲義興郡以彰其功焉玘宗族彊盛人情所歸帝疑憚之于時中州人士佐佑王業而玘自以爲不得調內懷怨望復爲刁協輕之耻恚愈甚時鎭東將軍祭酒東萊王恢亦爲周顗所侮乃與玘陰謀誅諸執政推玘及戴若思與諸南士共奉帝以經緯世事先是流人帥夏鐵等寓於淮泗恢陰書與鐵令起兵己當與玘以三吳應之建興初鐵已聚衆數百人臨淮太守蔡豹斬鐵以聞恢聞鐵死懼罪奔于玘玘殺之埋于豕牢帝聞而祕之召玘爲鎭東司馬未到復改授建武將軍南郡太守玘既南行至蕪湖又下令曰玘奕世忠烈義誠顯著孤所欽喜今以爲軍諮祭酒將軍如故進爵爲公祿秩僚屬一同開國之例玘忿於迴易又知其謀泄遂憂憤發背而卒時年五十六將卒謂子勰曰殺我者諸傖子能復之乃吾子也吳人謂中州人曰傖故云耳贈輔國將軍諡曰忠烈

子勰嗣

勰字彥和常緘父言時中國亡官失守之士避亂來者多居顯位駕御吳人吳

人頗怨勰因之欲起兵潛結吳興郡功曹徐馥馥家有部曲勰使馥矯稱叔父札命以合衆豪俠樂亂者翕然附之以討王導刁協爲名孫皓族人弼亦起兵於廣德以應之馥殺吳興太守袁琇有衆數千將奉札爲主時札以疾歸家聞而大驚乃告亂於義興太守孔侃勰知札不同不敢發兵馥黨懼攻馥殺之孫弼衆亦潰宣城太守陶猷滅之元帝以周氏奕世豪望吳人所宗故不窮治撫之如舊勰爲札所責失志歸家淫侈縱恣每謂人曰人生幾時但當快意耳終於臨淮太守勰弟彝少知名元帝辟爲丞相掾早亡

札字宣季性矜險好利外方內荏少以豪右自處州郡辟命皆不就察孝廉除郎中大司馬齊王冏參軍出補句容令遷吳國上軍將軍辟東海王越參軍不就以討錢璯功賜爵漳浦亭侯元帝爲丞相表札爲寧遠將軍歷陽內史不之職轉從事中郎徐馥平以札爲奮武將軍吳興內史錄前後功改封東遷縣侯進號征虜將軍監揚州江北軍事東中郎將鎮涂中未之職轉右將軍都督石頭水陸軍事札脚疾不堪拜固讓經年有司彈奏不得已乃視職加散騎常侍

王敦舉兵攻石頭札開門應敦故王師敗績敦轉札爲光祿勳尋補尚書頃之遷右將軍會稽內史時札兄靖子懋晉陵太守清流亭侯懋弟筵征虜將軍吳興內史筵弟贊大將軍從事中郎武康縣侯贊弟縉太子文學都鄉侯次兄子勰臨淮太守烏程公札一門五侯並居列位吳士貴盛莫與爲比王敦深忌之後筵喪母送者千數敦益憚焉及敦疾錢鳳以周氏宗彊與沈充權勢相侔欲自託於充謀滅周氏使充得專威揚土乃說敦曰夫有國者患於彊逼自古釁難恆必由之今江東之豪莫彊周沈公萬世之後二族必不靜矣周彊而多俊才宜先爲之所後嗣可安國家可保耳敦納之時有道士李脫者妖術惑衆自言八百歲故號李八百自中州至建鄴以鬼道療病又署人官位時人多信事之弟子李弘養徒灊山云應讖當王故敦使廬江太守李恆告札及其諸兄子與脫謀圖不軌時筵爲敦諮議參軍即營中殺筵及脫弘又遣參軍賀鸞就沈充盡掩殺札兄弟子既而遣軍會稽襲札札先不知卒聞兵至率麾下數百人出拒之兵散見殺札性貪財好色惟以業產爲務兵至之日庫中有精杖外白

以配兵札猶惜不與以儆者給之其鄙吝如此故士卒莫爲之用及敦死札筵故吏並詣闕訟周氏之寃宜加贈謚事下八坐尚書卞壼議以札石頭之役開門延寇遂使賊敦恣亂札之責也追贈意所未安懋筵兄弟宜復本位司徒王導議以札在石頭忠在社稷義在亡身至於往年之事自臣等有識以上與札情豈有異此言實貫於聖鑒論者見姦逆既彰便欲徵往年已有不臣之漸即復使爾要當時衆所未悟既悟其姦萌札與臣等便以身許國死而後已札亦尋取梟夷朝廷檄命既下大事既定便正以爲逆黨邪正失所進退無據誠國體所宜深惜臣謂宜與周顗戴若思等同例尚書令郄鑒議曰夫褒貶臧否宜令體明例通今周戴以死節復位周札以開門同例事異賞均意所疑惑如司徒議謂往年之事自有識以上皆與札不異此爲邪正坦然有在昔宋文失禮華樂荷不臣之罰齊靈嬖孽高厚有從昏之戮以古況今譙王周戴宜受若此之責何加贈復位之有乎今據已顯復則札宜貶責明矣導重議曰省令君議必札之開門與譙王周戴異今札開門直出風言竟實事邪使以風言定褒貶

意莫若原情考徵也論者謂札知隗協亂政信敦匡救苟匡救信姦佞除卽所
謂流四凶族以隆人主巍巍之功耳如此札所以忠於社稷也後敦悖謬出所
不圖札亦闔門不同以此滅族是其死於爲義也夫信敦當時之匡救不圖將
來之大逆惡隗協之亂政不失爲臣之貞節者於時朝士豈惟周札邪若盡謂
不忠懼有誣乎譙王周戴各以死衞國斯亦人臣之節也但所見有同異然期
之於必忠故宜申明耳卽如令君議宋華齊高其在隗協矣昔子糾之難召忽
死之管仲不死若以死爲賢則管仲當貶若以不死爲賢則召忽死爲失先典
何以兩通之明爲忠之情同也死雖是忠之一目亦不必爲忠皆當死也漢祖
遺約非劉氏不王非功臣不侯違命天下共誅之後呂后王諸呂周勃從之王
陵廷爭可不謂忠乎周勃誅呂尊文安漢社稷忠莫尙焉則王陵又何足言而
前史兩爲美談固知死與不死爭與不爭苟原情盡意不可定於一概也且札
闔棺定謚違逆黨順受戮凶邪不負忠義明矣鑒又駁不同而朝廷竟從導議
追贈札衞尉遣使者祠以少牢札長子澹太宰府掾次子稚察孝廉不行

筵卓犖有才幹拜征虜將軍吳興太守遷黃門侍郎徐馥之役筵族兄續亦聚衆應之元帝議欲討之王導以爲兵少則不足制寇多遣則根本空虛黃門侍郎周筵忠烈至到爲一郡所敬意謂直遣筵足能殺續於是詔以力士百人給筵使輕騎還陽羨筵卽日取道晝夜兼行既至郡將入遇續於門筵謂續曰宜與君共詣孔府君有所論續不肯入筵逼牽與俱坐定筵謂太守孔侃曰府君何以置賊在坐續衣裏帶小刀便操刀逼筵筵叱郡傳教吳曾何不舉手曾有膽力便以刀環築續殺之筵因欲誅勰札拒不許委罪於從兄邵誅之筵不歸家省母遂長驅而去母狼狽追之其忠公如此遷太子右衞率及王敦作難加冠軍將軍都督會稽吳興義興晉陵東陽軍事率水軍三千人討沈充未發而王師敗績筵聞札開城納敦憤咤慷慨形于辭色尋遇害敦平後與札同被復官初筵於姑孰立屋五間而六梁一時躍出墮地衡獨立柱頭零節之上甚危雖以人功不能然也後竟覆族筵弟縉少無行檢嘗在建康烏衣道中逢孔氏婢時與同寮二人共載便令左右捉婢上車其彊暴若此

周訪 子撫 撫子楚 楚子瓊 瓊子虓 虓弟光 光子仲孫

周訪字士達本汝南安城人也漢末避地江南至訪四世吳平因家廬江尋陽焉祖纂吳威遠將軍父敏左中郎將訪少沉毅謙而能讓果於斷割周窮振乏家無餘財爲縣功曹時陶侃爲散吏訪薦爲主簿相與結友以女妻侃子瞻訪察孝廉除郎中上甲令皆不之官鄉人盜訪牛於冢閒殺之訪得之密埋其肉不使人知及元帝渡江命參鎮東軍事時有與訪同姓名者罪當死吏誤收訪訪奮擊收者數十人皆散走而自歸於帝帝不之罪尋以爲揚烈將軍領兵一千二百屯尋陽鄂陵與甘卓趙誘討華軼所統厲武將軍丁乾與軼所統武昌太守馮逸交通訪收斬之逸來攻訪訪率衆擊破之逸遁保柴桑訪乘勝進討軼遣其黨王約傅札等萬餘人助逸大戰於湓口約等又敗訪與甘卓等會於彭澤與軼水軍將朱矩等戰又敗之軼將周廣燒城以應訪軼衆潰訪執軼斬之遂平江州帝以訪爲振武將軍尋陽太守加鼓吹曲蓋復命訪與諸軍共征杜弢弢作桔槔打官軍船艦訪作長岐棖以拒之桔槔不得爲害而賊從青草

湖密抄官軍又遣其將張彥陷豫章焚燒城邑王敦時鎮湓口遣督護繆蕤李
恆受訪節度共擊彥蕤於豫章石頭與彥交戰彥軍退走訪率帳下將李午等
追彥破之臨陣斬彥時訪爲流矢所中折前兩齒形色不變及暮訪與賊隔水
賊衆數倍自知力不能敵乃密遣人如樵採者而出於是結陣鳴鼓而來大呼
曰左軍至士卒皆稱萬歲至夜令軍中多布火而食賊謂官軍益至未曉而退
訪謂諸將曰賊必引退然終知我無救軍當還掩人宜促渡水北既渡斷橋訖
而賊果至隔水不得進於是遂歸湘州訪復以舟師造湘城軍達富口而弢遣
杜弘出海昏時湓口騷動訪步上柴桑偷渡與賊戰斬首數百賊退保廬陵訪
追擊敗之賊嬰城自守尋而軍糧爲賊所掠退住巴丘糧廩既至復圍弘於廬
陵弘大擲寶物於城外軍人競拾之弘因陣亂突圍而出訪率軍追之獲鞍馬
鎧杖不可勝數弘入南康太守將率兵逆擊又破之奔於臨賀帝又進訪龍驤
將軍王敦表爲豫章太守加征討都督賜爵尋陽縣侯時梁州刺史張光卒愍
帝以侍中第五猗爲征南大將軍監荊梁益寧四州出自武關賊率杜曾摯瞻

胡混等並迎猗奉之聚兵數萬破陶侃於石頭攻平南將軍荀崧於宛不剋引兵向江陵王敦以從弟廙爲荊州刺史令督護征虜將軍趙誘襄陽太守朱軌江陵將軍黃峻等討曾而大敗於女觀湖誘軌並遇害曾遂逐廙徑造沔口大爲寇害威振江沔元帝命訪擊之訪有衆八千進至沌陽曾等銳氣甚盛訪曰先人有奪人之心軍之善謀也使將軍李恆督左甄許朝督右甄訪自領中軍高張旗幟曾果畏訪先攻左右甄曾勇冠三軍訪甚惡之自於陣後射雉以安衆心令其衆曰一甄敗鳴三鼓兩甄敗鳴六鼓趙胤領其父餘兵屬左甄力戰敗而復合胤馳馬告訪訪怒叱令更進胤號哭還戰自旦至申兩甄皆敗訪聞鼓音選精銳八百人自行酒飲之勅不得妄動聞鼓音乃進賊未至三十步訪親鳴鼓將士皆騰躍奔赴曾遂大潰殺千餘人訪夜追之諸將請待明日訪曰曾驍勇能戰向之敗也彼勞我逸是以剋之宜及其衰乘之可滅鼓行而進遂定漢沔曾等走固武當訪以功還南中郎將督梁州諸軍梁州刺史屯襄陽訪謂其僚佐曰昔城濮之役晉文以得臣不死而有憂色今不斬曾禍難未已於

是出其不意又擊破之曾遁走訪部將蘇溫收曾詣軍并獲第五猗胡混摯瞻等送於王敦又白敦說猗逼於曾不宜殺敦不從而斬之進位安南將軍持節都督刺史如故初王敦懼杜曾之難謂訪曰擒曾當相論爲荆州刺史及是而敦不用至王廙去職詔以訪爲荆州敦以訪名將勳業隆重有疑色其從事中郎郭舒說敦曰鄙州雖遇寇難荒弊實爲用武之國若以假人將有尾大之患公宜自領訪爲梁州足矣敦從之訪大怒敦手書譬釋幷遺玉環玉椀以申厚意訪投椀于地曰吾豈賈豎可以寶悅乎陰欲圖之旣在襄陽務農訓卒勤於採納守宰有缺輒補然後言上敦患之而憚其彊不敢有異訪威風旣著遠近悅服智勇過人爲中興名將性謙虛未嘗論功伐或問訪曰人有小善鮮不自稱卿功勳如此初無一言何也訪曰朝廷威靈將士用命訪何功之有士以此重之訪練兵簡卒欲宣力中原與李矩郭默相結慨然有平河洛之志善於撫納士衆皆爲致死聞敦有不臣之心訪恆切齒敦雖懷逆謀故終訪之世未敢爲非初訪少時遇善相者廬江陳訓謂訪與陶侃曰二君皆位至方嶽功名略

同但陶得上壽周得下壽優劣更由年耳訪小侃一歲太興三年卒時年六十一帝哭之甚慟詔贈征西將軍諡曰壯立碑於本郡二子撫光撫字道和彊毅有父風而將御不及元帝辟爲丞相掾父喪去官服闋襲爵除鷹揚將軍武昌太守王敦命爲從事中郎與鄧嶽俱爲敦爪牙甘卓遇害敦以撫爲沔北諸軍事南中郎將鎮沔中及敦作逆撫領二千人從之敦敗撫與嶽俱亡走撫弟光將資遣其兄而陰欲取嶽撫怒曰我與伯山同亡何不先斬我會嶽至撫出門遙謂之曰何不速去今骨肉尚欲相違況他人乎嶽迴船而走撫遂共入西陽蠻中蠻酋向蠶納之初嶽爲西陽欲伐諸蠻及是諸蠻皆怨將殺之蠶不聽曰鄧府君窮來歸我我何忍殺之由是俱得免明年詔原敦黨嶽撫詣闕請罪有詔禁錮之咸和初司徒王導以撫爲從事中郎出爲寧遠將軍江夏相蘇峻作逆率所領從温嶠討之峻平還監沔北軍事南中郎將鎮襄陽石勒將郭敬率騎攻撫撫不能守率所領奔於武昌坐免官尋還振威將軍豫章太守後代毋丘奧監巴東諸軍事益州刺史假節將軍如故尋進征虜將軍加督寧州諸軍

事永和初桓溫征蜀進撫督梁州之漢中巴西梓潼陰平四郡軍事鎮彭模撫擊破蜀餘寇隗文鄧定等斬僞尙書僕射王誓平南將軍王潤以功遷平西將軍隗文鄧定等復反立范賢子賁爲帝初賢爲李雄國師以左道惑百姓人多事之賁遂有衆一萬撫與龍驤將軍朱壽擊破斬之以功進爵建城縣公征西督護蕭敬文作亂殺征虜將軍楊謹據涪城自號益州牧桓溫使督護鄧遐助撫討之不能拔引退溫又令梁州刺史司馬勳等會撫伐之敬文固守自二月至于八月乃出降撫斬之傳首京師升平中進鎮西將軍在州三十餘年興寧三年卒贈征西將軍諡曰襄子楚嗣

楚字元孫起家參征西軍事從父入蜀拜鷹揚將軍犍爲太守父卒以楚監梁益二州假節襲爵建城公世在梁益甚得物情時梁州刺史司馬勳作逆楚與朱序討平之進冠軍將軍太和中蜀盜李金銀廣漢妖賊李弘並聚衆爲寇僞稱李勢子當以聖道王年號鳳皇又隴西人李高詐稱李雄子破涪城梁州刺史楊亮失守楚遣其子討平之是歲楚卒諡曰定子瓊嗣

瓊勁烈有將略歷數郡代楊亮爲梁州刺史建武將軍領西戎校尉初氐人竇衝求降朝廷以爲東羌校尉後衝反欲入漢川安定人皇甫釗京兆人周勳等謀納衝瓊密知之收釗勳等斬之尋卒子虓嗣

虓字孟威少有節操州召爲祭酒後歷位至西夷校尉領梓潼太守寧康初苻堅將楊安寇梓潼虓固守涪城遣步騎數千送母妻從漢水將抵江陵爲堅將朱彤邀而獲之虓遂降於安堅欲以爲尚書郎虓曰蒙國厚恩以至今日但老母見獲失節於此母子獲全秦之惠也雖公侯之貴不足爲榮況郎任乎堅乃止自是每入見堅輒箕踞而坐呼之爲氐賊堅不悅屬元會威儀甚整堅因謂虓曰晉家元會何如此虓攘袂厲聲曰戎狄集聚譬猶犬羊相羣何敢比天子及呂光征西域堅出餞之戎士二十萬旌旗數百里又問虓曰朕衆力何如虓曰戎夷已來未之有也堅黨以虓不遜屢請除之堅待之彌厚虓乃密書與桓沖說賊姦計太元三年虓潛至漢中堅追得之後又與堅兄子苞謀襲堅事泄堅引虓問其狀虓曰昔漸離豫讓燕智之微臣猶漆身吞炭不忘忠節況虓世

荷晉恩豈敢忘也生爲晉臣死爲晉鬼復何問乎堅曰今殺之適成其名矣遂撻之徙于太原後堅復陷順陽魏興獲二守皆執節不撓堅歎曰周孟威不屈於前丁彥遠潔己於後吉祖沖不食而死皆忠臣也虓竟以病卒於太原其子興迎致其喪冠軍將軍謝玄親臨哭之因上疏曰臣聞旌善表功崇義明節所以振揚聲教垂美來葉故西夷校尉梓潼太守周虓執心忠烈厲節寇庭遂嬰禍荒裔痛貫泉壤臣每悲其志以爲蘇武之賢不復過也前宣告幷州訪求虓喪幷索其家負荷數千始得來至卽以資送還其舊壠伏願聖朝追其志心表其殊節使負霜之志不墜於地則榮慰存亡惠被幽顯矣孝武帝詔曰虓厲志貞亮無愧古烈未及拔身奄隕厥命甄表義節國之典也贈龍驤將軍益州刺史賻錢二十萬布百匹又贍賜其家

光少有父風年十一見王敦敦謂曰貴郡未有將誰可用者光曰明公不恥下問竊謂無復見勝敦笑以爲寧遠將軍尋陽太守及敦舉兵光率千餘人赴之旣至敦已死光未之知求見敦王應祕不言以疾告光退曰令我遠來而不得

見王公公其死乎遽見其兄撫曰王公已死兄何爲與錢鳳作賊衆並愕然其夕衆散錢鳳走出至闔廬洲光捕鳳詣闕贖罪故得不廢蘇峻作逆隨温嶠力戰有功峻平賜爵曲江男卒官子仲孫與寧初督寧州軍事振武將軍寧州刺史在州貪暴人不堪命桓温以梁益多寇周氏世有威稱復除仲孫監益梁州之三郡寧康初楊安寇蜀仲孫失守免官後徵爲光祿勳卒初陶侃微時丁艱將葬家中忽失牛而不知所在遇一老父謂曰前崗見一牛眠山汙中其地若葬位極人臣矣又指一山云此亦其次當世出二千石言訖不見侃尋牛得之因葬其處以所指別山與訪訪父死葬焉果爲刺史著稱寧益自訪以下三世爲益州四十一年如其所言云

史臣曰夫仁義豈有常蹈之卽君子背之卽小人周子隱以跅弛之材負不羈之行比凶蛟猛獸縱毒鄉閭終能克己厲精朝聞夕改輕生重義殉國亡軀可謂志節之士也宣佩奮茲忠勇屢殄妖氛威略冠於本朝庸績書於王府既而結憾朝宰潛構異圖忿不思難斯爲隘矣終於憤恚豈不惜哉札筳等負雋逸

之才以豪雄自許始見疑於朝廷終獲戾於權右彊弗如弱信有徵矣而札受委扞城乃開門揖盜去順效逆彼實有之後雖假手凶徒可謂罪人斯得朝廷議加榮贈不其僭乎有晉之刑政陵夷用此道也周訪器兼文武任在折衝戡定湘羅剋清江漢謀孫翼子杖節擁旄西蜀仰其威風中興推爲名將功成名立不亦美哉孟威陷迹虜廷抗辭僞主雖圖史所載何以加焉

贊曰平西果勁始邪末正勇足除殘忠能致命宣佩懋功三定江東札雖啓敵筵實懷忠尋陽緯武擁旄持斧曰子曰孫重規疊矩孟威抗烈心存舊主

晉書卷五十八

晉書卷五十八考證

周處傳雍州刺史解系○本書陶璜傳有解系乃九真太守董元之勇將即爲元等所殺者此解系別爲一人乃姓名相同者耳

身膏齊斧○齊文選作氏注爲氏所殺也

外方内荏○本書音義荏一作恁

晉書卷五十八考證

晉書卷五十九

唐　太　宗　文　皇　帝　御　撰

列傳第二十九

自古帝王之臨天下也皆欲廣樹藩屏崇固維城唐虞以前憲章蓋闕夏殷以後遺迹可知然而玉帛會于塗山雖云萬國至於分疆胙土猶或未詳洎乎周室粲焉可觀封建親賢並爲列國當其興也周召贊其升平及其衰也桓文輔其危亂故得卜世之祚克昌卜年之基惟永遠王赧卽位天祿已終虛位無主三十餘載爰及暴秦幷吞天下戒衰周之削弱忽帝業之遠圖謂王室之陵遲由諸侯之彊大於是罷侯置守獨尊諸己至乎子弟並爲匹夫惟欲肆虐陵威莫顧謀孫翼子枝葉微弱宗祏孤危內無社稷之臣外闕藩維之助陳項一呼海內沸騰隕身於望夷繫頸於軹道事不師古二世而滅漢祖勃興爰革斯弊於是分王子弟列建功臣錫之山川誓以帶礪然而矯枉過直懲羹吹齏土地封疆踰越往古始則韓彭葅醢次乃吳楚稱亂然雖克滅權偪猶足維翰王畿

洎成哀之後戚藩陵替君臣乘兹間隙竊位偷安光武雄略緯天慷慨下國遂能除兇靜亂復禹配天休祉咸於兩京鼎祚隆於四百宗支繼絕之力可得而言魏武忘經國之宏規行忌刻之小數功臣無立錐之地子弟君不使之人徒分茅社實傳虛爵本根無所庇廕遂乃三葉而亡有晉思改覆車復隆盤石或出擁旄節莅嶽牧之榮入踐台階居端揆之重然而付托失所授任乖方政令不恆賞罰斯濫或有才而不任或無罪而見誅朝爲伊周夕爲莽卓機權失於上橫亂作於下楚趙諸王相仍構釁徒與晉陽之甲竟匪勤王之師始則爲身擇利利未加而害及初迺無心憂國國非憂而奚救遂使昭陽興廢有甚奕棋乘輿幽縶更同羑里胡羯陵侮宗廟丘墟良可悲也夫爲國之有藩屏猶濟川之有舟楫安危成敗義實相資舟楫且完波濤不足稱其險藩屏式固禍亂何以成其階向使八王之中一藩繫賴如梁王之禦大敵若朱虛之除大憝則外寇焉敢憑陵內難奚由竊發縱令天子暗劣鼎臣奢放雖或顛沛未至土崩何以言之琅邪譬彼諸王權輕衆寡度長絜大不可同年遂能匹馬濟江奄有吳

會存重宗社百有餘年雖曰天時抑亦人事豈如趙倫齊冏之輩河間東海之徒家國俱亡身名並滅善惡之數此非其效歟西晉之政亂朝危雖由時主然而煽其風速其禍者咎在八王故序而論之總爲其傳云耳

汝南王亮　子粹　矩　羕　宗　熙

汝南文成王亮字子翼宣帝第四子也少清警有才用仕魏爲散騎侍郎萬歲亭侯拜東中郎將進封廣陽鄉侯討諸葛誕於壽春失利免官頃之拜左將軍加散騎常侍假節出監豫州諸軍事五等建改封祁陽伯轉鎮西將軍武帝踐阼封扶風郡王邑萬戶置騎司馬增參軍掾屬持節都督關中雍涼諸軍事會秦州刺史胡烈爲羌虜所害亮遣將軍劉旂騎督敬琰赴救不進坐是貶爲平西將軍旂當斬亮與軍司曹冏上言節度之咎由亮而出乞丐旂死詔曰高平困急計城中及旂足以相拔就不能徑至尙當深進今奔突有投而坐視覆敗故加旂大戮今若罪不在旂當有所在有司又奏免亮官削爵土詔惟免官頃之拜撫軍將軍是歲吳將步闡來降假亮節都督諸軍事以納之尋加侍中之

服咸寧初以扶風池陽四千一百戸爲太妃伏氏湯沐邑置家令丞僕後改食南郡枝江太妃嘗有小疾祓於洛水亮兄弟三人侍從並持節鼓吹震耀洛濱武帝登陵雲臺望見曰伏妃可謂富貴矣其年進號衞將軍加侍中時宗室殷盛無相統攝乃以亮爲宗師本官如故使訓導觀察有不遵禮法小者正以義方大者隨事聞奏三年徙封汝南出爲鎮南大將軍都督豫州諸軍事開府假節之國給追鋒車皁輪犢車錢五十萬頃之徵亮爲侍中撫軍大將軍領後軍將軍統冠軍步兵射聲長水等營給兵五百人騎百匹遷太尉錄尚書事領太子太傅侍中如故及武帝寢疾爲楊駿所排乃以亮爲侍中大司馬假黃鉞大都督督豫州諸軍事出鎮許昌加軒懸之樂六佾之舞封子羕爲西陽公未發帝大漸詔留亮委以後事楊駿聞之從中書監華廙索詔視遂不還帝崩亮懼駿疑己辭疾不入於大司馬門外敘哀而已表求過葬駿欲討亮亮知之問計於廷尉何勖勖曰今朝廷皆歸心於公公何不討人而懼爲人所討或說亮率所領入廢駿亮不能用夜馳赴許昌故得免及駿誅詔曰大司馬汝南王亮體

道沖粹通識政理宣翼之績顯於本朝二南之風流于方夏將凴遠猷以康王化其以亮爲太宰錄尙書事入朝不趨劍履上殿增掾屬十人給千兵百騎與太保衞瓘對掌朝政亮論賞誅楊駿之功過差欲以苟悅衆心由是失望楚王瑋有勳而好立威亮憚之欲奪其兵權瑋甚憾乃承賈后旨誣亮與瓘有廢立之謀矯詔遣其長史公孫宏與積弩將軍李肇夜以兵圍之帳下督李龍白外有變請距之亮不聽俄然楚兵登牆而呼亮驚曰吾無二心何至於是若有詔書其可見乎宏等不許促兵攻之長史劉準謂亮曰觀此必是姦謀府中俊乂如林猶可盡力距戰又弗聽遂爲肇所執而嘆曰我之忠心可破示天下也如何無道枉殺不辜是時大熱兵人坐亮于車下時人憐之爲之交扇將及日中無敢害者瑋出令曰能斬亮者賞布千匹遂爲亂兵所害投于北門之壁鬢髮耳鼻皆悉毁焉及瑋誅追復亮爵位給東園溫明祕器朝服一襲錢三百萬布絹三百匹喪葬之禮如安平獻王孚故事廟設軒懸之樂有五子粹矩羕宗熙粹字茂弘早卒矩字延明拜世子爲屯騎校尉與父亮同被害追贈典軍將軍

謚懷王子祐立是爲威王祐字永猷永安中從惠帝北征帝還長安祐反國及帝還洛以征南兵八百人給之特置四部牙門永興初率衆依東海王越討劉喬有功拜揚武將軍以江夏雲社益封幷前二萬五千戶越征汲桑表留祐領兵三千守許昌加鼓吹麾旗越還祐歸國永嘉末以寇賊充斥遂南渡江元帝命爲軍諮祭酒建武初爲鎮軍將軍太興末領左軍將軍太寧中進號衛將軍加散騎常侍咸和元年薨贈侍中特進子恭王統立以南頓王宗謀反被廢其後成帝哀亮一門殄絶詔統復封累遷祕書監侍中薨追贈光祿勳子義立官至散騎常侍薨子遵之立義熙初梁州刺史劉稚謀反推遵之爲主事泄伏誅弟楷之子蓮扶立宋受禪國除羕字延年太康末封西陽縣公拜散騎常侍亮之被害也羕時年八歲鎮南將軍裴楷與之親姻竊之以逃一夜八遷故得免及瑋誅進爵爲王歷步兵校尉左軍驍騎將軍元康初進封郡王永興初拜侍中以長沙王乂黨廢爲庶人惠帝還洛復羕封爲撫軍將軍又以汝南期思西陵益其國永嘉初拜鎮軍將軍加散騎常侍領後軍將軍復以邾蘄春益之幷

前三萬五千戸隨東海王越東出鄄城遂南渡江元帝承制更拜撫軍大將軍開府給千兵百騎詔與南頓王宗統流人以實中州江西荒梗復還及元帝踐阼進位侍中太保以羕屬尊元會特爲設牀太興初錄尚書事尋領大宗師加羽葆斧鉞班劍六十人進位太宰及王敦平領太尉明帝卽位以羕宗室元老特爲之拜羕放縱兵士劫鈔所司奏免羕官詔不問及帝寢疾羕與王導同受顧命輔成帝時帝幼沖詔羕依安平獻王孚故事設牀帳於殿上帝親迎拜咸和初坐弟南頓王宗免官降爲弋陽縣王及蘇峻作亂羕詣峻稱述其勳峻大悅矯詔復羕爵位峻平賜死世子播播弟充及息崧並伏誅國除咸康初復其屬籍以羕孫珉爲奉車都尉奉朝請

宗字延祚元康中封南頓縣侯尋進爵爲公討劉喬有功進封王增邑三千并前萬戸爲征虜將軍與兄羕俱過江元帝承制拜散騎常侍愍帝之在西都以宗爲平東將軍元帝卽位拜撫軍將軍領左將軍明帝踐阼加長水校尉轉左衞將軍與虞胤俱爲帝所昵委以禁旅宗與王導庾亮志趣不同連結輕俠以

爲腹心導亮並以爲言帝以宗戚屬每容之及帝疾篤宗胤密謀爲亂亮排闥入升御牀流涕言之帝始悟轉爲驃騎將軍胤爲大宗正宗遂怨望形於辭色咸和初御史中丞鍾雅劾宗謀反庾亮使右衞將軍趙胤收之宗以兵距戰爲胤所殺貶其族爲馬氏徙妻子于晉安既而原之三子綽超演廢爲庶人咸康中復其屬籍綽爲奉車都尉奉朝請

熙初封汝陽公討劉喬有功進爵爲王永嘉末沒於石勒

楚隱王瑋

楚隱王瑋字彥度武帝第五子也初封始平王歷屯騎校尉太康末徙封於楚出之國都督荆州諸軍事平南將軍轉鎮南將軍武帝崩入爲衞將軍領北軍中候加侍中行太子少傅楊駿之誅也瑋屯司馬門瑋少年果銳多立威刑朝廷忌之汝南王亮太保衞瓘以瑋性狠戾不可大任建議使與諸王之國瑋甚忿之長史公孫宏舍人岐盛並薄於行爲瑋所昵瓘等惡其爲人慮致禍亂將收盛盛知之遂與宏謀因積弩將軍李肇矯稱瑋命譖亮瓘於賈后而后不之

察使惠帝爲詔曰太宰太保欲爲伊霍之事王宜宣詔令淮南長沙成都王屯宮諸門廢二公夜使黃門齎以授瑋瑋欲復奏黃門曰事恐漏泄非密詔本意也瑋乃止遂勒本軍復矯詔召三十六軍手令告諸軍曰天禍晉室凶亂相仍間者楊駿之難實賴諸君剋平禍亂而二公潛圖不軌欲廢陛下以絕武帝之祀今輒奉詔免二公官吾今受詔都督中外諸軍諸在直衞者皆嚴加警備其在外營便相率領逕詣行府助順討逆天所福也懸賞開封以待忠效皇天后土實聞此言又矯詔使亮瓘上太宰太保印綬侍中貂蟬之國官屬皆罷遣之又矯詔赦亮瓘官屬曰二公潛謀欲危社稷今免還第官屬以下一無所問若不奉詔便軍法從事能率所領先出降者封侯受賞朕不食言遂收亮瓘殺之岐盛說瑋可因兵勢誅賈模郭彰匡正王室以安天下瑋猶豫未決會天明帝用張華計遣殿中將軍王宮齎騶虞幡麾衆曰楚王矯詔衆皆釋杖而走瑋左右無復一人窘迫不知所爲惟一奴年十四駕牛車將赴秦王柬帝遣謁者詔瑋還營執之於武賁署遂下廷尉詔以瑋矯制害二公父子又欲誅滅朝臣謀

圖不軌遂斬之時年二十一其日大風雷雨霹靂詔曰周公決二叔之誅漢武斷昭平之獄所不得已者廷尉奏瑋已伏法情用悲痛吾當發哀瑋臨死出其懷中青紙詔流涕以示監刑尚書劉頌曰受詔而行謂爲社稷今更爲罪託體先帝受枉如此幸見申列頌亦歔欷不能仰視公孫宏岐盛並夷三族瑋性開濟好施能得衆心及此莫不隕淚百姓爲之立祠賈后先惡瓘亮又忌瑋故以計相次誅之永寧元年追贈驃騎將軍封其子範爲襄陽王拜散騎常侍後爲石勒所害

趙王倫

趙王倫字子彝宣帝第九子也母曰柏夫人魏嘉平初封安樂亭侯五等建改封東安子拜諫議大夫武帝受禪封琅邪郡王坐使散騎將劉緝買工所將盜御裘廷尉杜友正緝棄市倫當與緝同罪有司奏倫爵重屬親不可坐諫議大夫劉毅駮曰王法賞罰不阿貴賤然後可以齊禮制而明典刑也倫知裘非常蔽不語吏與緝同罪當以親貴議減不得闕而不論宜自於一時法中如友所

正帝是毅駁然以倫親親故下詔赦之及之國行東中郎將宣威將軍咸寧中改封於趙遷平北將軍督鄴城守事進安北將軍元康初遷征西將軍開府儀同三司鎮關中倫刑賞失中氐羌反叛徵還京師尋拜車騎將軍太子太傅深交賈郭諂事中宮大爲賈后所親信求錄尙書張華裴頠固執不可又求尙書令華頠復不許愍懷太子廢使倫領右軍將軍時左衛司馬督司馬雅及常從督許超並嘗給事東宮二人傷太子無罪與殿中中郎士猗等謀廢賈后復太子以華頠不可移難與圖權倫執兵之要性貪冒可假以濟事乃說倫嬖人孫秀曰中宮凶妒無道與賈謐等共廢太子今國無嫡嗣社稷將危大臣將起大事而公名奉事中宮與賈郭親善太子之廢皆云豫知一朝事起禍必相及何不先謀之乎秀許諾言於倫倫納焉遂告通事令史張林及省事張衡殿中侍御史殷渾右衛司馬督路始使爲內應事將起而秀知太子聰明若還東宮將與賢人圖政量己必不得志乃更說倫曰太子爲人剛猛不可私請明公素事賈后時議皆以公爲賈氏之黨今雖欲建大功於太子太子含宿怒必不加賞

於明公矣當謂逼百姓之望翻覆以免罪耳此乃所以速禍也今且緩其事賈后必害太子然後廢后爲太子報讎亦足以立功豈徒免禍而已倫從之秀乃微泄其謀使謐黨頗聞之倫秀因勸謐等早害太子以絶衆望太子既遇害倫秀之謀益甚而超雅懼後難欲悔其謀乃辭疾秀復告右衛佽飛督閭和和從之期四月三日景夜一籌以鼓聲爲應至期乃矯詔勑三部司馬曰中宮與賈謐等殺吾太子今使車騎入廢中宮汝等皆當從命賜爵關中侯不從誅三族於是衆皆從之倫又矯詔開門夜入陳兵道南遣翊軍校尉齊王冏將三部司馬百人排閤而入華林令駱休爲內應迎帝幸東堂遂廢賈后爲庶人幽之于建始殿收吳太妃趙粲及韓壽妻賈午等付暴室考竟詔尚書以廢后事仍收捕賈謐等召中書監侍中黃門侍郎八坐皆夜入殿執張華裴頠解結杜斌等於殿前殺之尚書始疑詔有詐郎師景露版奏請手詔倫等以爲沮衆斬之以狗明日倫坐端門屯兵北向遣尚書和郁持節送賈庶人于金墉誅趙粲叔父中護軍趙浚及散騎侍郎韓豫等內外羣官多所黜免倫尋矯詔自爲使持節

大都督督中外諸軍事相國侍中王如故一依宣文輔魏故事置左右長史司馬從事中郎四人參軍十人掾屬二十人兵萬人以其世子散騎常侍荂領冗從僕射子馥前將軍封濟陽王虔黃門郎封汝陰王詡散騎侍郎封霸城侯孫秀等封皆大郡並據兵權文武官封侯者數千人百官總己聽於倫倫素庸下無智策復受制於秀秀之威權振於朝廷天下皆事秀而無求於倫秀起自琅邪外史累官於趙國以諂媚自達既執機衡遂恣其姦謀多殺忠良以逞私欲司隸從事游顥與殷渾有隙渾誘顥奴晉與僞告顥有異志秀不詳察即收顥及襄陽中正李邁殺之厚待晉與以爲己部曲督前衞尉石崇黃門郎潘岳皆與秀有嫌並見誅於是京邑君子不樂其生矣淮南王允齊王冏以倫秀驕僭內懷不平秀等亦深忌焉乃出冏鎮許奪允護軍允發憤起兵討倫允既敗滅倫加九錫增封五萬戶倫僞爲飾讓詔遣百官詣府敦勸侍中宣詔然後受之加荂撫軍將軍領軍將軍馥鎮軍將軍領護軍將軍虔中軍將軍領右衞將軍詡爲侍中又以孫秀爲侍中輔國將軍相國司馬右率如故張林等並居顯要

增相府兵爲二萬人與宿衛同又隱匿兵士衆過三萬起東宮三門四角華檐斷宮東西道爲外徼或謂秀曰散騎常侍楊準黃門侍郎劉逵欲奉梁王肜以誅倫會有星變乃徙肜爲丞相居司徒府轉準逵爲外官倫無學不知書秀亦以狡黠小才貪淫昧利所共立事者皆邪佞之徒惟競榮利無深謀遠略考淺薄鄙陋馥虔闇狠彊戾詡愚嚚輕訬而各乖異互相憎毀秀子會年二十爲射聲校尉尙帝女河東公主公主母喪未朞便納聘禮會形貌短陋奴僕之下者初與富室兒於城西販馬百姓忽聞其尙主莫不駭愕倫秀並惑巫鬼聽妖邪之說秀使牙門趙奉詐爲宣帝神語命倫早入西宮又言宣帝於北芒爲趙王佐助於是別立宣帝廟於芒山謂逆謀可成以太子詹事裴劭左軍將軍卞粹等二十人爲從事中郎掾屬又二十人秀等部分諸軍分布腹心使散騎常侍義陽王威兼侍中出納詔命矯作禪讓之詔使使持節尙書令滿奮僕射崔隨爲副奉皇帝璽綬以禪位于倫倫僞讓不受於是宗室諸王羣公卿士咸假稱符瑞天文以勸進倫乃許之左衛王輿與前軍司馬雅等率甲士入殿譬喻三

部司馬示以威賞皆莫敢違其夜使張林等屯守諸門義陽王威及駱休等逼奪天子璽綬夜漏未盡內外百官以乘輿法駕迎倫惠帝乘雲母車鹵簿數百人自華林西門出居金墉城尙書和郁兼侍中散騎常侍琅邪王睿中書侍郎陸機從到城下而反使張衡衞帝實幽之也倫從兵五千人入自端門登太極殿滿奮崔隨樂廣進璽綬於倫乃僭卽帝位大赦改元建始是歲賢良方正直言秀才孝廉良將皆不試計吏及四方使命之在京邑者太學生年十六以上及在學二十年皆署吏郡縣二千石令長赦日在職者皆封侯郡綱紀並爲孝廉縣綱紀爲廉吏以世子荂爲太子馥爲侍中大司農領護軍京兆王虔爲侍中大將軍領軍廣平王詡爲侍中撫軍將軍霸城王孫秀爲侍中中書監驃騎將軍儀同三司張林等諸黨皆登卿將並列大封其餘同謀者咸超階越次不可勝紀至於奴卒厮役亦加以爵位每朝會貂蟬盈坐時人爲之諺曰貂不足狗尾續而以苟且之惠取悅人情府庫之儲不充於賜金銀冶鑄不給於印故有白版之侯君子恥服其章百姓亦知其不終矣倫親祠太廟還遇大風飄折

麾蓋孫秀既立非常之事倫敬重焉秀住文帝爲相國時所居內府事無巨細必諮而後行倫之詔令秀輒改革有所與奪自書青紙爲詔或朝行夕改者數四百官轉易如流矣時有雉入殿中自太極東階上殿驅之更飛西鐘下有頃飛去又倫於殿上得異鳥問皆不知名累日向夕宮西有素衣小兒言是服劉鳥倫使錄小兒幷鳥閉置牢室明旦開視戸如故並失人鳥所在倫目上有瘤時以爲妖焉時齊王冏河間王顒成都王穎並擁彊兵各據一方秀知冏等必有異圖乃選親黨及倫故吏爲三王參佐及郡守秀本與張林有隙雖外相推崇內實忌之及林爲衛將軍深怨不得開府潛與荂牋具說秀專權動違衆心而功臣皆小人撓亂朝廷可一時誅之荂以書白倫倫以示秀秀勸倫誅林倫從之於是倫請宗室會於華林園召林秀及王輿入因收林殺之誅三族及三王起兵討倫檄至倫秀始大懼遣其中堅孫輔爲上軍將軍積弩李嚴爲折衝將軍率兵七千自延壽關出征虜張泓左軍蔡璜前軍閭和等率九千人自堮坂關出鎮軍司馬雅揚威莫原等率八千人自成皋關出召東平王楙爲使持

節衞將軍都督諸軍以距義師使楊珍晝夜詣宣帝別廟祈請輒言宣帝謝陛下某日當破賊拜道士胡沃爲太平將軍以招福佑秀家日爲淫祀作厭勝之文使巫祝選擇戰日又令近親於嵩山著羽衣詐稱仙人王喬作神仙書述倫祚長久以惑衆秀欲遣馥虔領兵助諸軍戰馥虔不肯虔素親愛劉輿秀乃使輿說虔虔然後率衆八千爲三軍繼援而泓雅等連戰雖勝義軍散而輒合雅等不得前許超等與成都王穎軍戰于黃橋殺傷萬餘人泓徑造陽翟又於城南破齊王冏輜重殺數千人遂據城保邸閣而冏軍已在穎陰去陽翟四十里冏分軍渡穎攻泓等不利泓乘勝至于穎上夜臨穎而陣冏縱輕兵擊之諸軍不動而孫輔徐建軍夜亂徑歸洛自首輔建之走也不知諸軍督尚存乃云齊王兵盛不可當泓等已沒倫大震祕之而召虔及超還會泓敗冏露布至倫大喜乃復遣超而虔還已至庾倉超還濟河將士疑阻銳氣內挫泓等悉其諸軍濟穎進攻冏營冏出兵擊其別率孫髦司馬譚孫輔皆破之士卒散歸洛陽泓等收衆還營秀等知三方日急詐傳破冏營執得冏以誑惑其衆令百官皆賀

而士猗伏胤孫會皆杖節各不相從倫復授太子詹事劉琨節督河北將軍率步騎千人催諸軍戰會等與義軍戰于激水大敗退保河上劉琨燒斷河橋自義兵之起百官將士咸欲誅倫秀以謝天下秀知衆怒難犯不敢出省及聞河北軍悉敗憂懣不知所爲義陽王威勸秀至尙書省與八坐議征戰之備秀從之使京城四品以下子弟年十五以上皆詣司隸從倫出戰內外諸軍悉欲劫殺秀威懼自崇禮闥走還下舍許超士猗孫會等軍既並還乃與秀謀或欲收餘卒出戰或欲焚燒宮室誅殺不附己者挾倫南就孫旂孟觀等或欲乘船東走入海計未決王輿反之率營兵七百餘人自南掖門入勑宮中兵各守衞諸門三部司馬爲應於內輿自往攻秀秀閉中書南門輿放兵登牆燒屋秀及超猗遽走出左衞將軍趙泉斬秀等以徇收孫奇於右衞營付廷尉誅之執前將軍謝惔黃門令駱休司馬督王潛皆於殿中斬之三部司馬兵於宣化闥中斬孫弼以徇時司馬馥在秀坐輿使將士囚之于散騎省以大戟守省閤八坐皆入殿中坐東除樹下王輿屯雲龍門使倫爲詔曰吾爲孫秀等所誤以怒三王

今已誅秀其迎太上復位吾歸老于農畝傳詔以騶虞幡勑將士解兵文武官皆奔走莫敢有居者黄門將倫自華林東門出及荂皆還汶陽里第於是以甲士數千迎天子于金墉百姓咸稱萬歲帝自端門入升殿御廣室送倫及荂等付金墉城初秀懼西軍至復召虔還是日宿九曲詔遣使者免虔官虔懼棄軍將數十人歸于汶陽里梁王肜表倫父子凶逆宜伏誅百官會議于朝堂皆如肜表遣尚書袁敞持節賜倫死飲以金屑苦酒倫慚以巾覆面曰孫秀誤我孫秀誤我於是收荂馥虔詡付廷尉獄考竟馥臨死謂虔曰坐爾破家也百官是倫所用者皆斥免之臺省府衞僅有存者自兵興六十餘日戰所殺害僅十萬人凡與倫爲逆豫謀大事者張林爲秀所殺許超士猗孫弼謝惔殷渾與秀爲王輿所誅張衡閭和孫髦高越自陽翟還伏胤戰敗還洛陽皆斬于東市蔡璜自陽翟降齊王冏還洛自殺王輿以功免誅後與東萊王蕤謀殺冏又伏法

齊王冏

齊武閔王冏字景治獻王攸之子也少稱仁惠好振施有父風初攸有疾武帝

不信遣太醫診候皆言無病及攸薨帝往臨喪冏號踊訴父病爲醫所誣詔即
誅醫由是見稱遂得爲嗣元康中拜散騎常侍領左軍將軍翊軍校尉趙王倫
密與相結廢賈后以功轉游擊將軍冏以位不滿意有恨色孫秀微覺之且憚
其在內出爲平東將軍假節鎮許昌倫簒遷鎮東大將軍開府儀同三司欲以
寵安之冏因衆心怨望潛與離狐王盛穎川王處穆謀起兵誅倫倫遣腹心張
烏覘之烏反曰齊無異志冏既有成謀未發恐事泄乃與軍司管襲殺穆送首
於倫以安其意謀定乃收襲殺之遂與豫州刺史何勖龍驤將軍董艾等起軍
遣使告成都河間常山新野四王移檄天下征鎮州郡縣國咸使聞知揚州刺
史郗隆承檄猶豫未決參軍王邃斬之送首于冏冏屯軍陽翟倫遣其將閭和
張泓孫輔出堮坂與冏交戰冏軍失利堅壘自守會成都軍破倫衆於黃橋冏
乃出軍攻和等大破之及王輿廢倫惠帝反正冏誅討賊黨既畢率衆入洛頓
軍通章署甲士數十萬旌旗器械之盛震於京都天子就拜大司馬加九錫之
命備物典策如宣景文武輔魏故事冏於是輔政居攸故宮置掾屬四十人大

築第館北取五穀市南開諸署毀壞廬舍以百數使大匠營制與西宮等鑿千秋門牆以通西閤後房施鐘懸前庭舞八佾沉于酒色不入朝見坐拜百官符勑三臺選舉不均惟寵親昵以車騎將軍何勖領中領軍封葛旟爲牟平公路秀小黃公衛毅陰平公劉真安鄉公韓泰封丘公號曰五公委以心膂殿中御史桓豹奏事不先經冏府即考竟之於是朝廷側目海內失望矣南陽處士鄭方露版極諫主簿王豹屢有箴規冏並不能用遂奏豹殺之有白頭公入大司馬府大呼言有兵起不出甲子旬即收殺之冏驕恣日甚終無悛志前賊曹屬孫惠復上諫曰惠聞天下五難四不可而明公皆以居之矣捐宗廟之主忽千乘之重躬貫甲冑犯冒鋒刃此一難也奮三百之卒決全勝之策集四方之衆致英豪之士此二難也舍殿堂之尊居單幕之陋安囂塵之慘同將士之勞此三難也驅烏合之衆當凶彊之敵任神武之略無疑阻之懼此四難也檄六合之內著明信之誓升幽宮之帝復皇祚之業此五難也大名不可久荷大功不可久任大權不可久執大威不可久居未有行其五難而不以爲難遺其不可

而謂之爲可惠竊所不安也自永熙以來十有一載人不見德惟戮是聞公族構篡奪之禍骨肉遭梟夷之刑羣王被囚檻之困妃主有離絶之哀歷觀前代國家之禍至親之亂未有今日之甚者也良史書過後嗣何觀天下所以不去於晉符命長存於世者主無嚴虐之暴朝無酷烈之政武帝餘恩獻王遺愛聖慈惠和尚經人心四海所係實在於茲今明公建不世之義而未爲不世之讓天下惑之思求所悟長沙成都魯衞之密國之親親與明公計功受賞尚不自先今公宜放桓文之勳邁臧札之風芻狗萬物不仁其化崇親推近功遂身退委萬機於二王命方嶽於羣后燿義讓之旗鳴思歸之鑾宅大齊之墟振泱泱之風垂拱青徐之域高枕營丘之藩金石不足以銘高八音不足以贊美姬文不得專聖於前太伯不得獨賢於後今明公忘亢極之悔忽窮高之凶棄五嶽之安居累卵之危外以權勢受疑內以百揆損神雖處高臺之上逍遥重仞之墉及其危亡之憂過於穎翟之慮羣下竦戰莫之敢言惠以衰亡之餘遭陽九之運甘矢石之禍赴大王之義脱褐冠冑從戎于許契闊戰陣功無可記當隨

風塵待罪初服屈原放斥心存南郢樂毅適趙志戀北燕況惠受恩偏蒙識養
雖復暫違情隆二臣是以披露血誠冒昧干迕言入身戮義讓功舉退就鈇鑕
此惠之死賢於生也冏不納亦不加罪翊軍校尉李含奔于長安詐云受密詔
使河閒王顒誅冏因導以利謀顒從之上表曰王室多故禍難罔已大司馬冏
雖唱義有興復皇位之功而定都邑克寧社稷實成都王之勳力也而冏不能
固守臣節實協異望在許昌營有東西掖門官置治書侍御史長史司馬直立
左右如侍臣之儀京城大清篡逆誅夷而率百萬之衆來繞洛城阻兵經年不
一朝覲百官拜伏晏然南面壞樂官市署用自增廣輒取武庫祕杖嚴列不解
故東萊王蕤知其逆節表陳事狀而見誣陷加罪黜徙以樹私黨僭立官屬幸
妻嬖妾名號比之中宮沉湎酒色不恤羣黎董艾放縱無所畏忌中丞按奏而
取退免張偉惚恫擁停詔旨葛旟小豎維持國命操弄王爵貨賂公行羣姦聚
黨擅斷殺生密署腹心實爲貨謀斥罪忠良伺闚神器臣受重任藩衞方嶽見
冏所行實懷激憤卽日翊軍校尉李含乘駟密室宣騰詔旨臣伏讀感切五情

若灼春秋之義君親無將冏擁彊兵樹置私黨權官要職莫非腹心雖復重責之誅恐不義服今輒勒兵精卒十萬與州征並協忠義共會洛陽驃騎將軍長沙王乂同奮忠誠廢冏還第有不順命軍法從事成都王穎明德茂親功高勳重往歲去就允合衆望宜爲宰輔代冏阿衡之任顒表既至冏大懼會百僚曰昔孫秀作逆篡逼帝王社稷傾覆莫能禦難孤糾合義衆掃除元惡臣子之節信著神明二王今日聽信讒言造構大難當賴忠謀以和不協耳司徒王戎司空東海王越說冏委權崇讓冏從事中郎葛旟怒曰趙庶人聽任孫秀移天易日當時喋喋莫敢先唱公蒙犯矢石躬貫甲冑攻圍陷陣得濟今日計功行封事殷未徧三臺納言不恤王事賞報稽緩責不在府讒言僭逆當共誅討虛承偽書令公就第漢魏以來王侯就第寧有得保妻子者乎議者可斬於是百官震悚無不失色長沙王乂徑入宮發兵攻冏府冏遣董艾陳兵宮西乂又遣宋洪等放火燒諸觀閣及千秋神武門冏令黃門令王湖悉盜騶虞幡唱云長沙王矯詔乂又稱大司馬謀反助者誅五族是夕城內大戰飛矢雨集火光屬天

帝幸上東門矢集御前羣臣救火死者相枕明日冏敗乂擒冏至殿前帝惻然
欲活之乂叱左右促牽出冏猶再顧遂斬於閶闔門外徇首六軍諸黨屬皆夷
三族幽其子淮陵王超樂安王冰濟陽王英于金墉暴冏尸於西門亭三日而
莫敢收斂冏故掾屬荀闓等表乞殯葬許之初冏之盛也有一婦人詣大司馬
府求寄產吏詰之婦人曰我截齊便去耳識者聞而惡之時又謠曰著布袙腹
爲齊持服俄而冏誅永興初詔以冏輕陷重刑前勳不宜堙沒乃赦其三子超
冰英還第封超爲縣王以繼冏祀歷員外散騎常侍光熙初追冊冏曰咨故大
司馬齊王冏王昔以宗藩穆胤紹世緒于東國作翰許京允鎮靜我王室誕率
義徒同盟觸澤克成元勳大濟頼東朕用應嘉茂績謂篤爾勞俾式先典以疇
茲顯懿廓土殊分跨兼吳楚崇禮備物寵侔蕭霍庶憑翼戴之重永隆邦家之
望而恭德不建取侮二方有司過舉致王于戮古人有言曰用其法猶思其人
況王功濟朕身勳存社稷追惟既往有悼於厥心哉今復王本封命嗣子還紹
厥緒禮秩典度一如舊制使使持節大鴻臚卽墓賜策祠以太牢魂而有靈祗

服朕命肆寧爾心嘉茲寵榮子超嗣爵永嘉中懷帝下詔重述冏唱義元勳還贈大司馬加侍中假節追謚及洛陽傾覆超兄弟皆沒于劉聰冏遂無後太元中詔以故南頓王宗子柔之襲封齊王紹攸冏之祀歷散騎常侍元興初會稽王道子將討桓玄詔柔之兼侍中以騶虞幡宣告江荊二州至姑孰爲玄前鋒所害贈光祿勳子建之立宋受禪國除

鄭方

鄭方者字子回慷慨有志節博涉史傳卓犖不常鄉閭有識者歎其奇而未能薦達及冏輔政專恣方發憤步詣洛陽自稱荊楚逸民獻書於冏曰方聞聖明輔世夙夜祗懼泰而不驕所以長守貴也今大王安不慮危耽于酒色燕樂過度其失一也大王檄命當使天下穆如清風宗室骨肉永無纖介今則不然其失二也四夷交侵邊境不靜大王自以功業興隆不以爲念其失三也大王與義羣庶競赴天下雖寧人勞窮苦不聞大王振救之令其失四也又與義兵歃血而盟事定之後賞不踰時自清泰已來論功未分此則食言其失五也大王

建非常之功居宰相之任謗聲盈塗人懷忿怨方以狂愚冒死陳誠冏含忍答之云孤不能致五闕若無子則不聞其過矣未幾而敗焉

長沙王乂

長沙厲王乂字士度武帝第六子也太康十年受封拜員外散騎常侍及武帝崩乂時年十五孺慕過禮會楚王瑋奔喪諸王皆近路迎之乂獨至陵所號慟以俟瑋拜步兵校尉及瑋之誅二公也乂守東掖門會騶虞幡出乂投弓流涕曰楚王被詔是以從之安知其非瑋既誅乂以同母貶爲常山王之國乂身長七尺五寸開朗果斷才力絕人虛心下士甚有名譽三王之舉義也乂率國兵應之過趙國房子令距守乂殺之進軍爲成都後係常山內史程恢將貳於乂乂到鄴斬恢及其五子至洛拜撫軍大將軍領左軍將軍頃之遷驃騎將軍開府復本國乂見齊王冏漸專權嘗與成都王穎俱拜陵因謂穎曰天下者先帝之業也王宜維之時聞其言者皆憚之及河間王顒將誅冏傳檄以乂爲內主冏遣其將董艾襲乂乂將左右百餘人手斫車幰露乘馳赴宮閉諸門奉天子

與冏相攻起火燒冏府連戰三日冏敗斬之幷誅諸黨與二千餘人顒本以乂弱冏彊冀乂爲冏所擒然後以乂爲辭宣告四方共討之因廢帝立成都王己爲宰相專制天下旣而乂殺冏其計不果乃潛使侍中馮蓀河南尹李含中書令卞粹等襲乂乂並誅之顒遂與穎同伐京都穎遣刺客圖乂時長沙國左常侍王矩侍直見客色動遂殺之詔以乂爲大都督以距顒連戰自八月至十月朝議以乂穎兄弟可以辭說而釋乃使中書令王衍行太尉光祿勳石陋行司徒使說穎令與乂分陝而居穎不從乂因致書於穎曰先帝應乾撫運統攝四海勤身苦己克成帝業六合清泰慶流子孫孫秀作逆反易天常卿與義衆還復帝位齊王恃功肆行非法上無宰相之心下無忠臣之行遂其讒惡離逖骨肉主上怨傷尋已蕩除吾之與卿友于十人同產皇室受封外都各不能闡敷王教經濟遠略今卿復與太尉共起大衆阻兵百萬重圍宮城羣臣同忿聊即命將示宣國威未擬摧殄自投溝澗蕩平山谷死者日萬酷痛無罪豈國恩之不慈則用刑之有常卿所遣陸機不樂受卿節鉞將其所領私通國家想來逆

者當前行一尺却行一丈卿宜還鎭以寧四海令宗族無羞子孫之福也如其不然念骨肉分裂之痛故復遺書穎復書曰文景受圖武皇乘運庶幾堯舜共康政道恩隆洪業本支百世豈期骨肉豫禍后族專權楊賈縱毒齊趙内篡幸以誅夷而未靜息每憂王室心悸肝爛羊玄之皇甫商等恃寵作禍能不興慨於是征西羽檄四海雲應本謂仁兄同其所懷便當内擒商等收級遠送如何迷惑自爲戎首上矯君詔下離愛弟推移輦轂妄動兵威還任豺狼棄戮親善行惡求福如何自勉前遣陸機董督節鉞雖黄橋之退而温南收勝一彼一此未足增慶也今武士百萬良將銳猛要當與兄整頓海内若能從太尉之命斬商等首投戈退讓自求多福穎亦自歸鄴都與兄同之奉覽來告緬然慷慨慎哉大兄深思進退也乂前後破穎軍斬獲六七萬人戰久糧乏城中大飢雖曰疲弊將士同心皆願效死而乂奉上之禮未有虧失張方以爲未可剋欲還長安而東海王越慮事不濟潛與殿中將收乂送金墉城乂表曰陛下篤睦委臣朝事臣小心忠孝神祇所鑒諸王承謬率衆見責朝臣無正各慮私困收臣別

省送臣幽宮臣不惜軀命但念大晉衰微枝黨欲盡陛下孤危若臣死國寧亦家之利但恐快凶人之志無益於陛下耳殿中左右恨乂功垂成而敗謀劫出之更以距穎越懼難作欲遂誅乂黃門郎潘滔勸越密告張方方遣部將郅輔勒兵三千就金墉收乂至營炙而殺之乂冤痛之聲達於左右三軍莫不爲之垂涕時年二十八乂將殯於城東官屬莫敢往故掾劉佑獨送之步持喪車悲號斷絶哀感路人張方以其義士不之問也初乂執權之始洛下謠曰草木萌牙殺長沙乂以正月二十五日廢二十七日死如謠言焉永嘉中懷帝以乂子碩嗣拜散騎常侍後沒于劉聰

成都王穎

成都王穎字章度武帝第十六子也太康末受封邑十萬戶後拜越騎校尉加散騎常侍車騎將軍賈謐嘗與皇太子博爭道穎在坐厲聲呵謐曰皇太子國之儲君賈謐何得無禮謐懼由此出穎爲平北將軍鎮鄴轉鎮北大將軍趙王倫之篡也進征北大將軍加開府儀同三司及齊王冏舉義穎發兵應冏以鄴

令盧志爲左長史頓丘太守鄭琰爲右長史黃門郎程收爲左司馬陽平太守和演爲右司馬使兗州刺史王彥冀州刺史李毅督護趙驤石超等爲前鋒羽檄所及莫不響應至朝歌衆二十餘萬趙驤至黃橋爲倫將士猗許超所敗死者八千餘人士衆震駭穎欲退保朝歌用盧志王彥策又使趙驤率衆八萬與王彥俱進倫復遣孫會劉琨等率三萬人與猗超合兵距驤等精甲耀日鐵騎前驅猗既戰勝有輕驤之心未及溫十餘里復大戰猗等奔潰穎遂過河乘勝長驅左將軍王輿殺孫秀幽趙王倫迎天子反正及穎入京都誅倫使趙驤石超等助齊王冏攻張泓於陽翟泓等遂降冏始率衆入洛自以首建大謀遂擅威權穎營于太學及入朝天子親勞焉穎拜謝曰此大司馬臣冏之勳臣無預焉見訖卽辭出不復還營便謁太廟出自東陽城門遂歸鄴遣信與冏別冏大驚馳出送穎至七里澗及之穎住車言別流涕不及時事惟以太妃疾苦形於顏色百姓觀者莫不傾心至鄴詔遣兼太尉王粹加九錫殊禮進位大將軍都督中外諸軍事假節加黃鉞錄尚書事入朝不趨劍履上殿穎拜受徽號讓殊

禮九錫表論與義功臣盧志和演董洪王彥趙驤等五人皆封開國公侯又表稱大司馬前在陽翟與彊賊相持既久百姓創痍饑餓凍餒宜急振救乞差發郡縣車一時運河北邸閣米十五萬斛以振陽翟饑人盧志言於穎曰黃橋戰亡者有八千餘人既經夏暑露骨中野可爲傷惻昔周王葬枯骨故詩云行有死人尚或墐之況此等致死王事乎穎乃造棺八千餘枚以成都國秩爲衣服斂祭葬於黃橋北樹枳籬爲之塋域又立都祭堂刊石立碑紀其赴義之功使亡者之家四時祭祀有所仍表其門閭加常戰亡二等又命河內溫縣埋藏趙倫戰死士卒萬四千餘人穎形美而神昏不知書然器性敦厚委事於志故得成其美焉及齊王冏驕侈無禮於是衆望歸之詔遣侍中馮蓀中書令卞粹喻穎入輔政幷使受九錫穎猶讓不拜尋加太子太傅穎嬖人孟玖不欲還洛又程太妃愛戀鄴都以此議久不決留義募將士既久咸怨曠思歸或有輒去者乃題鄴城門云大事解散蠶欲遽請且歸赴時務昔以義來今以義去若復有急更相語穎知不可留因遣之百姓乃安及冏敗穎懸執朝政事無巨細皆就

鄴諮之後張昌擾亂荆土穎拜表南征所在響赴既恃功驕奢百度弛廢甚於
冏時穎方恣其欲而憚長沙王乂在內遂與河間王顒表請誅后父羊玄之左
將軍皇甫商等檄乂使就第乃與顒將張方伐京都以平原內史陸機爲前鋒
都督前將軍假節穎次朝歌每夜矛戟有光若火其壘井中有龍象進軍屯河
南阻清水爲壘皆造浮橋以通河北以大木函盛石沉之以繫橋名曰石鼈陸
機戰敗死者甚衆機又爲孟玖所譖穎收機斬之夷其三族語在機傳於是進
攻京城時常山人王輿合衆萬餘欲襲穎會乂被執其黨斬輿降穎既入京師
復旋鎮于鄴增封二十郡拜丞相河間王顒表穎宜爲儲副遂廢太子覃立穎
爲皇太弟丞相如故制度一依魏武故事乘輿服御皆遷于鄴表罷宿衞兵屬
相府更以王官宿衞僭侈日甚有無君之心委任孟玖等大失衆望永興初左
衞將軍陳眕殿中中郎逯苞成輔及長沙故將上官巳等奉大駕討穎馳檄四
方赴者雲集軍次安陽衆十餘萬鄴中震懼穎欲走其掾步熊有道術曰勿動
南軍必敗穎會其衆問計東安王繇乃曰天子親征宜罷甲縞素出迎請罪司

馬王混參軍崔曠勸穎距戰穎從之乃遣奮武將軍石超率衆五萬次于蕩陰眕二弟匡規自鄴赴王師云鄴中皆已離散由是不甚設備超衆奄出王師敗績矢及乘輿侍中嵇紹死於帝側左右皆奔散乃棄天子於稿中超遂奉帝幸鄴穎改元建武害東安王繇署置百官殺生自己立郊於鄴南平北將軍王浚寧北將軍東嬴公騰殺穎所置幽州刺史和演穎徵浚浚屯冀州不進與騰及烏丸羯朱襲穎候騎至鄴穎遣幽州刺史王斌及石超李毅等距浚爲羯朱等所敗鄴中大震百寮奔走士卒分散穎懼將帳下數十騎擁天子與中書監盧志單車而走五日至洛羯朱追至朝歌不及而還河間王顒遣張方率甲卒二萬救穎至洛方乃挾帝擁穎及豫章王并高光盧志等歸于長安顒廢穎歸藩以豫章王爲皇太弟穎既廢河北思之鄴中故將公師藩汲桑等起兵以迎穎衆情翕然顒復拜穎鎮軍大將軍都督河北諸軍事給兵千人鎮鄴穎至洛而東海王越率衆迎大駕所在鋒起穎以北方盛彊懼不可進自洛陽奔關中值大駕還洛穎自華陰趨武關出新野帝詔鎮南將軍劉弘南中郎將劉陶收捕

穎於是棄母妻單車與二子廬江王普中都王廓渡河赴朝歌收合故將士數百人欲就公師藩頓丘太守馮嵩執穎及普廓送鄴范陽王虓幽之而無他意屬虓暴薨虓長史劉輿見穎爲鄴都所服慮爲後患祕不發喪僞令人爲臺使稱詔夜賜穎死穎謂守者田徽曰范陽王亡乎徽曰不知穎曰卿年幾徽曰五十穎曰知天命不徽曰不知穎曰我死之後天下安乎不安乎我自放逐於今三年身體手足不見洗沐取數斗湯來其二子號泣穎勑人將去乃散髮東首臥命徽縊之時年二十八二子亦死鄴中哀之穎之敗也官屬並奔散惟盧志隨從不怠論者稱之其後汲桑害東嬴公騰稱爲穎報讎遂出穎棺載之於軍中每事啓靈以行軍令桑敗棄棺於古井中穎故臣收之改葬于洛陽懷帝加以縣王禮穎死後數年開封間有傳穎子年十餘歲流離百姓家東海王越遣人殺之永嘉中立東萊王蕤子遵爲穎嗣封華容縣王後沒於賊國除

河間王顒

河間王顒字文載安平獻王孚孫太原烈王瓌之子也初襲父爵咸寧二年就

國三年改封河間少有清名輕財愛士與諸王俱來朝武帝歎顒可以爲諸國
儀表元康初爲北中郎將監鄴城九年代梁王肜爲平西將軍鎮關中石函之
制非親親不得都督關中顒於諸王爲疎特以賢舉及趙王倫篡位齊王冏謀
討之前安西參軍夏侯奭自稱侍御史在始平合衆得數千人以應冏遣信要
顒顒遣主簿房陽河間國人張方討擒奭及其黨十數人於長安市腰斬之及
冏檄至顒執冏使送之於倫倫徵兵於顒顒遣方率關右健將赴之方至華陰
顒聞二王兵盛乃加長史李含龍驤將軍領督護席薳等追方軍迴以應二王
義兵至潼關而倫秀已誅天子反正含方各率衆還及冏論功雖怒顒初不同
而終能濟義進位侍中太尉加三賜之禮後含爲翊軍校尉與冏參軍皇甫商
司馬趙驤等有憾遂奔顒詭稱受密詔伐冏因說利害顒納之便發兵遣使邀
成都王穎以含爲都督率諸軍屯陰盤前鋒次于新安去洛百二十里檄長沙
王乂討冏及冏敗顒以含爲河南尹使與馮蓀卞粹等潛圖害乂商知含前矯
妄及與顒陰謀具以告乂乂乃誅含等顒聞含死即起兵以討商爲名使張方

爲都督領精卒七萬向洛方攻商商距戰而潰方遂進攻西明門乂率中軍左右衞擊之方衆大敗死者五千餘人方初於駃水橋西爲營於是築壘數重外引廪穀以足軍資乂復從天子出攻方戰輒不利及乂死方還長安詔以顒爲太宰大都督雍州牧顒廢皇太子覃立成都王穎爲太弟改年大赦左衞將軍陳眕奉天子伐穎顒又遣方率兵二萬救鄴天子已幸鄴方屯兵洛陽及王浚等伐穎穎挾天子歸洛陽方將兵入殿中逼帝幸其壘掠府庫將焚宮廟以絶衆心盧志諫乃止方又逼天子幸長安顒乃選置百官改秦州爲定州及東海王越起兵徐州西迎大駕關中大懼方謂顒曰方所領猶有十餘萬衆奉送大駕還洛宮使成都王反鄴公自留鎭關中方北討博陵如此天下可小安無復舉手者顒慮事大難濟不許乃假劉喬節進位鎭東大將軍遣成都王穎總統樓褒王闡等諸軍據河橋以距越王浚遣督護劉根將三百騎至河上闡出戰爲根所殺穎頓軍張方故壘范陽王虓遣鮮卑騎與平昌博陵衆襲河橋樓褒西走追騎至新安道路死者不可勝數初越以張方劫遷車駕天下怨憤唱義

與山東諸侯剋期奉迎先遣說顒令送帝還都與顒分陝而居顒欲從之而方不同及東軍大捷成都等敗顒乃令方親信將郅輔夜斬方送首以示東軍尋變計更遣刁默守潼關乃咎輔殺方又斬輔顒先遣將呂朗等據滎陽范陽王虓司馬劉琨以方首示朗於是朗降時東軍既盛破刁默以入關顒懼又遣馬瞻郭偉於霸水禦之瞻等戰敗散走顒乘單馬逃于太白山東軍入長安大駕旋以太弟太保梁柳爲鎮西將軍守關中馬瞻等出詣柳因共殺柳於城內瞻等與始平太守梁邁合從迎顒於南山顒初不肯入府長安令蘇衆記室督朱永勸顒表稱柳病卒輒知方事弘農太守裴廙秦國內史賈龕安定太守賈疋等起義討顒斬馬瞻梁邁等東海王越遣督護麋晃率國兵伐顒至鄭顒將牽秀距晃晃斬秀幷其二子義軍據有關中顒保城而已永嘉初詔書以顒爲司徒乃就徵南陽王模遣將梁臣於新安雍谷車上扼殺之幷其三子詔以彭城元王植子融爲顒嗣改封樂成縣王薨無子建興中元帝又以彭城康王釋子欽爲融嗣

東海王越

東海孝獻王越字元超高密王泰之次子也少有令名謙虛持布衣之操爲中外所宗初以世子爲騎都尉與駙馬都尉楊邈及琅邪王伷子繇俱侍講東宮拜散騎侍郎歷左衞將軍加侍中討楊駿有功封五千戶侯遷散騎常侍輔國將軍尚書右僕射領游擊將軍復爲侍中加奉車都尉給温信五千人別封東海王食六縣永康初爲中書令徙侍中遷司空領中書監成都王穎攻長沙王乂乂固守洛陽殿中諸將及三部司馬疲於戰守密與左衞將軍朱默夜收乂別省逼越爲主啓惠帝免乂官事定越稱疾遜位帝不許加守尚書令太安初帝北征鄴以越爲大都督六軍敗越奔下邳徐州都督東平王楙不納越徑還東海成都王穎以越兄弟宗室之美下寬令招之越不應命帝西幸以越爲太傅與太宰顒夾輔朝政讓不受東海中尉劉洽勸越發兵以備穎越以洽爲左司馬尚書曹馥爲軍司既起兵楙懼乃以州與越越以司空領徐州都督以楙領兗州刺史越三弟並據方任征伐輒選刺史守相朝士多赴越而河間王顒

挾天子發詔罷越等皆令就國越唱義奉迎大駕還復舊郡率甲卒三萬西次蕭縣豫州刺史劉喬不受越命遣子祐距之越軍敗范陽王虓遣督護田徽以突騎八百迎越遇祐於譙祐衆潰越進屯陽武山東兵盛關中大懼顒斬送張方首求和尋變計距越越率諸侯及鮮卑許扶歷駒次宿歸等步騎迎惠帝反洛陽詔越以太傅錄尚書以下邳濟陽二郡增封及懷帝卽位委政於越吏部郎周穆清河王覃舅越之姑子也與其妹夫諸葛玫共說越曰主上之爲太弟張方意也清河王本太子爲羣凶所廢先帝暴崩多疑東宮公盍思伊霍之舉以寧社稷乎言未卒越曰此豈宜言邪遂叱左右斬之以玫穆世家罪止其身因此表除三族之法帝始親萬幾留心庶事越不悅求出藩帝不許越遂出鎮許昌永嘉初自許昌率苟晞及冀州刺史丁劭討汲桑破之越還于許長史潘滔說之曰兗州天下樞要公宜自牧乃轉苟晞爲青州刺史由是與晞有隙尋詔越爲丞相領兗州牧督兗豫司冀幽幷六州越辭丞相不受自許遷于鄄城越恐清河王覃終爲儲副矯詔收付金墉城尋害之王彌入許越遣左司馬王

斌率甲士五千人入衛京都鄄城自壞越惡之移屯濮陽又遷于滎陽召田甄等六率甄不受命越遣監軍劉望討甄初東嬴公騰之鎮鄴也攜幷州將田甄甄弟蘭任祉祁濟李渾薄盛等部衆萬餘人至鄴遣就穀冀州號爲乞活及騰敗甄等邀破汲桑於赤橋越以甄爲汲郡蘭爲鉅鹿太守甄求魏郡越不許甄怒故召不至望既渡河甄退李渾薄盛斬田蘭率其衆降甄祉濟棄軍奔上黨

越自滎陽還洛陽以太學爲府疑朝臣貳己乃誣帝舅王延等爲亂遣王景率甲士三千人入宮收延等付廷尉殺之越解兗州牧領司徒越既與苟晞構怨又以頃興事多由殿省乃奏宿衛有侯爵者皆罷之時殿中武官並封侯由是出者略盡皆泣涕而去乃以東海國上軍將軍何倫爲右衛將軍王景爲左衛將軍領國兵數百人宿衛越自誅王延等大失衆望而多有猜嫌散騎侍郎高韜有憂國之言越誣以訕謗時政害之而不自安乃戎服入見請討石勒且鎮集兗豫以援京師帝曰今逆虜侵逼郊畿王室蠢蠢莫有固志朝廷社稷倚賴於公豈可遠出以孤根本對曰臣今率衆邀賊勢必滅之賊滅則不逞消殄已

東諸州職貢流通此所以宣暢國威藩屏之宜也若端坐京輦以失據會則釁弊日滋所憂逾重遂行留妃裴氏世子鎮軍將軍毗及龍驤將軍李惲幷何倫等守衛京都表以行臺隨軍率甲士四萬東屯于項王公卿士隨從者甚衆詔加九錫越乃羽檄四方曰皇綱失御社稷多難孤以弱才備當大任自頃胡寇內逼偏裨失利帝鄉便爲戎州冠帶奄成殊域朝廷上下以爲憂懼皆由諸侯蹉跎遂及此難投袂忘履討之已晚人情奉本莫不義奮當須合會之衆以俟戰守之備宗廟主上相賴匡救檄至之日便望風奮發忠臣戰士效誠之秋也所徵皆不至而苟晞又表討越語在晞傳越以豫州刺史馮嵩爲左司馬自領豫州牧越專擅威權圖爲霸業朝賢素望選爲佐吏名將勁卒充于己府不臣之迹四海所知而公私罄乏所在寇亂州郡攜貳上下崩離禍結釁深遂憂懼成疾永嘉五年薨于項祕不發喪以襄陽王範爲大將軍統其衆還葬東海石勒追及於苦縣寧平城將軍錢端出兵距勒戰死軍潰勒命焚越柩曰此人亂天下吾爲天下報之故燒其骨以告天地於是數十萬衆勒以騎圍而射之相

踐如山王公士庶死者十餘萬王彌弟璋焚其餘衆并食之天下歸罪於越帝
發詔貶越爲縣王何倫李惲聞越之死祕不發喪奉妃裴氏及毗出自京邑從
者傾城所經暴掠至洧倉又爲勒所敗毗及宗室三十六王俱沒于賊李惲殺
妻子奔廣宗何倫走下邳裴妃爲人所略賣於吳氏大興中得渡江欲招魂葬
越元帝詔有司詳議博士傅純曰聖人制禮以事緣情設冢槨以藏形而事之
以凶立廟祧以安神而奉之以吉送形而往迎精而還此墓廟之大分形神之
異制也至於宗廟寢廟祊祭非一處所以廣求神之道而獨不祭於墓明非神
之所處也今亂形神之別錯廟墓之宜違禮制義莫大於此於是下詔不許裴
妃不奉詔遂葬越於廣陵大興末墓毀改葬丹徒初元帝鎮建鄴裴妃之意也
帝深德之數幸其第以第三子沖奉越後薨無子成帝以少子奕繼之哀帝徙
奕爲琅邪王而東海無嗣隆安初安帝更以會稽忠王次子彥璋爲東海王繼
沖爲曾孫爲桓玄所害國除
史臣曰昔高辛撫運釁起參商宗周嗣歷禍纏管蔡詳觀曩冊逖聽前古亂臣

賊子昭鑒在焉有晉鬱興載崇藩翰分茅錫瑞道光恆典儀古飾哀禮備彝章汝南以純和之姿失於無斷楚隱習果銳之性遂成凶狠或位居朝右或職參近禁俱爲女子所詐相次受誅雖曰自貽良可哀也倫實庸瑣見欺孫秀潛構異圖煽成姦慝乃使元良遘怨酷上宰陷誅夷乾耀以之暫傾皇綱於焉中圮遂裂冠毀冕幸百六之會綰璽揚纛窺九五之尊夫神器焉可偷安鴻名豈容妄假而欲託茲淫祀享彼天年凶闇之極未之有也冏名父之子唱義勤王摧僞業於既成拯皇輿於已墜策勳考績良足可稱然而臨禍忘憂逞心縱欲曾不知樂不可極盈難久持笑古人之未工忘己事之已拙向若採王豹之奇策納孫惠之嘉謀高謝袞章永表東海雖古之伊霍何以加焉長沙才力絶人忠概邁俗投弓掖門落落摽壯夫之氣馳車魏闕懍懍懷烈士之風雖復陽九數屯在三之情無奪撫其遺節終始可觀穎既入總大權出居重鎮中臺藉以成務東夏賓其宅心乃協契河間共圖進取而顯任李含之狙詐杖張方之陵虐遂使武閔喪元長沙授首逞其無君之志矜其不義之彊鑾駕北巡異乎有征

無戰乘輿西幸非由望秩觀風若火燎原猶可撲滅矧茲安忍能無及乎東海
糾合同盟創爲義舉匡復之功未立陵暴之釁以彰罄彼車徒固求出鎮旣而
帝京寡弱狡寇憑陵遂令神器劫遷宗社顛覆數十萬衆並垂餌於豺狼三十
六王咸隕身於鋒刃禍難之極振古未聞雖及焚如猶爲幸也自惠皇失政難
起蕭牆骨肉相殘黎元塗炭胡塵驚而天地閉戎兵接而宗廟隳支屬肇其禍
端戎羯乘其閒隙悲夫詩所謂誰生厲階至今爲梗其八王之謂矣
贊曰亮總朝政瑋懷職競讒巧乘間釁妻過聽構怨連禍遞遭非命倫實下愚
敢竊龍圖亂常姦位遄及嚴誅偉哉武閔首創玄謨德之不建良可悲夫長沙
奉國始終靡慝功虧一簣奄罹殘賊章度勤王效立名揚合從關右犯順爭彊
事窮勢蹙俱爲亂亡元超作輔出征入撫敗國喪師無君震主焚如之變抑惟
自取

晉書卷五十九

晉書卷五十九考證

趙王倫傳詡愚嚚輕訬○本書音義訬健也蓋據淮南子修務訓越人有重遲者而人謂之訬是也又說文訬擾也一曰訬僋書所稱當指此

會等與義軍戰于激水○綱目分注穎擊之于湨水會等大敗與此作激水異

東海王越傳給温信五千人○温疑親字之訛

晉書卷五十九考證

晉書卷六十

唐 太 宗 文 皇 帝 御 撰

列傳第三十

解系 弟結 結弟育

解系字少連濟南著人也父脩魏琅邪太守梁州刺史考績爲天下第一武帝受禪封梁鄒侯系及二弟結育並清身絜己甚得聲譽時荀勖門宗彊盛朝野畏憚之勖諸子謂系等曰我與卿爲友應向我公拜勖又曰我與尊先使君親厚系曰不奉先君遺教公若與先君厚往日哀頓當垂書問親厚之誨非所敢承勖父子大慚當世壯之後辟公府掾歷中書黃門侍郎散騎常侍豫州刺史遷尚書出爲雍州刺史揚烈將軍西戎校尉假節會氐羌叛與征西將軍趙王倫討之倫信用佞人孫秀與系爭軍事更相表奏朝廷知系守正不撓而召倫還系表殺秀以謝氐羌不從倫秀譖之系坐免官以白衣還第闔門自守及張華裴頠之被誅也倫秀以宿憾收系兄弟梁王肜救系等倫怒曰我於水中見

蠻且惡之況此人兄弟輕我邪此而可忍孰不可忍彤苦爭之不得遂害之幷戮其妻子後齊王冏起義時以裴解爲冤首倫秀旣誅冏乃奏曰臣聞興微繼絶聖主之高政貶惡嘉善春秋之美談是以武王封比干之墓表商容之閭誠幽明之故有以相通也孫秀逆亂滅佐命之國誅骨鯁之臣以斲喪王室肆其虐戾功臣之後多見泯滅至如張華裴頠各以見憚取誅於時系結同以羔羊被害歐陽建等無罪而死百姓憐之陛下更日月之光照布惟新之明命然此等未蒙恩理昔欒郤降在皁隸而春秋傳其人幽王絶功臣之後棄賢者子孫而詩人以爲刺臣備忝右職思竭股肱獻納愚誠若合聖意可羣官通議八坐議以系等清公正直爲奸邪所疾無罪橫戮冤痛已甚如大司馬所啓彰明枉直顯宣當否使冤魂無愧無恨爲恩大矣永寧二年追贈光祿大夫改葬加弔祭焉

結字叔連少與系齊名辟公府掾累遷黃門侍郎歷散騎常侍豫州刺史魏郡太守御史中丞時孫秀亂關中結在都坐議秀罪應誅秀由是致憾及系被害

結亦同戮女適裴氏明日當嫁而禍起裴氏欲認活之女曰家既若此我何活為亦坐死朝廷遂議革舊制女不從坐由結女始也後贈光祿大夫改葬加弔祭

結弟育字稚連名亞二兄歷公府掾太子洗馬尚書郎衞軍長史弘農太守與二兄俱被害妻子徙邊

孫旂

孫旂字伯旗樂安人也父歷魏晉際爲幽州刺史右將軍旂絜靜少自脩立察孝廉累遷黃門侍郎出爲荊州刺史名位與二解相亞永熙中徵拜太子詹事轉衞尉坐武庫火免官歲餘出爲兗州刺史還平南將軍假節旂子弼及弟子髦輔琰四人並有吏材稱於當世遂與孫秀合族及趙王倫起事夜從秀開神武門下觀閱器杖兄弟旬月相次爲公府掾尚書郎弼又爲中堅將軍領尚書左丞輔爲上將軍領射聲校尉髦爲武衞將軍領太子詹事琰爲武衞將軍領太子左率皆賜爵開國郡侯推崇旂爲車騎將軍開府初旂以弼等受署僞朝

遣小息回責讓弼等以過差之事必爲家禍弼等終不從旂制之不可但慟哭而已及齊王冏起義四子皆伏誅襄陽太守宗岱承冏檄斬旂夷三族弟尹字文旗歷陳留陽平太守早卒

孟觀

孟觀字叔時渤海東光人也少好讀書解天文惠帝卽位稍遷殿中中郎賈后悖婦姑之禮陰欲誅楊駿而廢太后因駿專權數言之於帝又使人諷觀會楚王瑋將討駿觀度賈后旨宣詔頗加誣其事及駿誅以觀爲黃門侍郎特給親信四十人遷積弩將軍封上谷郡公氐帥齊萬年反於關中衆數十萬諸將覆敗相繼中書令陳準監張華以趙梁諸王在關中雍容貴戚進不貪功退不懼罪士卒雖衆不爲之用周處喪敗職此之由上下離心難以勝敵以觀沉毅有文武材用乃啓觀討之觀所領宿衞兵皆趫捷勇悍并統關中士卒身當矢石大戰十數皆破之生擒萬年威慴氐羌轉東羌校尉徵拜右將軍趙王倫篡位以觀所在著績署爲安南將軍監河北諸軍事假節屯宛觀子平爲淮南王允

前鋒將軍討倫戰死孫秀以觀杖兵在外假言平爲允兵所害贈積弩將軍以安觀義軍既起多勸觀應齊王冏觀以紫宮帝坐無他變謂倫應之遂不從衆議而爲倫守及帝反正丞饒治令空桐機斬觀首傳于洛陽遂夷三族

牽秀

牽秀字成叔武邑觀津人也祖招魏鴈門太守秀博辯有文才性豪俠弱冠得美名爲太保衞瓘尚書崔洪所知太康中調補新安令累遷司空從事中郎與帝舅王愷素相輕侮愷諷司隸荀愷奏秀夜在道中載高平國守士田興妻秀卽表訴被誣論愷穢行文辭亢厲以譏詆外戚于時朝臣雖多證明其行而秀威名美譽由是而損遂坐免官後司空張華請爲長史秀任氣好爲將帥張昌作亂長沙王乂遣秀討昌秀出關因奔成都王穎穎伐乂以秀爲冠軍將軍與陸機王粹等共爲河橋之役機戰敗秀證成其罪又諂事黃門孟玖故見親於穎惠帝西幸長安以秀爲尚書秀少在京輦見司隸劉毅奏事而扼腕慷慨自謂居司直之任當能激濁揚清處鼓轉之間必建將帥之勳及在常伯納言亦

未曾有規獻弼違之奇也河間王顒甚親任之關東諸軍奉迎大駕以秀爲平北將軍鎮馮翊秀與顒將馬瞻等將輔顒以守關中顒密遣使就東海王越求迎越遣將麋晃等迎顒時秀擁衆在馮翊晃不敢進顒長史楊騰前不應越軍懼越討之欲取秀以自效與馮翊大姓諸嚴詐稱顒命使秀罷兵秀信之騰遂殺秀於萬年

繆播 從弟胤

繆播字宣則蘭陵人也父悅光祿大夫播才思清辯有意義高密王泰爲司空以播爲祭酒累遷太弟中庶子惠帝幸長安河間王顒欲挾天子令諸侯東海王越將起兵奉迎天子以播父時故吏委以心膂播從弟右衛率胤顒前妃之弟也越遣播胤詣長安說顒令奉帝還洛約與顒分陝爲伯播胤素爲顒所敬信既相見虛懷從之顒將張方自以罪重懼爲誅首謂顒曰今據形勝之地國富兵彊奉天子以號令誰敢不服顒惑方所謀猶豫不決方惡播胤爲越游說陰欲殺之播等亦慮方爲難不敢復言時越兵鋒甚盛顒深憂之播胤乃復說

顒急斬方以謝可不勞而安顒從之於是斬方以謝山東諸侯顒後悔之又以兵距越屢爲越所敗帝反舊都播亦從太弟還洛契闊艱難深相親狎及帝崩太弟卽帝位是爲懷帝以播爲給事黃門侍郎俄轉侍中徙中書令任遇日隆專管詔命時越威權自己帝力不能討心甚惡之以播胤等有公輔之量又盡忠於國故委以心膂越懼爲己害因入朝以兵入宮執播等於帝側帝歎曰姦臣賊子無世無之不自我先不自我後哀哉起執播等手涕泗歔欷不能自禁越遂害之朝野憤惋咸曰善人國之紀也而加虐焉其能終乎及越薨帝贈播衛尉祠以少牢

胤字休祖安平獻王外孫也與播名譽略齊初爲尙書郎後遷太弟左衛率轉魏郡太守及王浚軍逼鄴石超等大敗胤奔東海王越於徐州越使胤與播俱入關而所說得行大駕東還越以胤爲冠軍將軍南陽太守胤從藍田出武關之南陽前守衞展距胤不受胤乃還洛懷帝卽位拜胤左衞將軍轉散騎常侍太僕卿既而與播及帝舅王延尙書何綏太史令高堂沖並參機密爲東海王

越所害

皇甫重

皇甫重字倫叔安定朝那人也性沉果有才用爲司空張華所知稍遷新平太守元康中華版爲秦州刺史齊王冏輔政以重弟商爲參軍冏誅長沙王乂又以爲參軍時河間王顒鎮關中其將李含先與商重有隙每銜之及此說顒曰商爲乂所任重終不爲人用宜急除之以去一方之患可表遷重爲內職因其經長安乃執之重知其謀乃露檄上尙書以顒信任李含將欲爲亂召集隴上士衆以討含爲名乂以兵革累興今始寧息表請遣使詔重罷兵徵含爲河南尹含既就徵重不奉詔顒遣金城太守游楷隴西太守韓稚等四郡兵攻之頃之成都王穎與顒起兵共攻乂以討后父尙書僕射羊玄之及商爲名乂以商爲左將軍河東太守領萬餘人於關門距張方爲方所破顒軍遂進乂既屢敗乃使商閒行齎帝手詔使游楷盡罷兵令重進軍討顒商行過長安至新平遇其從甥從甥素憎商以告顒顒捕得商殺之乂既敗重猶堅守閉塞外門城內

莫知而四郡兵築土山攻城重輒以連弩射之所在為地窟以防外攻權變百端外軍不得近城將士為之死戰顒知不可拔乃上表求遣御史宣詔喻之令降重知非朝廷本意不奉詔獲御史騶人問曰我弟將兵來欲至未騶云已為河間王所害重失色立殺騶於是城內知無外救遂共殺重先是重被圍急遣養子昌請救於東海王越越以顒新廢成都王穎與山東連和不肯出兵昌乃與故殿中人楊篇詐稱越命迎羊后於金墉城入宮以后令發兵討張方奉迎大駕事起倉卒百官初皆從之俄而又共誅昌

張輔

張輔字世偉南陽西鄂人漢河間相衡之後也少有幹局與從母兄劉喬齊名初補藍田令不為豪彊所屈時彊弩將軍龐宗西州大姓護軍趙浚宗婦族也故僮僕放縱為百姓所患輔繩之殺其二奴又奪宗田二百餘頃以給貧戶一縣稱之轉山陽令太尉陳準家僮亦暴橫輔復擊殺之累遷尚書郎封宜昌亭侯轉御史中丞時積弩將軍孟觀與明威將軍郝彥不協而觀因軍事害彥又

賈謐潘岳石崇等共相引重及義陽王威有詐冒事輔並糾劾之梁州刺史楊欣有姊喪未經旬車騎長史韓預彊聘其女爲妻輔爲中正貶預以清風俗論者稱之及孫秀執權威構輔於秀秀惑之將繩輔以法輔與秀牋曰輔徒知希慕古人當官而行不復自知小爲身計今義陽王誠弘恕不以介意然輔母年七十六常見憂慮恐輔將以怨疾獲罪願明公留神省察輔前後行事是國之愚臣而已秀雖凶狡知輔雅正爲威所誣乃止後遷馮翊太守是時長沙王乂以河閒王顒專制關中有不臣之跡言於惠帝密詔雍州刺史劉沉秦州刺史皇甫重使討顒於是沉等與顒戰於長安輔遂將兵救顒沉等敗績顒德之乃以輔代重爲秦州刺史當赴顒之難金城太守游楷亦皆有功轉梁州刺史不之官楷聞輔之還不時迎輔陰圖之又殺天水太守封尚欲揚威西土召隴西太守韓稚會議未決稚子朴有武幹斬異議者卽收兵伐輔輔與稚戰於遮多谷口輔軍敗績爲天水故帳下督富整所殺初輔嘗著論云管仲不若鮑叔知所奉知所投管仲奉主而不能濟所奔又非濟事之國三歸反坫皆鮑不爲又

論班固司馬遷云遷之著述辭約而事舉敘三千年事唯五十萬言班固敘三百年事乃八十萬言煩省不同不如遷一也良史述事善足以獎勸惡足以監誡人道之常中流小事亦無取焉而班皆書之不如二也毀貶晁錯傷忠臣之道不如三也遷既造創固又因循難易益不同矣又遷爲蘇秦張儀范睢蔡澤作傳逞辭流離亦足以明其大才故述辯士則辭藻華靡敘實錄則隱核名檢此所以遷稱良史也又論魏武帝不及劉備樂毅減於諸葛亮詞多不載

李含

李含字世容隴西狄道人也僑居始平少有才幹兩郡並舉孝廉安定皇甫商州里年少少恃豪族以含門寒微欲與結交含距而不納商恨焉遂諷州以短檄召含爲門亭長會州刺史郭奕素聞其賢下車擢含爲別駕遂處羣僚之右尋舉秀才薦之公府自太保掾轉秦國郎中令司徒選含領始平中正秦王柬薨含依臺儀葬訖除喪尚書趙浚有內寵疾含不事己遂奏含不應除喪本州大中正傅祗以名義貶含中丞傅咸上表理含曰臣州秦國郎中令始平李含

忠公清正才經世務實有史魚秉直之風雖以此不能協和流俗然其名行峻
厲不可得掩二郡並舉孝廉異行尚書郭奕臨州含寒門少年而奕超爲別駕
太保衞瓘辟含爲掾每語臣曰李世容當爲晉匪躬之臣秦王之薨悲慟感人
百僚會喪皆所目見也今以含俯就王制謂之背戚居榮奪其中正天王之朝
既葬不除藩國之喪既葬而除藩國欲同不除乃當責引尊準卑非所宜言耳
今天朝告于上欲令藩國服于下此爲藩國之義隆而天朝之禮薄也又云諸
王公皆終喪禮寧盡乃敘明以喪制宜隆務在敦重也夫寧盡乃敘明以哀其
病耳異於天朝制使終喪未見斯文國制既葬而除既除而祔爰自漢魏迄于
聖晉文皇升遐武帝崩殂世祖過哀陛下毀頓銜疚諒闇以終三年率土臣妾
豈無攀慕遂服之心實以國制不可而踰故於既葬不敢不除天王之喪釋除
於上藩國之臣獨遂于下此不可安復以秦王無後含應爲喪主而王喪既除
而祔則應吉祭因曰王未有廟主不應除服秦王始封無所連祔靈主所居即
便爲廟不問國制云何而以無廟爲貶以含今日之所行移博士使案禮文必

也放勳之殂遏密三載世祖之崩數旬即吉引古繩今闔世有貶何但李含不應除服今也無貶王制故也聖上諒闇哀聲不輟股肱近侍猶宜心喪不宜便行婚娶歡樂之事而莫云者豈不以大制不可而曲邪且前以含有王喪上爲差代尚書勑王葬日在近葬訖含應攝職不聽差代葬訖含猶躊躇司徒屢罰訪問踧含攝職而隨擊之此爲臺勑府符陷含於惡若謂臺府爲傷教義則當據正不正符勑唯含是貶含之困躓尚足惜乎國制不可偏耳又含自以隴西人雖戶屬始平非所綜悉自初見使爲中正反覆言辭說非始平國人不宜爲中正後爲郎中令又自以選官引臺府爲比以讓常山太守蘇韶辭意懇切形于文墨含之固讓乃在王未薨之前葬後躊躇窮於對罰而攝職耳臣從弟祗爲州都督意在欲隆風教議含已過不良之人遂相扇動冀挾名義法外致案足有所邀中正龐騰便割含品臣雖無祁大夫之德見含爲騰所侮謹表以聞乞朝廷以時博議無令騰得妄弄刀尺帝不從含遂被貶退割爲五品歸長安歲餘光祿差含爲壽城邸閣督司徒王戎表含曾爲大臣雖見割削不應降爲

此職詔停後爲始平令及趙王倫簒位或謂孫秀曰李含有文武大才無以資
人秀以爲東武陽令河間王顒表請含爲征西司馬甚見信任頃之轉爲長史
顒誅夏侯奭送齊王冏使與趙王倫遣張方率衆赴倫皆含謀也後顒聞三王
兵盛乃加含龍驤將軍統席薳等鐵騎迴遣張方軍以應義師天子反正含至
潼關而還初梁州刺史皇甫商爲趙王倫所任倫敗去職詣顒顒慰撫之甚厚
含諫顒曰商倫之信臣懼罪至此不宜數與相見商知而恨之及商當還都顒
置酒餞行商因與含忿爭顒和釋之後含被徵爲翊軍校尉時商參齊王冏軍
事而夏侯奭兄在冏府稱奭立義被西藩枉害含心不自安冏右司馬趙驤又
與含有隙冏將閱武含懼驤因兵討之乃單馬出奔于顒矯稱受密詔顒卽夜
見之乃說顒曰成都王至親有大功還藩甚得衆心齊王越親而專執威權朝
廷側目今檄長沙王令討齊使先聞於齊齊必誅長沙因傳檄以加齊罪則冏
可擒也既去齊立成都除逼建親以安社稷大勳也顒從之遂表請討冏拜含
爲都督統張方等率諸軍以向洛陽含屯陰盤而長沙王乂誅冏含等旋師初

含之本謀欲并去乂冏使權歸於顒含因得肆其宿志旣長沙勝齊顒穎猶各守藩志望未允顒表含爲河南尹時商復被乂任遇商兄重時爲秦州刺史含疾商滋甚復與重構隙顒自含奔還之後委以心膂復慮重襲己乃使兵圍之更相表罪侍中馮蓀黨顒請召重還商說乂曰河間之奏皆李含所交構也若不早圖禍將至矣且河間前舉由含之謀乂乃殺含

張方

張方河間人也世貧賤以材勇得幸於河間王顒累遷兼振武將軍永寧中顒表討齊王冏遣方領兵二萬爲前鋒及冏被長沙王乂所殺顒及成都王穎復表討乂遣方率衆自函谷入屯河南惠帝遣左將軍皇甫商距之方以潛軍破商之衆遂入城乂奉帝討方于城內方軍望見乘輿於是小退方止之不得衆遂大敗殺傷滿于衢巷方退壁于十三里橋人情挫衄無復固志多勸方夜遁方曰兵之利鈍是常貴因敗以爲成耳我更前作壘出其不意此用兵之奇也乃夜潛進逼洛城七里乂旣新捷不以爲意忽聞方壘成乃出戰敗績東海王

越等執乂送于金墉城方使郅輔取乂還營炙殺之於是大掠洛中官私奴婢萬餘人而西還長安顒加方右將軍馮翊太守蕩陰之役顒又遣方鎮洛陽上官巳苗願等距之大敗而退清河王覃夜襲巳願巳願等奔方乃入洛陽覃於廣陽門迎方而拜方馳下車扶上之於是復廢皇后羊氏及帝自鄴還洛方遣息羆以三千騎奉迎將渡河橋方又以所乘陽燧車青蓋素升三百人爲小鹵簿迎帝至芒山下方自帥萬餘騎奉雲母輿及旌旗之飾衛帝而進初方見帝將拜帝下車自止之方在洛既久兵士暴掠發哀獻皇女墓軍人喧喧無復留意議欲西遷尚匿其跡欲須天子出因劫移都乃請帝謁廟帝不許方遂悉引兵入殿迎帝帝見兵至避之於竹林中軍人引帝出方於馬上稽首曰胡賊縱逸宿衛單少陛下今日幸臣壘臣當捍禦寇難致死無二於是軍人便亂入宮閣爭割流蘇武帳而爲馬韀方奉帝至弘農顒遣司馬周弼報方欲廢太弟方以爲不可帝至長安以方爲中領軍錄尚書事領京兆太守時豫州刺史劉喬檄稱潁川太守劉輿迫脅范陽王虓距逆詔命及東海王越等起兵於山東乃

遣方率步騎十萬往討之方屯兵霸上而劉喬爲虓等所破顒聞喬敗大懼將罷兵恐方不從遲疑未決初方從山東來甚微賤長安富人郅輔厚相供給及貴以輔爲帳下督甚昵之顒參軍畢垣河間冠族爲方所侮忿而說顒曰張方久屯霸上聞山東賊盛盤桓不進宜防其未萌其親信郅輔具知其謀矣而繆播等先亦構之顒因使召輔垣迎說輔曰張方欲反人謂卿知之王若問卿何辭以對輔驚曰實不聞方反爲之若何垣曰王若問卿但言爾爾不然必不免禍輔既入顒問之曰張方反卿知之乎輔曰爾顒曰遣卿取之可乎又曰爾顒於是使輔送書於方因令殺之輔既昵於方持刀而入守閤者不疑因火下發函便斬方頭顒以輔爲安定太守初繆播等議斬方送首與越冀東軍可罷及聞方死更爭入關顒頗恨之又使人殺輔

史臣曰晉氏之禍難洊臻實始藩翰解系等以干時之用處危亂之辰並託迹府朝參謀王室或抗忠盡節或飾詐懷姦雖邪正殊途而咸至誅戮豈非時覯政紊利深禍速者乎古人所以危邦不入亂邦不居戒懼於此也

閻鼎

閻鼎字台臣天水人也初爲太傅東海王越參軍轉卷令行豫州刺史事屯許昌遭母喪乃於密縣間鳩聚西州流人數千欲還鄉里值京師失守秦王出奔密中司空荀藩藩弟司隸校尉組及中領軍華恆河南尹華薈在密縣建立行臺以密近賊南趣許潁司徒左長史劉疇在密爲塢主中書令李暅太傅參軍騶捷劉蔚鎭軍長史周顗司馬李述皆來赴疇僉以鼎有才用且手握彊兵勸藩假鼎冠軍將軍豫州刺史蔚等爲參佐鼎少有大志因西土人思歸欲立功鄉里乃與撫軍長史王毗司馬傅遜懷翼戴秦王之計謂疇捷等曰山東非霸王處不如關中河陽令傅暢遺鼎書勸奉秦王過洛陽謁拜山陵徑據長安綏合夷晉興起義衆剋復宗廟雪社稷之恥鼎得書便欲詣洛流人謂北道近河懼有抄截欲南自武關向長安疇等皆山東人咸不願西入荀藩及疇捷等並逃散鼎追藩不及暅等見殺唯顗述走得免遂奉秦王行止上洛爲山賊所襲殺百餘人率餘衆西至藍田時劉聰向長安爲雍州刺史賈疋所逐走還平陽

疋遣人奉迎秦王遂至長安而與大司馬南陽王保衞將軍梁芬京兆尹梁綜等並同心推戴立王爲皇太子登壇告天立社稷宗廟以鼎爲太子詹事總攝百揆梁綜與鼎爭權鼎殺綜以王毗爲京兆尹鼎首建大謀立功天下始平太守麴允撫夷護軍索綝並害其功且欲專權馮翊太守梁緯北地太守梁肅並綜母弟綝之姻也謀欲除鼎乃證其有無君之心專戮大臣請討之遂攻鼎鼎出奔雍爲氐竇首所殺傳首長安

索靖 子綝

索靖字幼安敦煌人也累世官族父湛北地太守靖少有逸羣之量與鄉人氾衷張甝索紾索永俱詣太學馳名海內號稱敦煌五龍四人並早亡唯靖該博經史兼通內緯州辟別駕郡舉賢良方正對策高第傳玄張華與靖一面皆厚與之相結拜駙馬都尉出爲西域戊己校尉長史太子僕同郡張勃特表以靖才藝絕人宜在臺閣不宜遠出邊塞武帝納之擢爲尚書郎與襄陽羅尚河南潘岳吳郡顧榮同官咸器服焉靖與尚書令衞瓘俱以善草書知名帝愛之瓘

筆勝靖然有楷法遠不能及靖靖在臺積年除鴈門太守遷魯相又拜酒泉太守惠帝即位賜爵關內侯靖有先識遠量知天下將亂指洛陽宮門銅駝歎曰會見汝在荆棘中耳元康中西戎反叛拜靖大將軍梁王彤左司馬加蕩寇將軍屯兵粟邑擊賊敗之遷始平內史及趙王倫篡位靖應三王義舉以左衛將軍討孫秀有功加散騎常侍遷後將軍太安末河閒王顒舉兵向洛陽拜靖使持節監洛城諸軍事游擊將軍領雍秦涼義兵與賊戰大破之靖亦被傷而卒追贈太常時年六十五後又贈司空進封安樂亭侯謚曰莊靖著五行三統正驗論辯理陰陽氣運又撰索子晉詩各二十卷又作草書狀其辭曰聖皇御世隨時之宜倉頡既生書契是爲科斗鳥篆類物象形叡哲變通意巧茲生損之隸草以崇簡易百官畢脩事業並麗蓋草書之爲狀也婉若銀鉤漂若驚鸞舒翼未發若舉復安蟲蛇虬蟉或往或還類阿那以羸形欻奮亹而桓桓及其逸遊盼嚮乍正乍邪騏驥暴怒逼其轡海水窊隆揚其波芝草蒲陶還相繼棠棣融融載其華玄熊對距于山嶽飛燕相追而差池舉而察之又似乎和風吹林

偃草扇樹枝條順氣轉相比附窈嬈廉苦隨體散布紛擾擾以猗靡中持疑而猶豫玄螭狡獸嬉其間騰猨飛鼬相奔趣淩魚奮尾蛟龍反據投空自竄張設牙距或若登高望其類或若旣往而中顧或若倚儻而不羣或若自檢於常度於是多才之英篤藝之彥役心精微耽此文憲守道兼權觸類生變離析八體靡形不判去繁存微大象未亂上理開元下周謹案騁辭放手雨行冰散高音翰厲溢越流漫忽班班而成章信奇妙之煥爛體磥落而壯麗姿光潤以粲粲命杜度運其指使伯英迴其腕著絕勢於紈素垂百世之殊觀先時靖行見姑臧城南石地曰此後當起宮殿至張駿於其地立南城起宗廟建宮殿焉靖有五子鯁綏璆聿綝皆舉秀才聿安昌鄉侯卒少子綝最知名

綝字巨秀少有逸羣之量靖每曰綝廊廟之才非簡札之用州郡吏不足汙吾兒也舉秀才除郎中嘗報兄讎手殺三十七人時人壯之俄轉太宰參軍除好時令入爲黃門侍郎出參征西軍事轉長安令在官有稱及成都王穎劫遷惠帝幸鄴穎爲王浚所破帝遂播越河閒王顒使張方及綝東迎乘輿以功拜鷹

揚將軍轉南陽王模從事中郎劉聰侵掠關東以綝爲奮威將軍以禦之斬聰將呂逸又破聰黨劉豐遷新平太守聰將蘇鐵劉五斗等劫掠三輔除綝安西將軍馮翊太守綝有威恩華夷嚮服賊不敢犯及懷帝蒙塵長安又陷模被害綝泣曰與其俱死寧爲伍子胥乃赴安定與雍州刺史賈疋扶風太守梁綜安夷護軍麴允等糾令義衆頻破賊黨脩復舊館遷定宗廟進救新平小大百戰綝手擒賊帥李羌與閻鼎立秦王爲皇太子及即尊位是爲愍帝綝遷侍中太僕以首迎大駕升壇授璽之功封弋居伯又遷前將軍尚書右僕射領吏部京兆尹加平東將軍進號征東尋又詔曰朕昔遇厄運遭家不造播越宛楚爰失舊京幸宗廟寵靈百辟宣力得從藩衞託乎羣公之上社稷之不隕實公是賴宜贊百揆傳弼朕躬其授衞將軍領太尉位特進軍國之事悉以委之及劉曜侵逼王城以綝爲都督征東大將軍持節討之破曜呼日逐王呼延莫以功封上洛郡公食邑萬戶拜夫人荀氏爲新豐君子石元爲世子賜子弟二人鄉亭侯劉曜入關芟麥苗綝又擊破之自長安伐劉聰聰將趙染染仗其累捷有自

矜之色帥精騎數百與綝戰大敗之染單馬而走轉驃騎大將軍尚書左僕射錄尚書承制行事劉曜復率衆入馮翊帝累徵兵於南陽王保保左右議曰蝮蛇在手壯士解其腕且斷隴道以觀其變從事中郎裴詵曰蛇已螫頭頭可截不保以胡崧行前鋒都督須諸軍集乃當發麴允欲挾天子趣保綝以保必逞私欲乃止自長安以西不復奉朝廷百官飢乏採梠自存時三秦人尹桓解武等數千家盜發漢霸杜二陵多獲珍寶帝問綝曰漢陵中物何乃多邪綝對曰漢天子即位一年而爲陵天下貢賦三分之一供宗廟一供賓客一充山陵漢武帝饗年久長比崩而茂陵不復容物其樹皆已可拱赤眉取陵中物不能減半于今猶有朽帛委積珠玉未盡此二陵是儉者耳亦百世之誡也後劉曜又率衆圍京城綝與麴允固守長安小城胡崧承檄奔命破曜于靈臺崧慮國家威舉則麴索功盛乃案兵渭北遂還槐里城中飢窘人相食死亡逃奔不可制唯涼州義衆千人守死不移帝使侍中宋敞送牋降於曜綝潛留敞使其子說曜曰今城中食猶足支一歲未易可剋也若許綝以車騎儀同萬戶郡公者請

以城降曜斬而送之曰帝王之師以義行也孤將軍十五年未嘗以譎詭敗人必窮兵極勢然後取之今索綝所說如是天下之惡一也輒相爲戮之若審兵食未盡者便可勉強固守如其糧竭兵微亦宜早悟天命孤恐霜威一震玉石俱摧及帝出降綝隨帝至平陽劉聰以其不忠於本朝戮之於東市

賈疋

賈疋字彥度武威人魏太尉詡之曾孫也少有志略器望甚偉見之者莫不悅附特爲武夫之所瞻仰願爲致命初辟公府遂歷顯職遷安定太守雍州刺史丁綽貪橫失百姓心乃譖疋于南陽王模模以軍司謝班伐之疋奔瀘水與胡彭蕩仲及氐竇首結爲兄弟聚衆攻班綽奔武都疋復入安定殺班愍帝以疋爲驃騎將軍雍州刺史封酒泉公時諸郡百姓饑饉白骨蔽野百無一存疋帥戎晉二萬餘人將伐長安西平太守竺恢亦固守劉粲聞之使劉曜劉雅及趙染距疋先攻恢不剋疋邀擊大敗之曜中流矢退走疋追之至于甘泉旋自渭橋襲蕩仲殺之遂迎秦王奉爲皇太子後蕩仲子夫護帥羣胡攻之疋敗走夜

墮于澗爲夫護所害疋勇略有志節以匡復晉室爲己任不幸顚墜時人咸痛惜之

史臣曰自永嘉蕩覆寓內横流億兆靡依人神乏主于時武皇之胤惟有建興衆望攸歸曾無與二閻鼎等忠存社稷志在經綸乃契闊艱難扶持幼孺遂得纂堯承緒祀夏配天校績論功有足稱矣然而抗滔天之巨寇接彫弊之餘基威略未申尋至傾覆昔宗周遭犬戎而東徙有晉逢獯狄而西遷彼既靈慶悠長此則禍難遄及豈愍皇地非奧主將緌允材謝輔臣何脩短之殊途而成敗之異數者也

贊曰懷惠不競戚藩力爭狙詐參謀憑凶亂政爲惡不已並罹非命解繆忠肅無聞餘慶愍皇纂戎實賴羣公鼎圖福始緌遂凶終

晉書卷六十

晉書卷六十考證

解系傳濟南著人也○本書地理志濟南所統縣五並無著縣而宋書濟南郡下則別有廣城東平陵等縣著爲其一凡本書所屬濟南郡者皆屬北海郡前已詳辨之今觀此云濟南著人益信本志之訛也

晉書卷六十考證

西元二〇二〇年六月一日重製一版

晉書（附考證）冊三（唐太宗 御撰　何 超 音義）

平裝六冊基本定價肆仟捌佰元正
（郵運匯費另加）

發行人　張 敏 君
發行處　中 華 書 局
臺北市內湖區舊宗路二段一八一巷八號五樓（5FL., No. 8, Lane 181, JIOU-TZUNG Rd., Sec 2, NEI HU, TAIPEI, 11494, TAIWAN）
客服電話：886-2-8797-8396
公司傳真：886-2-8797-8909
匯款帳戶：華南商業銀行西湖分行
179100026931
印　刷：維中科技有限公司
海瑞印刷品有限公司

No. N1042-3

國家圖書館出版品預行編目(CIP)資料

晉書 / 唐太宗御撰 ; 何超音義. -- 重製一版. --
臺北市 : 中華書局, 2020.06
冊 ; 公分
ISBN 978-986-5512-16-3(全套 : 平裝)

1.晉史

623.101 109007154